MUSICAL

W0071067

Rüdiger Bering, 1961 in Hannover geboren, studierte Theaterwissen-
schaften in Berlin. Er arbeitet als Dramaturg sowie als Dozent im Studiengang
Musical/Show an der Hochschule der Künste Berlin.

MUSICAL

Rüdiger Bering

DUMONT

Impressum

Umschlagvorderseite von links nach rechts und von oben nach unten:
Audrey Hepburn im Film *My Fair Lady*, Warner Bros., Inc. / Minstrel Show, um 1840 / Liza
Minelli in *The Act*, Time Inc./intertopics, © Martha Swope / Szene aus *42nd Street*, Time
Inc./intertopics, © Martha Swope / Anita Morris in *Nine*, Time Inc./intertopics, © Martha
Swope / Szene aus *Linie 1*, Grips Theater GmbH, Berlin / Szene aus *Rent*, Foto Joan Marcus /
Fred Astaire und C. Charisse im Film *The Band Wagon*.
Umschlagrückseite von links nach rechts und von oben nach unten:
Filmplakat *Brigadoon*, Heinz Bonné / Tanzszene aus *Oklahoma!* / George Gershwin,
Chappell/Intersong.
Frontispiz: Szene aus *42nd Street*, Time Inc./intertopics, Martha Swope.

Die Deutsche Bibliothek – CIP-Einheitsaufnahme

Bering, Rüdiger:
Musical / Rüdiger Bering. - Orig.-Ausg. - Köln : DuMont, 1997
        (DuMont-Taschenbücher ; 512 : DuMont-Schnellkurs)
        ISBN 3-7701-4197-0

Originalausgabe
© 1997 DuMont Buchverlag, Köln
Alle Rechte vorbehalten
Satz und Layout: Books & Bagels, Köln – Amsterdam;
DuMont Buchverlag, Köln
Druck und buchbinderische Verarbeitung: Editoriale Libraria

Printed in Italy   ISBN 3-7701-4197-0

Inhalt

Vorwort	7
Alte und Neue Welt	**8**
• Die Balladenoper	9
• Singspiel, Opera buffa, Opéra comique	11
• Die Geburt der Operette	12
• »Piraten«	15
• Operette made in USA	17
• Entwicklung des amerikanischen Theaters	19
• Die Stimme der Stadt	20
• Burleske	22
• Minstrel Shows	25
• Die Revue	29
• Von Tin Pan Alley zum Broadway: Irving Berlin	31
• Jazz am Broadway	33
Der Broadway	34
The Jazz Age	**40**
• Musical Comedies	42
• George Gershwin	43
• Vincent Youmans	48
• Der Meilenstein: Jerome Kerns »Show Boat«	51
• Das erste Book Musical	53
• All-singing! All-dancing! All-talking!	57
Das Filmmusical	58
Neue Themen, neue Töne	**64**
• Die amerikanische Volksoper	68
• Kurt Weill	70
• Cole Porter: die Kunst des Songschreibens	74
• Rodgers und Hart	77

Inhalt

Die klassischen Musicals   82
- Rodgers und Hammerstein: »Oklahoma!«   83
- Von »Carousel« bis »The Sound of Music«   86
- Irving Berlins »Annie Get Your Gun«   89
- Cole Porters »Kiss Me, Kate«   91
- Frank Loessers »Guys and Dolls«   94
- Jule Styne   97
- Loewe und Lerner: »My Fair Lady«   99
- Leonard Bernsteins »West Side Story«   103
- Ein musikalischer Tausendsassa   106

Musical im Rockzeitalter   110
- Stilvielfalt und Stagnation   112
- Allegorisches Kammerspiel: »The Fantasticks«   114
- Zeitlose Musik: »Hello, Dolly!«   115
- Folklore und Drama: »Fiddler on the Roof«   117
- Der unmögliche Traum: »Man of La Mancha«   119
- Comedy und Jazz: Neil Simon und Cy Coleman   120
- Zeitbilder: Von »Cabaret« bis »Chicago«   121
- Das Zeitalter des Wassermanns: »Hair«   124
- Kult-Musicals   127
- Einblick ins Metier: »A Chorus Line«   130
- Webber und Rice: Biblische Stoffe   133
- Stephen Sondheim   137
- 🎭 *Der Musicaldarsteller*   *144*

Musical für den Weltmarkt   146
- Britisches Musical   148
- Webbers Welterfolge   155
- Schönberg und Boublil   160
- Musical in Deutschland   163
- Das amerikanische Book Musical   168
- Soul und Country   171
- 1997   173

Glossar   176
Ausbildungsstätten   177
Diskographie   178
Bibliographie   181
Personenregister   183
Stückregister   187
Bildnachweise   190

Vorwort

Der Autor und Songtexter Oscar Hammerstein II gab auf die Frage, was ein Musical ausmache, eine sehr einfache Antwort: »Es sollte alles sein, was es sein möchte. Es gibt nur ein Element, was ein Musical unbedingt haben muß – Musik.«

Tatsächlich hat das Musical im Laufe seiner knapp hundertjährigen Entwicklung so viele unterschiedliche Stile und Formen hervorgebracht, daß eine allumfassende Definition und eine präzise Abgrenzung von anderen Genres nahezu unmöglich ist. Die musikalische Vielfalt reicht vom opernhaften Charakter in Werken wie Kurt Weills *Street Scene* über das Operettenidiom von Frederick Loewes *My Fair Lady* bis zu den jazzinspirierten Klängen in Leonard Bernsteins *West Side Story* und der Rockmusik in Galt MacDermots *Hair*. Dementsprechend variiert auch die Instrumentierung vom klassischen Orchester bis zu Jazzensembles und Rockbands. In den meisten Stücken entwickeln sich die Songs aus den gesprochenen Dialogen, aber es gibt auch durchkomponierte Partituren wie etwa Andrew Lloyd Webbers *Evita*.

Auch in der Auswahl der Stoffe und Themen zeigt sich das Musical äußerst vielseitig. Ursprünglich war der Begriff »Musical« eine Verkürzung von *Musical Comedy*, aber nicht erst seit Claude-Michel Schönbergs *Miss Saigon* kann ein *Musical Play* oder *Musical Drama* auch eine dramatische oder gar tragische Geschichte erzählen. Historische Sujets finden genauso Verwendung wie Märchenstoffe; die Gegenwart kann naturalistisch, stilisiert oder satirisch widergespiegelt werden.

Das Musical ist ein eindeutiges Produkt des marktwirtschaftlich orientierten und nur am unmittelbaren Erfolg ausgerichteten Systems von Privattheatern. Am New Yorker Broadway, dem Zentrum dieser Bewegung, entstand jene Melange aus Alter und Neuer Welt, aus europäischer Operette und amerikanischen Elementen wie dem Jazz oder dem Vaudeville, die Verschmelzung von Gesang, Schauspiel und Tanz, von Tragik und Komik, Pathos und Parodie: das Musical – der originärste Beitrag Amerikas zum Welttheater.

Dieser Schnellkurs zeichnet die Entwicklung des Musicals zwischen Kunst und Kommerz nach, informiert über die wichtigsten Persönlichkeiten und deren individuellen Beitrag zum Genre. Im Gegensatz zu einem Musicalführer wurde meist auf detaillierte Inhaltsangaben verzichtet zugunsten einer Einordnung des jeweiligen Werkes in einen Gesamtzusammenhang. Der weiterführenden Beschäftigung mit dem Musical dient eine Bibliographie, eine ausgewählte Diskographie und ein Glossar. Vor allem aber soll dieser Schnellkurs Lust auf Musicalaufführungen wecken und neugierig machen auch auf Stücke jenseits der bekannten Klassiker und Großproduktionen.

Rüdiger Bering

um 1700 – 1918

1607	Claudio Monteverdi: *Orfeo*
1665	Erste nachgewiesene Theateraufführung in Nordamerika
1670	Molière: *Der Bürger als Edelmann*
1728	John Gay: *Die Bettleroper*
1776	Unabhängigkeitserklärung der USA
1789	Beginn der Französischen Revolution
1791	Wolfgang A. Mozart: *Die Zauberflöte*
1808	USA: Verbot der Einfuhr von Sklaven
1814/15	Wiener Kongreß
1837/38	Charles Dickens: *Oliver Twist*
1852	H. Beecher-Stowe: *Onkel Toms Hütte*
1858	Jacques Offenbach: *Orpheus in der Unterwelt*
1860–1914	Bevölkerung der USA verdreifacht sich
1861–1865	Sezessionskrieg
1862	Victor Hugo: *Les Misérables*
1863	Abschaffung der Sklaverei
1865	Abraham Lincoln von J.W. Booth ermordet
1870/71	Dt.-franz. Krieg
1875	George Bizet: *Carmen*
1884	Mark Twain: *Huckleberry Finns Abenteuer*
1895	Erste Filmvorführung der Brüder Lumière
1900	Sigmund Freud: *Traumdeutung*
1903	Erster Motor-Flug der Brüder Wright
1917	Eintritt der USA in den Ersten Weltkrieg
1917	Oktoberrevolution in Rußland
1918	Ende Erster Weltkrieg

Die Tradition des unterhaltenden Musiktheaters

Schauspiel – Gesang – Tanz

In den Urformen des Theaters waren Gesang, Spiel und Tanz untrennbar miteinander verwoben; eine Differenzierung in Musiktheater, Schauspiel und Ballett erfolgte erst sehr viel später. Die meisten volkstümlichen Theaterformen wollten jedoch auch weiterhin neben gesprochenen Dialogen nicht auf Gesangs- und Tanzeinlagen verzichten. William Shakespeare (1564–1616) verwendete vor allem in Komödien und Romanzen wie dem *Sommernachtstraum* Lieder und Tänze. Bezeichnenderweise griffen Musicalautoren später häufig auf seine Stücke als Vorlagen zurück.

Am Hofe von Ludwig XIV. tat sich der Komödiant und Dramatiker Molière (1622–1673) auf Geheiß des tanz- und theaterbegeisterten Sonnenkönigs mit dem Komponisten Jean-Baptiste Lully zusammen, um sogenannte »Ballettkomödien« zur Aufführung zu bringen: Stücke wie *Der Bürger als Edelmann*, in deren Handlung Ballett- und Gesangseinlagen integriert waren. Molière schrieb im Vorwort zu seiner ersten Ballettkomödie, *Die Lästigen*: »Um den

Faden des Stückes durch diese Art von Zwischen-
spielen nicht zu zerreißen, nahmen wir uns vor,
sie mit dem Sujet, so gut es geht, zu verknüpfen,
also aus Ballett und Komödie eine Einheit zu
machen. Dies ist eine Mischung, die für unsere
Theater neu ist und für die man einige Autoritäten
in der Antike suchen könnte. Da die Mischung
allen gefallen hat, kann sie als Vorbild für andere
Sachen dienen, über die man mit mehr Muße
nachdenken könnte.«

Offensichtlich kam ein um Musik- und Tanzeinlagen bereichertes Unterhaltungstheater den
Bedürfnissen des Publikums entgegen – und
sowohl Shakespeare als auch Molière waren
Theaterunternehmer, die mit ihren Produktionen
ihren Lebens-
unterhalt
verdienen
mußten und
daher sehr
genau auf

die Wünsche ihrer zahlenden Zuschauer achte-
ten. Die Dramen Shakespeares und Molières sind
keine frühen Musicals; es handelt sich um Schau-
spiele mit Musik. Aber der Gedanke an die Verschmelzung populärer Unterhaltungsformen ist
auch bei den großen Dramatikern zu finden.
Die eigentliche Entwicklung eines unterhaltenden
Musiktheaters setzte Anfang des 18. Jh. in der
Auseinandersetzung mit der Oper ein.

Die Balladenoper
Die Oper ist ein Produkt der italienischen Spät-
renaissance: Bei dem Versuch, das antike griechi-
sche Drama wiederzuerwecken, schufen Ende
des 16. Jh. die Komponisten Iacopo Peri und
Giulio Caccini mit dem Dichter Ottavio Rinuccini
eine Form, die sie »Dramma per musica« nannten.
Dieses etwas schematische Konstrukt mit ausgedehnten Rezitativen, kurzen Arien, Duetten,

Andrew Lloyd Webbers
Das Phantom der Oper
(Szenenfoto der Hamburger
Aufführung) basiert auf einem
Roman von Gaston Leroux
und orientiert sich an der
Ästhetik der romantischen
Oper.

um 1700 – 1918

Stephen Sondheims *Sunday
in the Park With George*
wurde von einem Gemälde
des pointillistischen Malers
Georges Seurat inspiriert –
Szenenfoto vom Broadway.

links:
William Shakespeare (1564–
1616) Seit Richard Rodgers
und Lorenz Hart seine Komödie der Irrungen 1938 zu
ihrer musikalischen Komödie
The Boys from Syracuse
verarbeitet hatten, dienten
zahlreiche seiner Dramen
dem Musical als Vorlage:
Cole Porters *Kiss Me, Kate*
basiert auf *Der Widerspenstigen Zähmung*; Bernsteins
West Side Story übertrug die
Konflikte von *Romeo und Julia*
ins New York der fünfziger
Jahre, und Galt MacDermots
Two Gentlemen of Verona ist
eine Adaption von *Die beiden
edlen Veroneser*. Shakespeare
selbst hatte viele seiner Stücke
mit Gesangs- und Tanz-
einlagen ausgestattet.

9

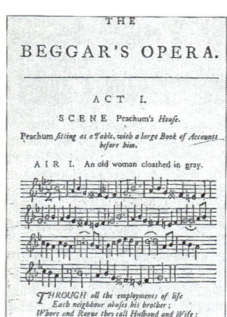

THE

BEGGAR'S OPERA.

ACT I.

SCENE Peachum's House.

Peachum *sitting at a Table, with a large Book of Accounts before him.*

AIR I. An old woman clothed in gray.

*THROUGH all the employments of life
Each neighbour abuses his brother;
Where and Rogue they call Husband and Wife:
All professions be-rogue one another.*

Die erste Seite der Partitur von **John Gays** und **Johann Chr. Pepuschs** The Beggar's Opera, für die Johann Chr. Pepusch populäre Balladen, Volkslieder und Tänze bearbeitete.

The Beggar's Opera (satirischer Stich von Hogarth) lieferte ein frühes Modell für das unterhaltende Musiktheater. Wie Die Dreigroschenoper von Brecht und Weill basiert auch **Duke Ellingtons** swingende Jazzoper Beggar's Holiday (1946) auf dem Werk von Gay und Pepusch.

Terzetten und Chorpassagen entwickelte Claudio Monteverdi zu einer neuen Kunstform. Schnell avancierte die zunächst nur untergeordnete Solo-Arie zum dominierenden Element der Oper. Die damit einhergehende Tendenz zum gesanglichen Virtuosentum sowie die realitätsfernen, der antiken Mythologie entlehnten Sujets mit ihren statischen Handlungsabläufen und schablonenhaften Personenzeichnungen zogen alsbald Parodien nach sich.

Am 29. Januar 1728 wurde in London zum ersten Mal die Beggar's Opera aufgeführt. Statt antiker Heroen brachten der Autor John Gay und sein musikalischer Mitstreiter Johann Christoph Pepusch Gauner, Huren und Bettler auf die Bühne. Ursprünglich als Persiflage auf die Opera seria jener Zeit konzipiert, versetzte die Beggar's Opera nicht nur dieser verspotteten Gattung den Todesstoß, sondern begründete die Tradition der Balladenoper. An die Stelle von Belcanto und Koloratur-Arien traten volkstümliche Gassenhauer und bekannte Melodien aus Werken von Händel, Purcell und anderen Komponisten. Die Rezitative ersetzten die Autoren durch gesprochene Dialoge, und fügten auch Tanznummern in die Handlung ein. Das Streitduett zwischen Lucy und Polly um den Gauner Macheath war eine Parodie auf zwei Händel-Primadonnen, die sich in London auf offener Bühne in die Haare geraten waren. Wie später das Musical war Die Bettleroper eine

Mischung aus verschiedensten Elementen, die in ihrer geschickten Zusammensetzung ein wirkungsvolles Ganzes ergaben. Für damalige Verhältnisse ungewöhnlich lange en suite gespielt, wurde das Stück alsbald auch von anderen englischen Theatern ins Repertoire übernommen.

Der Erfolg veranlaßte Gay und Pepusch zu der Fortsetzung *Polly*. Doch ein 1737 erlassenes Zensurgesetz, in dem generell satirische Theaterproduktionen in England verboten wurden, sorgte nicht nur dafür, daß *Polly* erst 1777 aufgeführt werden konnte, sondern behinderte zudem die weitere Entwicklung der populären Balladenoper erheblich. John Gay zog es fortan vor, für den von ihm so heftig verspotteten Händel Textvorlagen zu schreiben.

Trotzdem fand am 3. Dezember 1750 die New Yorker Erstaufführung der *Beggar's Opera*

in der damals noch britischen Kolonie statt. Einige der Lieder hatten allerdings schon vorher ihren Weg nach Nordamerika gefunden, und mit *Flora* war 1735 in Charleston (South Carolina) bereits eine Balladenoper gespielt worden – zugleich die erste

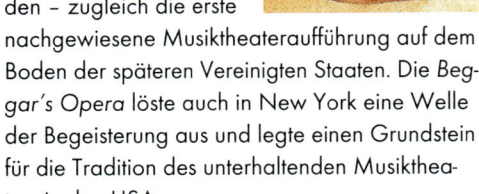

nachgewiesene Musiktheateraufführung auf dem Boden der späteren Vereinigten Staaten. Die *Beggar's Opera* löste auch in New York eine Welle der Begeisterung aus und legte einen Grundstein für die Tradition des unterhaltenden Musiktheaters in den USA.

Wolfgang Amadeus Mozarts *Zauberflöte* entstand wie ein Musical als kommerzielle Produktion für das Volkstheater Emanuel Schikaneders. Sogar die musicaltypische Zweiaktform mit dazwischenliegender Pause nahm Mozarts Singspiel bereits vorweg. Der historische Farbstich zeigt das Bühnenbild der Uraufführung, 1. Akt.

Singspiel, Opera buffa, Opéra comique

Auch auf dem europäischen Kontinent entstanden Anfang des 18. Jh. Musiktheaterformen, die der repräsentativen, meist an Fürstenhöfen gegebenen *Opera seria* volkstümlichere Klänge und Motive entgegensetzten. Das sich aufgeklärt gebende deutsche Bürgertum verlangte nach Singspielen in deutscher Sprache, und so entstanden eine Reihe von Stücken, die dieser Forderung zu entsprechen versuchten und teilweise für Schauspieler

Aus sogenannten *Intermezzi*, komischen Einaktern, die als Pausenfüller zwischen die einzelnen Akte ernster Opern eingeschoben wurden, entwickelte sich Mitte des 18. Jh. in Italien die *Opera buffa*, die komische Oper.

Der Philosoph **Jean-Jacques Rousseau** begründete mit *Le Devin du Village* (Der Dorfwahrsager) in Frankreich die *Opéra comique*.

komponiert wurden. In Wien, wo Kaiser Joseph II. 1778 per Dekret das Verfertigen solcher Singspiele – allerdings für ausgebildete Sänger – angeordnet hatte, erlebte die Gattung ihren Höhepunkt mit Wolfgang Amadeus Mozarts *Entführung aus dem Serail* und der für das Wiener Volkstheater Emanuel Schikaneders geschriebenen *Zauberflöte*. In Neapel gab es seit Anfang des 18. Jh. eine von der Commedia dell'Arte, dem italienischen Stegreifspiel, inspirierte musikalische Komödie, deren Musik sich an neapolitanischen Volksweisen orientierte. Anfang des 19. Jh. setzten Komponisten wie Rossini (*Der Barbier von Sevilla*) und Donizetti (*Das Liebeselixier*) die Tradition der *Opera buffa* fort.

Die zur gleichen Zeit in Frankreich entstandene *Opéra comique* verzichtete im Gegensatz zur italienischen Entwicklung auf Rezitative zugunsten gesprochener Dialoge. Das parodistische und »komische« Element verlor im Laufe der Zeit an Bedeutung, so daß gegen Ende des Jahrhunderts eine *Opéra comique* wie Georges Bizets *Carmen* auch tragische Sujets behandeln konnte.

All diese europäischen Formen unterhaltenden Musiktheaters sind in der Tradition der populären und alltäglichen Unterhaltungskultur verwurzelt und wurden zumeist an kommerziellen Theatern aufgeführt. Das gilt auch für die Mitte des 19. Jh. aus der Komischen Oper entstandene Operette, die in der Folge nicht nur Europa, sondern auch die Neue Welt erobern sollte.

Die Geburt der Operette

Jakob Offenbach wurde 1819 in Köln als Sohn eines jüdischen Kantors geboren. Mit sechs Jahren lernte er Violine spielen, und 1832 schickte der Vater das musikalisch hochbegabte Kind nach Paris, wo Offenbach – obwohl eigentlich noch zu jung – das Konservatorium besuchte. Als Fünfzehnjähriger verdiente er sein Geld als Cellist im

Orchester der *Opéra comique*, drei Jahre später
entstand sein erstes Bühnenwerk, *L'Alcove*, eine
Opéra bouffe in einem Akt. Die 1855 in Paris
ausgerichtete Weltausstellung und das zu erwar-
tende internationale Publikum veranlaßten Offenbach, ein Theater nahe der Champs-Elysées zu
kaufen, das gerade 50 Plätze bot und anfangs
noch gesetzlich verpflichtet war, nicht mehr als
drei Darsteller pro Aufführung zu präsentieren.
Am 5. Juli 1855 eröffnete er das »Théâtre des
Bouffes-Parisiens« mit dem Einakter *Die beiden
Blinden,* der von zwei Straßenmusikern handelte,
die sich als Blinde ausgeben und sich um ein ihnen
zugedachtes Almosen streiten. Vom Erfolg seines
Stückes ermutigt, brachte der gewiefte Theaterunternehmer Offenbach zunächst weitere dieser
Musiquettes genannten satirischen Kurzopern auf

 steht im Seitenrand: **um 1700 – 1918**

Jacques Offenbach schuf
mit seinen Pariser Operetten
ein Modell des unterhaltenden Musiktheaters, das
später vielen Musicals zum
Vorbild diente.

die Bühne, bevor er sich an
ein abendfüllendes Werk
wagte: Am 21. Oktober
1858 wurde in den »Bouffes-
Parisiens« *Orpheus in der
Unterwelt* uraufgeführt. Mit
diesem Geniestreich hatte

Offenbach schlagartig eine neue Form des Musiktheaters begründet: die Operette. *Orpheus in der
Unterwelt* vereint die freche Opernparodie (vor
allem Glucks *Orpheus und Eurydike*) mit bissiger
Gesellschaftssatire, volkstümliche Couplets mit
raffinierten Ensemblenummern, heitere Melodien
mit dem wilden und aufreizenden Can-Can. In
weiteren Werken variierte Offenbach das gefun-
dene Erfolgsrezept und karikierte die Gesellschaft
des Zweiten Kaiserreichs. Als Jacques Offenbach
1880 starb, hatte er über hundert Operetten unterschiedlichen Umfangs geschaffen. Den Triumph
seines ambitioniertesten Werkes, der Oper
Hoffmanns Erzählungen, erlebte er nicht mehr.
   Seine Operetten wurden in ganz Europa nachgespielt und inspirierten in Wien oder London

J. Offenbachs *Die beiden
Blinden* in einer Inszenierung
der Semperoper in Dresden
1990.

Plakat der Uraufführung von
Orpheus in der Unterwelt.

Die Tanzwelle, die Offenbachs *Can-Can*-Musik auslöste, schwappte bis in jene Regionen Amerikas, die man den »Wilden Westen« nennt (hier eine Illustration aus den Abenteuern des *Lucky Luke*).

Komponisten wie Johann Strauß oder Arthur Sullivan. 1883 erreichte das Operettenfieber, das mittlerweile auch in den USA ausgebrochen war, anläßlich der New Yorker Erstaufführung von *Pariser Leben* einen vorläufigen Höhepunkt.

Mit seiner Form der geistreichen und temperamentvollen französischen Operette hatte Offenbach ein Grundmuster für musikalische Komödien geliefert, das in späteren Jahren von zahlreichen Musicalproduktionen übernommen wurde. Siebzig Jahre nach Offenbachs Tod knüpfte Cole Porter mit *Out of This World* an dessen Tradition der Mythentravestie an und feierte in *Can-Can* erneut das »Pariser Leben«.

In der Wiener Erstaufführung von *Orpheus in der Unterwelt* spielte der Komödiant und Dramatiker **Johann Nestroy** den Göttervater Jupiter – hier als Fliege erscheinend.

Operetten für Amerika

Auch die Wiener Operette fand im ersten Jahrzehnt des 20. Jh. ihren Weg über den Atlantik und eroberte den Broadway im Walzertakt. Franz Léhars *Lustige Witwe* löste in den USA eine erneute Begeisterungswelle für europäische Operettenimporte aus, die jegliche Ansätze zu einem eigenständigen amerikanischen Musiktheater zu ersticken drohte. Die französischen und Wiener Stücke wurden in der Gunst des Publikums noch übertroffen von den Werken der beiden Engländer Gilbert und Sullivan.

Der Komponist Arthur S. Sullivan konnte bereits auf ein vielfältiges und umfangreiches musikalisches Œuvre zurückblicken, als ihn 1871 der Theaterproduzent Richard D'Oyly Carte mit dem Autoren und Humoristen William Schwenck Gilbert zusammenbrachte, um gemeinsam Operetten zu entwickeln. Der Einakter *Trial by*

Jury brachte den Durchbruch, und in der Folge schrieben sie dreizehn abendfüllende Operetten. Bereits die erste, die 1878 entstandene Marine- und Imperialismussatire *HMS Pinafore*, wurde im Jahr ihrer Uraufführung zunächst in Boston und dann am Broadway herausgebracht und feierte bis dahin ungekannte Triumphe. *HMS Pinafore* lief an bis zu acht New Yorker Theatern gleichzeitig, nahezu hundert Tourneeproduktionen waren mit dem Stück in ganz Nordamerika unterwegs. Die unzähligen Aufführungen fanden jedoch statt, ohne daß Gilbert und Sullivan dafür Tantiemen erhielten: Die USA waren keinerlei internationale Vereinbarungen über das Urheberrecht eingegangen. Um bei ihrem nächsten Werk *The Pirates from Penzance* weitere Fälle von Piraterie zu verhindern und ihre Rechte in den USA geltend zu machen, fand dessen Uraufführung 1879 in New York statt. Am Tag zuvor war in der südenglischen Kleinstadt Paignton vor 45 Zuschauern zur Sicherung der Rechte in Europa eine Lesung des neuen Stückes durch die Tourneetruppe von *HMS Pinafore* durchgeführt worden.

Piraten
Das auf einem Piratenschiff aufgewachsene Waisenkind Frederic hat seine Seeräuberlehre vollendet und will nun, volljährig geworden, Mabel, eine der entzückenden Töchter eines

Oscar Strauß' *Der tapfere Soldat* wurde 1909, nur ein Jahr nach der Uraufführung, als *The Chocolate Soldier* in New York gespielt. **George Bernard Shaw**, dessen Stück *Helden* als Vorlage gedient hatte, distanzierte sich von der musikalischen Adaption und verweigerte allen Plänen, aus seinem *Pygmalion* ein Musical zu machen, seine Zustimmung. Erst nach Shaws Tod konnte das Projekt *My Fair Lady* realisiert werden. Für eine deutsche Version von Shaws *Helden* komponierte Udo Jürgens 1972 die Musik.

Piraten – Historische Zigaretten-Sammelbilder.

Generalmajors heiraten, die er bei seinem ersten Landgang kennengelernt hat. Der Generalmajor fällt mit seinen Töchtern in die Hände der Piraten, doch als er ihnen vorlügt, er sei ein Waisenkind, lassen sie – selber allesamt Waisen – gerührt von ihm ab. Frederic hingegen wird von ihnen wieder in die Piratenpflicht

genommen: Er sei am 29. Februar in einem Schaltjahr geboren, sei daher erst fünf Jahre alt und habe seinen Ausbildungsvertrag weiterhin zu erfüllen. Die Aussicht, noch sechzig Jahre auf Frederic warten zu müssen, betrübt Mabel. Die Auseinandersetzung zwischen den Piraten und der alarmierten Polizei findet mit dem Erscheinen von Königin Victoria als *Dea ex machina* ein Ende: Als anständige Staatsbürger unterwerfen sich die Piraten ihrer Monarchin. Als sich dann herausstellt, daß die Seeräuber alle adligen Geblüts sind, steht der Heirat mit den Töchtern des Generalmajors nichts mehr im Wege.

Gilbert und Sullivan, denen nachgesagt wurde, daß sie sich nicht ausstehen konnten und ihre Zusammenarbeit so weit wie möglich auf postalischem Wege betrieben, standen mit ihren Operetten unter dem unverkennbaren musikalischen und thematischen Einfluß Offenbachs. Zu Sullivans musikalischer Mischung aus englischen Kirchenhymnen, französischen Tanzrhythmen und persifliertem Opernpathos schrieb Gilbert ironische, von scharfzüngigem Humor und

um 1700 – 1918

virtuosem Nonsens geprägte Songtexte. Der schwer übersetzbare britische Humor Gilberts fand in der Neuen Welt größeren Anklang als auf dem europäischen Kontinent.

Operette made in USA

Unter dem Einfluß der europäischen Werke entstanden auch in Amerika zahlreiche Operetten. Zu den erfolgreichsten amerikanischen Komponisten der ersten Dekade des 20. Jh. gehörten Rudolf Friml, Gustav Lüders, Karl Hoschna, Ludwig Englander und Gustav Kerker. Die Namen lassen es schon vermuten: Die Herren waren allesamt in Deutschland oder in der K.u.K.-Monarchie geboren worden. Ein deutsch klingender Name galt bis zum Eintritt der USA in den Ersten Weltkrieg als Gütesiegel für Komponisten der leichten Muse. Nur wenige ihrer damals unerhört populären Werke haben die Zeit überdauert. Der in Stuttgart aufgewachsene und musikalisch ausgebildete Ire Victor

Der König der *Piraten* (Cusch Jung) in einer Aufführung am Berliner Theater des Westens 1996.

Herbert war lange vor Gershwin und Bernstein ein erfolgreicher Grenzgänger zwischen Klassik und populärer Theatermusik. Als Leiter des Pittsburgh-Sinfonie-Orchesters war er sich nicht zu schade, Unterhaltungsmusik zu komponieren. Herbert gehörte auch zu den Mitbegründern der ASCAP, einer Vereinigung zur Wahrung der Rechte von Komponisten, Autoren und Verlegern, vergleichbar mit der deutschen GEMA. Seine Stücke spielten oft in so exotischen Ländern wie Ägypten, Indien, Afghanistan oder Persien. In der Spielzeit 1899/1900 kamen vier seiner Operetten zur Aufführung, und zu jeder ließ sich der lebenslustige Herbert entsprechend ihrem Schauplatz von einer anderen Weinsorte inspirieren.

Der in Ungarn geborene Sigmund Romberg kehrte von einer New York-Reise nicht mehr nach Europa zurück, verdingte sich als Kneipenpianist und erweckte mit seinen Songs das Interesse des mächtigen Theaterbesitzers J. J. Shubert. Dieser gab Romberg seinen ersten Auftrag zu einer Bühnenmusik: Er sollte hübsche Melodien erfinden, die auf keinen Fall von der üppigen Ausstattung und den Reizen der Chorus Girls ablenken durften. In den Anzeigen wurde nicht einmal der Name des Komponisten erwähnt, doch für Romberg begann damit eine bemerkenswerte Karriere. Allein zwischen 1914 und 1917 entstanden in 26 Monaten vierzehn Bühnenmusiken für Revuen, Operetten und *Musical Comedies*, in denen er oft die Werke europäischer Komponisten bearbeitete. Rombergs größte Erfolge waren *Maytime* (1917), nach Walter Kollos Berliner Operette *Wie einst im Mai*, *Blossom Time* (1921), nach dem Wiener Singspiel *Das Dreimäderlhaus*, sowie *The Student Prince in Heidelberg* (1924). Das heute noch gespielte Rührstück um die nicht standesgemäße Liebe eines Prinzen zu einer badischen Wirtstochter trug wesentlich zu dem lebhaften Touristenstrom aus den USA bei, von dem die Stadt Heidelberg noch heute profitiert. Romberg blieb in allen seinen Werken, selbst wenn sie wie *Up in Central Park* (1945) in New York spielten, der bitter-süßen Operettenwelt des

Victor Herberts größter Erfolg war die in Holland spielende Operette *The Red Mill* von 1906, für die mit der ersten elektrischen Lichtreklame am Broadway geworben wurde.

Prinz und Kellnerin:
*The Student Prince
in Heidelberg.*

19. Jh. treu. Im Gegensatz zur Musik anderer amerikanischer Operettenkomponisten sind einige von Rombergs Melodien, wie etwa das von Billie Holiday in einer jazzigen Version gesungene *Lover Come Back,* noch heute bekannt.

Entwicklung des amerikanischen Theaters

Unterhaltung statt Literatur

Bis Mitte des 19. Jh. stand das amerikanische Theater noch völlig unter dem Einfluß Europas – Ansätze zu einer eigenständigen Entwicklung waren kaum zu erkennen. Als im späten 17. Jh. englische Wandertruppen die nordamerikanischen Kolonien besuchten, begegnete ihnen die puritanische Bevölkerung meist mit unverhohlener Feindschaft. Der erste Hinweis auf eine Theateraufführung ist ein Gerichtsurteil aus Virginia von 1665: Drei Männer waren von Dorfbewohnern verklagt worden, weil sie ein Stück, das einer der drei geschrieben hatte, aufführten. Der Richter sprach sie allerdings von jeder Schuld frei.

Mit Beginn des 18. Jh. sorgten die meist englischen Schauspieltruppen für einen regelmäßigen Theaterbetrieb und führten neben den Dramen Shakespeares auch neue Stücke wie *The Beggar's Opera* auf. Im 19. Jh. prägten einige Familien wie die Barrymores oder die Hammersteins über mehrere Generationen das amerikanische

um 1700 – 1918

Attentat im Theater: Der seinerzeit berühmte Charakterdarsteller **John Wilkes Booth**, Sproß einer amerikanischen Theaterfamilie, ist heute eher als Attentäter bekannt: Der Parteigänger der Südstaaten erschoß 1865 im Washingtoner Opernhaus den Präsidenten der USA **Abraham Lincoln.** – John Wilkes Booth wurde in **Stephen Sondheims** *Assassins* 1987 zum Musicalprotagonisten.

Theaterleben und brachten erste bedeutende amerikanische Darsteller wie Edwin Booth hervor. Versuche, nach europäischem Vorbild ein literarisches Theater zu entwickeln, blieben mangels bedeutender Dramatiker und eines größeren Publikums in den Ansätzen stecken.

Während von einer amerikanischen Theaterlandschaft noch keine Rede sein konnte, entwickelte sich eine in jeder Hinsicht ungehemmte Unterhaltungsbranche. Im Laufe des 19. Jh. wuchsen die Einwohnerzahlen der amerikanischen Großstädte aufgrund der industriellen Revolution und der ständig zunehmenden Einwanderungswelle rapide an. Um das Unterhaltungsbedürfnis dieser sehr heterogenen, zumeist der Unterschicht zuzuordnenden Bevölkerung zu befriedigen, eröffneten zahllose Vergnügungsstätten.

Die Stimme der Stadt

Die berüchtigte Bowery auf der Lower East Side war das größte New Yorker Vergnügungsviertel. Dort siedelten sich in unmittelbarer Nachbarschaft zu Bordellen und Spielhöllen *Concert Saloons* oder *Honky Tonks* genannte Vaudevillebühnen an. In New York wandten sich diese Theater in unterschiedlichster Form an die Bevölkerung: Da die Immigranten aus den verschiedensten Ländern kaum Englisch sprachen und häufig über eine nur geringe Bildung verfügten, mußten die Darbietungen allgemeinverständlich sein. Geboten wurden in einer von billigem Fusel und Zigarrenqualm geprägten Atmosphäre burleske Nummernprogramme ohne inhaltlichen roten Faden. Sentimentale Lieder über unerfüllte Liebe und die Sehnsucht nach der (europäischen) Heimat wechselten sich ab mit derber Komik und drastischer Satire sowie artistischen Darbietungen von Schwertschluckern oder Jongleuren. Wie das Publikum waren die Entertainer des Vaudeville ein Spiegelbild des Schmelztiegels New York: Neben italienischen Primadonnen traten jüdische und irische Komiker genauso auf wie schwarze Sänger und Steptänzer.

Wie alle Formen des Unterhaltungstheaters war auch das Vaudeville-Geschäft – »Show-Business«. Der Theaterunternehmer Tony Pastor entdeckte eine Chance, das Vaudeville aus seiner anrüchigen Umgebung herauszulösen und zur

Der aus dem Französischen stammende Begriff Vaudeville ist eine Verballhornung von »voix de ville« – Stimme der Stadt.

um 1700 – 1918

Unterhaltung für die ganze Familie zu machen. Bislang hatte das Vaudevillepublikum nahezu ausschließlich aus Männern bestanden. In seinem 1861 eröffneten Theater am Broadway verbot er zunächst das Rauchen und Trinken während der Vorstellungen; später verteilte er an Frauen und Kinder Gutscheine für Haushaltswaren oder

Das Publikum des 19. Jh. brachte seine Ansichten über eine Vorstellung bisweilen sehr deutlich zum Ausdruck: Das Unterhaltungstheater mußte somit die Wünsche seiner Zuschauer berücksichtigen.

Der spätere Filmkomiker
Buster Keaton (rechts) begann als Dreijähriger seine
Karriere in der Vaudeville-
nummer seiner Eltern. Seine
artistischen Fähigkeiten und
sein berühmtes minimalisti-
sches Mienenspiel eignete er
sich in dieser Zeit an.

Spielzeug. Das Konzept ging auf: Vaudeville
avancierte zur beliebten Unterhaltung für die
Mittelschicht. Tourneeunternehmen verbreiteten
die Popularität des Vaudeville im ganzen Lande.
Fast alle bedeutenden amerikanischen Artisten
und Komiker, wie der Entfesselungskünstler
Houdini oder die Marx Brothers, haben ihre
künstlerische Laufbahn im Vaudeville begonnen.

Die Vaudevilletradition verlor Mitte des
20. Jh. mehr und mehr an Bedeutung, als Kino,
Radio und Fernsehen sowohl Zuschauer als auch
Künstler abwarben und preisgünstigere Unterhaltung boten.

Burleske

Eine andere Form des Entertainments war die
Burleske. In ihrer ursprünglichen Form handelte es
sich dabei um Travestien berühmter Dramen wie
Shakespeares *Hamlet*, wobei die Spielweise
großer Charakterdarsteller wie Edwin Booth
parodiert wurde. Zu den beliebtesten Sujets zählten aber auch Satiren auf Persönlichkeiten des
öffentlichen Lebens und aktuelle Ereignisse.
Gesangs- und Tanzeinlagen gehörten von Anfang
an zu den Ausdrucksmitteln der Burleske. 1868
gastierten die »British Blondes«, eine von Lydia
Thompson geleitete englische Truppe blonder
Tänzerinnen, am Broadway. Ihr Stück war eine
krude Mischung aus Tänzen, Songs und einer
vagen Handlung, die der griechischen Mythologie entlehnt war. Was aber das Publikum erregte,
war die erotische Ausstrahlung der nur leicht
bekleideten Darstellerinnen. Von nun an gehörten
nackte Frauenbeine und bald auch Striptease-
darbietungen untrennbar zum Genre. Einen
späten Höhepunkt erlebte die Burleske in den
dreißiger Jahren des 20. Jh. mit der legendären
Stripperin Gypsy Rose Lee, deren Autobiographie 1959 Grundlage des Musicals *Gypsy*
wurde.

Triumph der Schauwerte

Eine französische Tanzcompagnie war zwei
Jahre zuvor in einer der spektakulärsten Theaterproduktionen des 19. Jh. aufgetreten. Zwei amerikanische Produzenten hatten 1866 in Paris die
Ballettshow *La Biche du Bois* gesehen und die
über hundert Tänzerinnen für ein Gastspiel an
den Broadway verpflichtet. Die als Spielstätte
vorgesehene New Yorker Musikakademie war
jedoch in der Zwischenzeit niedergebrannt. Zur
gleichen Zeit überkamen den Manager von
»Niblo's Garden«, einem der größten New
Yorker Theater, Zweifel, ob das in seinem Haus
zur Aufführung vorgesehene Stück eines gewis-
sen Charles M. Barras ein Erfolg würde. Das
wüste, im Harz angesiedelte Melodram
The Black Crook vereinte Teufelspakt-
Motive aus dem *Freischütz* und *Faust*.
Die beiden Ballettproduzenten schlugen in ihrer Not, einen neuen Auffüh-
rungsort finden zu müssen, vor, die französischen Tänzerinnen sowie ein paar
aktuelle Schlager in das Melodram
einzubauen. Obwohl die so zustandegekommene Aufführung 5 1/2 Stunden
dauerte, war *The Black Crook* ein
Sensationserfolg, lief in New York 16
Monate am Stück, fand auf Tourneen
quer durch die USA ein begeistertes
Publikum und wurde bis in die zwanziger Jahre des folgenden Jahrhunderts
immer wieder gespielt. Die Einnahmen
beliefen sich auf ca. eine Million Dollar. Die New Yorker Presse zeigte sich teils begeistert, teils angewidert. Der Kritiker der »New York
Tribune« resümierte: »Die Ausstattung ist großar-
tig, das Ballett wunderschön, das Stück ist – Mist«,
und befand, daß jedes andere Drama genausog-
gut als Vorwand für die Zurschaustellung der be-
trächtlichen Anzahl von Frauenbeinen hätte

Die Burleske *Pocahontas*
des irischen Komikers **John
Brougham** wurde im riesigen
Bowery Theatre gespielt.

Das Plakat von
The Black Crook.

um 1700 – 1918

Vier attraktive französische Tänzerinnen, die das New Yorker Publikum in *The Black Crook* begeisterten.

Hinter den Kulissen von *The Black Crook*: Die Tänzerinnen bereiten sich auf ihren Auftritt als »Luftballett« vor. Flugwerke waren nur einer von vielen technischen Effekten.

dienen können. Gelobt wurden der Glanz aufwendiger Bühnenbilder und die sensationelle Theatertechnik, dank derer Nebelwände erzeugt wurden und silberne Kutschen, in denen sich laszive Feen räkelten, durch die Luft schwebten. *The Black Crook* war noch kein Musical im heutigen Sinne; Schauspielszenen, Songs und Tänze standen unvermittelt nebeneinander. Aber der Triumph der Schauwerte setzte Maßstäbe und erinnert an die Mammutproduktionen unserer Tage, wo Helikopter auf der Bühne landen oder das ganze Theater zur Rollschuhbahn wird.

Der Erfolg von *The Black Crook* zog weitere aufwendige Produktionen nach sich, die unter dem Begriff »Extravaganza« angekündigt wurden. Das 1905 erbaute, 5200 Zuschauer fassende Hippodrome mit seiner 35 Meter tiefen Bühne, in die ein Wasserbecken eingelassen war, diente als Schauplatz für zahlreiche solcher zirzensischen Produktionen. Zu den beliebtesten Vorlagen zählten die utopischen Romane Jules Vernes.

So schrieb und inszenierte Orson Welles 1946 eine Extravaganza nach *In achzig Tagen um die Welt*, zu der Cole Porter die Musik lieferte. Doch die Zeit dieser aufwendigen Spektakel war schon vorbei, das Hippodrome bereits 1936 abgerissen worden, und die Produktion wurde ein kommerzielles Desaster.

Minstrel Shows

Um 1800 schwärzte der aus Deutschland eingewanderte Komiker Johann Gottlieb Graupner sein Gesicht mit angebranntem Kork und trat unter dem Künstlernamen »The Gay Negro Boy« als Sänger und Banjospieler auf. Andere weiße Schauspieler folgten seinem Beispiel, und das rassistische Spottbild des ungelenken Schwarzen wurde eine geläufige Figur der Wanderbühnen. Tom Rice kreierte um seine Bühnenfigur »Jim Crow« ganze Stücke, die er als »Ethiopian

Operas« bezeichnete. Der Komponist Dan Emmett präsentierte 1843 sich und drei Mitspieler mit schwarz gefärbten Gesichtern als »Virginia Minstrels«. Jeder von ihnen spielte ein Instrument (Tambourin, Banjo, Violine und die *Bones* genannten Kastagnetten), und sie imitierten die Gesänge, Tänze und Sprechweise der schwarzen Sklaven aus den Südstaaten. Zu den Elementen, die in den Minstrel Shows nach einem eigenwilligen

Eine **Minstrel Show**, um 1840. Links und rechts außen die für komische Dialoge zuständigen Mr. Bones und Mr. Tambo.

um 1700 – 1918

Der Revuestar **Al Jolson**, der in dem ersten Tonfilm *The Jazz Singer* (1927) seine eigene Geschichte darstellte, hatte seine Karriere als Minstrel-Darsteller mit rußgefärbtem Gesicht begonnen.

Ritual präsentiert wurden, gehörten neben Solo- und Gruppengesängen, instrumentalen Musiknummern, Tänzen und Parodien auch kabarettistische Dialoge zwischen dem *Interlocutor* – einer Art Moderator, der in der Mitte saß – und den außen plazierten *End Men*, die nach ihren Instrumenten Mr. Tambo und Mr. Bones hießen. Eine Minstrel Show endete stets mit dem *Hoe-down*, einem wilden Tanz des ganzen Ensembles.

Obwohl nach der von Präsident Lincoln 1863 verfügten Abschaffung der Sklaverei auch schwarze Darsteller als Minstrel auftraten, blieb diese erste amerikanische Unterhaltungsform eine Domäne weißer Männer. Frauen wirkten nicht mit. Werden die Parodien auf Gesänge, Tänze und Slang der Schwarzen aus heutiger Sicht auch als rassistisch empfunden, gelangten doch paradoxerweise afro-amerikanische Elemente wie der Steptanz auf diesem Wege in die Unterhaltungskultur. Dan Emmett, dessen Lied *Dixie* als Hymne der Südstaaten bekannt wurde, und Stephen Foster, Schöpfer populärer Melodien wie *Oh, Susanna*, verarbeiteten bei ihren Songs für die Minstrel-Bühne authentische schwarze Klänge. Die Popularität der Minstrel Shows erreichte zwischen 1870 und 1880 ihren Höhepunkt, um dann sehr schnell wieder an Bedeutung zu verlieren.

Yankee Doodle Dandy

Um die Jahrhundertwende waren beinahe alle Elemente etabliert, die das Musical ausmachen: Neben Form und Dramaturgie der europäischen Operette verfügte der Broadway über ein funktionierendes Theaterwesen, eine Tradition der unterhaltenden Bühnenkunst, die notwendigen Sänger,

Tänzer und Schauspieler und ein vergnügungs-
süchtiges Publikum. Die Verwendung schwarzer
Folklore in Minstrel Shows hatte den Weg zu
einer eigenständigen musikalischen Sprache an-
gedeutet. Bereits 1874 war für die Extravaganza
Evangeline erstmals der Begriff *Musical Comedy*
angewandt worden. Doch in den ersten Jahren
des neuen Jahrhunderts wurde der Broadway
von europäischen Operetten und ihren amerikanischen Nachahmungen dominiert.

Gegen diese Vorherrschaft opponierte George
M. Cohan. Wie Victor Herbert war er irischer
Abstammung, aber im Gegensatz zu dem akademisch geschulten Komponisten war Cohan ein
reiner Autodidakt, der einer ganz anderen Tradition des Vaudeville und der Minstrel Shows
entstammte. Als Sohn von Schauspielern tingelte
Cohan von Kindheit an mit seinen Eltern und seiner Schwester durch die Vereinigten Staaten.

»Die Vier Cohans«
wurden zu einem
der bekanntesten
Acts des Vaudevil-
le. Dazu trug vor
allem George M.
Cohan bei, indem
er nicht nur alle
Songs und Texte
schrieb, sondern
auch die Aufga-

George M. Cohan (rechts),
seine Eltern und seine
Schwester traten als
The Four Cohans in
Vaudeville-Shows auf.

ben des Managers übernahm. Sein großes Ziel
war die Theatermetropole New York. Am 25.
Februar 1901 ging am Broadway erstmals der
Vorhang für eine von Cohan geschriebene und
inszenierte *Musical Comedy* auf. *The Governor's Son*
brachte jedoch nicht den erhofften Erfolg, und zu
allem Überfluß hatte sich Cohan gleich in der
ersten Szene den Knöchel so verletzt, daß er für
den Rest der Vorstellung über die Bühne humpeln
mußte. Doch Cohan gab nicht auf, und drei Jahre

später landete er mit *Little Johnny Jones* den ersten einer bemerkenswerten Reihe von Erfolgen. In seiner Eigenschaft als Produzent engagierte er sich als Komponist, Songtexter, Autor, Regisseur und Hauptdarsteller. Seine Stücke glorifizierten ihn selbst, seine Familie und – Amerika. In dem Lied *Yankee Doodle Boy* bezeichnete er sich als »echten Neffen von Onkel Sam, geboren am 4. Juli«, dem amerikanischen Nationalfeiertag – in Cohans Geburtsurkunde war allerdings der 3. Juli 1879 vermerkt. Er besang die amerikanische Flagge, schrieb für die in den Ersten Weltkrieg ziehenden US-Soldaten das Marschlied *Over There* und verkündete in einem gleichnamigen

James Cagney, der genauso klein und quirlig war wie **Cohan**, begann seine Karriere als Tänzer und verkörperte George M. in dem Film *Yankee Doodle Dandy*.

Stück *The American Idea*. Dem Vorwurf musikalischer Unzulänglichkeit begegnete er selbstbewußt, daß er zwar mit mehr als vier Noten nichts anfangen könne, dafür aber bessere Stücke als jeder andere Tänzer schreibe und besser tanze als alle übrigen Autoren. Das Credo des begnadeten Selbstdarstellers Cohen lautete: »Tempo! Tempo! Soviel Tempo wie möglich! Das ist der ganze Witz. Immer in Bewegung bleiben!« Seine Inszenierungen und seine Texte zeichnete ein direkter Ton aus, der unmittelbar das Publikum erreichte und verglichen mit dem Gestus der Operette als modern und amerikanisch empfunden wurde. Mit seiner Dynamik und seinem von

Kindheit an entwickelten Theaterinstinkt gilt George M. Cohan als Galionsfigur des Showbusiness.

Obwohl seine Revuen und musikalischen Komödien wegen ihres vehementen Patriotismus außerhalb der USA unbekannt blieben und aufgrund ihrer musikalischen und inhaltlichen Begrenztheit heute keine Aufführungen mehr erleben, war Cohan ein entscheidender Wegbereiter des Musi-

um 1700 – 1918

cals. In den zwanziger Jahren ging seine Karriere als Produzent und Komponist langsam zu Ende. Ein Comeback als Darsteller erlebte er 1933 in der Uraufführung von Eugene O'Neills Drama *Ah, Wilderness!* und als Präsident Franklin D. Roosevelt in dem Musical *I'd Rather Be Right* (1937) von Richard Rodgers und Lorenz Hart. Eine Idee von der Persönlichkeit und der Musik Cohans vermittelt der in seinem Todesjahr 1942 entstandene Film *Yankee Doodle Dandy*, für den der Hauptdarsteller James Cagney einen Oscar erhielt. Das Leben Cohans war auch Gegenstand des 1968 produzierten Musicals *George M!*

In Jule Stynes Musical *Funny Girl* (1964) spielte **Barbra Streisand** (2. von rechts) den legendären Revuestar der Ziegfeld Follies **Fanny Brice**.

Die Revue

Revuen kamen gegen Ende des 19. Jh. in Mode. Im Gegensatz zum Musical verfügt die Revue über keine Handlung, folgt aber – anders als das Vaudeville – einem an Personen und Motiven festgeknüpften roten Faden. In *The*

Stephen Sondheims Musical *Follies* (1971) nimmt die Erinnerung an die großen Broadwayrevuen zum Ausgangspunkt einer Auseinandersetzung mit der Vergänglichkeit von Ruhm und Träumen.

Die *Ziegfeld Follies of 1919* – »Die Verklärung des amerikanischen Mädchens«.

Der Mulatte **Jelly Roll Morton**, einer der Pioniere des New Orleans-Jazz, wurde 1992 zur Titelfigur des Musicals *Jelly's Last Jam* mit **Mortons** Musik. Im Angesicht des Todes wird der selbsternannte »Erfinder des Jazz« mit dem Vorwurf konfrontiert, seine afrikanischen Wurzeln verleugnet zu haben. Morton läßt sein wildes Leben Revue passieren, um sich zu rechtfertigen und seine Seele zu retten.

Passing Show von 1894 waren die Ermittlungen eines Detektivs in Manhattan Vorwand für Sketche und Shownummern aller Art, darunter auch eine Parodie auf die Oper *Carmen*. 1898 traten in *Rice's Summer Nights* erstmals schwarze Entertainer am Broadway auf. Seit den Erfolgen von Lydia Thompsons *British Blondes* gehörte die Präsentation langbeiniger Tänzerinnen zu den beliebtesten Shownummern. Auch Florenz Ziegfeld wollte darauf nicht verzichten, als er 1907 in einem Dachgarten am Broadway seine ersten *Follies* als leichte Sommerunterhaltung präsentierte. Sein Name war fortan untrennbar mit dem Genre verknüpft. Einer der größten Stars der *Follies* war Fanny Brice, deren Anfänge in Ziegfelds Shows 1964 den Stoff zu Jule Stynes Musical *Funny Girl* lieferte. Barbra Streisand wurde durch die Titelrolle schlagartig bekannt. Ihre Glanzzeit erlebte die Revue in

den Jahren zwischen 1910 und 1920, als sie
der Operette ernsthaft den Rang abzulaufen
schien. Die Ära der großen Revuen ging infolge
der Weltwirtschaftskrise und der Konkurrenz
durch andere Medien wie Radio, Tonfilm und
dem Fernsehen in den vierziger Jahren zu Ende.

Jazz – eine amerikanische Musik

Wie das amerikanische Unterhaltungstheater entstand der Jazz im Umfeld von billigen Vergnügungsstätten und Bordellen. In Storyville, dem
Rotlichtviertel von New Orleans, hatte jedes Eta-
blissement seine eigenen Musiker. Der Jazz geht
in seinen Ursprüngen auf die Lieder der seit Beginn des 17. Jh. massenhaft aus Westafrika nach
Nordamerika verschleppten Sklaven zurück. Die
Afro-Amerikaner verbanden ihre musikalische Tradition mit europäischer Harmonik. Nach der Abschaffung der Sklaverei 1863 war der Weg frei
für eine schwarze Musik. Bei der Verwendung
von Instrumenten wie der Trompete, der Posaune,
dem Saxophon oder der Klarinette entwickelten
die musikalischen Autodidakten verblüffende und
unkonventionelle Techniken. Ausgehend von
Arbeitsliedern, Kirchenchorälen oder Märschen
entstand – ohne Noten – eine zwangsläufig
improvisierte Musik. So wie der Blues meist ein
melancholisches Gefühl widerspiegelt, drückte
sich die Lebensfreude der frühen Jazzmusiker in
einer temperamentvollen, immer stärker beschleunigten (»jazzed up«) Musik aus. Anfang des Jahrhunderts hatten bereits schwarze Pianisten aus
der Anwendung afro-amerikanischer synkopierter
Rhythmik auf dem der Alten Welt entstammenden
Klavier einen eigenen Stil geschaffen, den bald
auch weiße Komponisten übernahmen: Ragtime.

Klavierauszug eines frühen
Songs von Irving Berlin, der
als Autodidakt wirklich von
sich behaupten konnte: »All
By Myself«.

Von Tin Pan Alley zum Broadway: Irving Berlin

Das Zentrum der amerikanischen Musikbranche,
die Tin Pan Alley, verdankt ihren Namen einem

um 1700 – 1918

Irving Berlin (1888–1989) schrieb wie Cole Porter selbst die Texte zu seiner Musik. Von George Gershwin als »Amerikas Franz Schubert« bezeichnet, war er einer der wenigen Komponisten, der für alle drei Zentren der amerikanischen Musikindustrie – Tin Pan Alley, Hollywood und Broadway – gleichermaßen erfolgreich arbeitete. Zu den legendären *Ziegfeld-Follies*-Revuen steuerte er regelmäßig Songs bei, darunter die Hymne der Shows, *A Pretty Girl Is Like a Melody*. In den dreißiger Jahren arbeitete er fast ausschließlich in Hollywood, wo Songs wie *Cheek To Cheek* oder *White Christmas* entstanden. Erst 1946 fand Berlin zum Musical: *Annie Get Your Gun* wurde mit Liedern wie *There´s No Business Like Show Business* und *You Can't Get A Man With A Gun* einer der größten Erfolge aller Zeiten. - Das Foto zeigt Irving Berlin als Darsteller der von ihm vertonten patriotischen Revue *This Is the Army* 1942.

Journalisten, der 1903 über die in der 28. Straße ansässigen amerikanischen Musikverlage recherchierte. Von dem aus allen Fenstern herausdringenden Klimpern der Klaviere beeindruckt, gab er seinem Artikel die Überschrift »Tin Pan Alley – Straße der Blechbüchsen«. Hier komponierten und arrangierten im Auftrag der Musikverlage festangestellte Musiker ständig neue Lieder, die durch sogenannte *Song Plugger* in den New Yorker Bars, Music Halls und Theatern verbreitet und den Produzenten, Managern, Sängern und Bandleadern zum Kauf angeboten wurden. Als Lohnkomponisten für Tin Pan Alley begannen unter anderen Irving Berlin, George Gershwin und Vincent Youmans ihre Karrieren.

Irving Berlin, unter dem Namen Israel Baline 1888 in Sibirien als Sohn eines jüdischen Kantors geboren, war mit seinen Eltern nach antisemitischen Pogromen in die USA ausgewandert und in ärmlichen Verhältnissen auf der Lower East Side aufgewachsen. Nach dem frühen Tod seines Vaters verdiente er schon mit vierzehn sein Geld als Balladensänger in den Bars der berüchtigten Bowery und als singender Kellner in Chinatown. Für den Songtext zu *Marie From Sunny Italy* erhielt er ganze 37 Cents Tantiemen, aber auf dem Notenblatt stand erstmalig sein Name: »I. Berlin«. Er versuchte, einen von ihm komponierten Song über den unglücklichen italienischen

Marathonläufer *Dorando* einem Musikverleger anzubieten, wobei er die Melodie allerdings vorsingen mußte, da er keine Noten schreiben konnte. Der Musikverleger war dennoch beeindruckt, engagierte Berlin als Songtexter und machte ihn bald darauf zu seinem Partner. 1911 gelang es Berlin mit seinem ersten Hit *Alexander's Ragtime Band,* dem Ragtime bei der weißen Bevölkerung zum Durchbruch zu verhelfen und eine Modetanzwelle auszulösen. Wie der Jazz und später der Rock 'n' Roll fand schwarze Musik oft erst über weiße Entertainer Eingang in die amerikanische Alltagskultur.

Jazz am Broadway

Durch den Jazz erfuhren sowohl die populäre amerikanische Musik als auch das Musiktheater ihre entscheidende Prägung. Bei der Aneignung des Jazz als Bühnenmusik mußte freilich auf ein wesentliches Moment der schwarzen Musik, die Improvisation, verzichtet werden. So war *Alexander's Ragtime Band* auch ein domestizierter Ragtime: Berlin hatte die authentische Musik als zu unkonventionell für ein weißes Publikum empfunden. In den folgenden Jahren breitete sich jedoch die Jazzbegeisterung im ganzen Land aus, und Berlin komponierte 1914 die Revue *Watch Your Step* ausschließlich im Ragtime-Rhythmus. Der Jazz ermöglichte die Verschmelzung europäischer und amerikanischer Elemente zum Musical. Nachdem in den zehner Jahren Revuen erheblich an Popularität gewonnen hatten, erwuchs der Operette nach dem Ersten Weltkrieg mit den Musicals von Jerome Kern, George Gershwin und Vincent Youmans Rivalen um die Gunst des Publikums. Innerhalb weniger Jahre verfügte der Broadway plötzlich über eine ganze Generation junger, in den USA geborener Komponisten, die vom Jazz und einem typisch amerikanischen Lebensgefühl inspiriert waren.

Irving Berlin gilt als der große Melodienerfinder der amerikanischen Unterhaltungsmusik. Seine Songtexte verblüffen in ihrer originellen Einfachheit. Er selbst sah sich bescheiden als Songschreiber: »Unsere Aufgabe ist es, alte Begriffe und bekannte Formeln auf neue Weise zu servieren, so daß sie wie neu klingen. Die Menschen glauben in jedem Lied, die nächste Zeile voraus zu wissen. Unsere Kunst besteht darin, ihnen genau das nicht zu geben, was sie erwarten, sondern sie zu überraschen.« Als Motto seiner Arbeit kann der Titel eines seiner frühesten Lieder gelten:
Play A Simple Melody.

»Das amerikanische Theater ist fünf Straßenblocks lang und anderthalb Blocks breit«, konstatierte der Dramatiker Arthur Miller. In der Tat ist der »Broadway« genannte Bereich zwischen der 59. Straße im Norden, der 40. Straße im Süden, der 6. Avenue im Osten und der 9. Avenue im Westen, der von der Hauptstraße Broadway durchschnitten wird, das Theaterzentrum der USA, seit New York um 1830 Philadelphia als Bühnenmetropole Amerikas ablöste. Obwohl es in anderen Städten der USA international renommierte Opernhäuser, Tanzcompagnien und Schauspieltruppen gibt, bemißt sich der Erfolg eines Stückes ausschließlich daran, ob am Broadway lange Laufzeiten und damit verbunden große Profite erzielt wurden. Diese Bedeutung kommt in dem von Frank Sinatra gesungenen Lied *New York, New York* zum Ausdruck: »If I can make it there, I'll make it anywhere.«

Die Gesetze und Mechanismen, unter denen am Broadway Theater entsteht, haben sich im wesentlichen seit dem 19. Jh. nicht geändert. Zentrale Person des marktwirtschaftlich orientierten amerikanischen Theaters ist der Produzent. Ohne, wie im deutschen Theatersystem, auf staatliche Subventionen zurückgreifen zu können, finanziert er seine Vorhaben, indem er Investoren dafür gewinnt. Jede einzelne Produktion funktioniert wie eine Aktiengesellschaft. Die im Broadwayjargon *Angels* genannten Financiers erwerben Anteile an den Produktionen, die bei Erfolg beträchtliche Rendite abwerfen können. 1943 erhielten die Investoren von *Oklahoma!* beispielsweise für jeden Dollar, den sie in die Produktion gesteckt hatten, das 35fache zurück. In jener

Am Broadway: Das **Majestic Theatre** in den achtziger Jahren

Der Broadway 1916 mit dem **Winter Garden**, mit der Ankündigung für eine der großen Revuen.

Winter Garden and Broadway. New York City.

Zeit waren die *Angels* oft noch Privatpersonen, die einen Nervenkitzel darin sahen, wie beim Pferderennen auf Shows zu wetten und darüber hinaus noch Kultur zu fördern. Heutzutage sind die meisten Investoren Geschäftsleute und Unternehmen, in der Hauptsache Filmkonzerne, die sich von ihrem Einsatz nicht nur Gewinne versprechen, sondern die Möglichkeit von Steuerabschreibungen nutzen wollen.

Von zehn Produktionen spielen im Schnitt nur ein bis zwei ihre Kosten ein oder werfen gar Gewinn ab. Um das Risiko von Verlusten so gering wie möglich zu halten, finden die Broadwaypremieren erst nach lang ausgedehnten *Try-Outs* (Testaufführungen) in der Provinz sowie *Previews* (Voraufführungen) in New York statt. Die dortigen Reaktionen werden am Broadway zur Kenntnis genommen; entscheidend für Erfolg oder Mißerfolg sind aber Presse und Publikum bei der Premiere am Broadway. Nur selten kann sich ein Musical gegen das Votum der mächtigen New Yorker Kritik durchsetzen.

Die künstlerischen Entscheidungen trifft der Produzent, allerdings machen auch die wichtigsten Geldgeber oft ihren Einfluß geltend. Komponisten und Autoren fügen sich in der Regel diesem Verdikt. So verzichtete George Gershwin 1924 schweren Herzens auf sein Lied *The Man I Love*, weil ein potentieller Investor drohte, sein Geld aus der Produktion *Lady, Be Good!* zurückzuziehen, wenn der Song drin bliebe. Das Opfer war umsonst: der Financier stieg trotzdem aus. *The Man I Love* aber wurde ein paar Jahre später zu einem der bekanntesten Lieder Gershwins. Selbst der Multimillionär Cole Porter unterwarf sich nur zwei Jahre nach seinem Kassenschlager *Kiss Me, Kate* den Gesetzen des Metiers und tauschte gegen seine künstlerische Überzeugung mehrere nicht wohlgelittene Songs für *Out of This World* gegen neue Kompositionen aus. Es gilt das Prinzip des *hire and fire*: jeder ist ersetzbar. Kommt der Regisseur nicht mit der Inszenierung klar, wird ein *Play Doctor* engagiert, der bisweilen auch das Stück umschreibt. Stars wie Ensemblemitglieder können jederzeit ausgetauscht werden. Zwischen der eigentlichen Uraufführung in Baltimore oder Toronto und der alles entscheidenden New Yorker Premiere können Wochen oder Monate liegen, und so manche Produktion erreichte nach verheerenden Zuschauerreaktionen unterwegs niemals den Broadway: Die Produktion abzusetzen ist billiger, als sie um jeden Preis durchzuziehen. Die zunächst für April, dann für Juni 1997 angekündigte Premiere von Andrew Lloyd Webbers neuem Musical *Whistle Down the Wind* wurde nach schlechten Kritiken auf unbestimmte Zeit verschoben: Das Stück soll gründlich überarbeitet werden.

Um die Besetzung zusammenzustellen, werden sogenannte Auditions – Vorsprechen oder genauer: Vorsingen, Vorspielen, Vortanzen – durchgeführt. Eine Audition für das Tanzensemble einer Produktion beschreibt das auch als Verfilmung bekannte Musical *A Chorus Line* (1975). Die Solisten werden in gesonderten Auditions ausgewählt. Selbstverständlich gestaltet sich die Anwerbung von Investoren einfacher, wenn der Produzent neben den Namen bekannter Komponisten und Autoren auch den eines Stars vorweisen kann.

Anders als in Deutschland sind die amerikanischen Privattheater in der Regel nicht im Besitz der Produzenten. Diese mieten die Spielstätten von den Theaterbetreibern für derzeit durchschnittlich 8500

The Kin and I von Richard Rodgers und Oskar Hammerstein, 1951 uraufgeführt, erfuhr 1996/97 ein erfolgreiches Revival am Broadway und gehört zum Repertoire von Klassikern, die immer wieder neu inszeniert werden.

Dollar pro Tag an. Zu den bekanntesten Theaterbesitzern gehörten die Brüder Shubert, die allerdings auch als Produzenten tätig waren: 1949 besaßen sie 15 von 32 Broadwaybühnen, dazu über 100 Theater in anderen amerikanischen Städten. Von eigenständigen Unternehmen geführte Theater haben den Vorteil, daß weder ein festes Ensemble noch ein großer Technikerstab durchgehend bezahlt werden müssen. Allerdings setzten die mächtigen amerikanischen Gewerkschaften durch, daß jede Produktion immer wieder Techniker und Musiker engagiert, die eigentlich nicht benötigt werden. Zudem ist es den Technikern untersagt, Aufgaben zu übernehmen, die nicht ihrem exakt definierten Tätigkeitsfeld entsprechen. Oft mischen sich die Gewerkschaften auch in Besetzungsfragen ein: Als für *Miss Saigon* der britische Musicalstar Jonathan Pryce engagiert wurde, gab es vehementen Widerstand: Die Rolle eines Vietnamesen müsse mit einem asiatisch-amerikanischen Darsteller besetzt werden, da diese ethnische Minderheit ansonsten wenig Chancen habe, große Rollen zu bekommen. Nur durch einen komplizierten Kompromiß konnte die Produktion zur Aufführung gelangen.

Faktoren wie die hohen Theatermieten und die Macht der Gewerkschaften haben im Laufe der letzten Jahrzehnte zu einer Kostenexplosion geführt. Hatte die Produktion von Jule Stynes *Gentlemen Prefer Blondes* 1949 160.000 Dollar gekostet, verschlang die Walt-Disney-Produktion *The Beauty and the Beast* Mitte der neunziger Jahre 16 Millionen Dollar.

Nur der unmittelbare Erfolg zählt am Broadway: Musicals werden für das Hier und Heute produziert, nicht für den Nachruhm in ferner Zukunft. Von Zeit zu Zeit werden erfolgreiche Produktionen der Vergangenheit als Revivals wiederbelebt; so feiert in der Spielzeit 1996/97 Jerome Kerns *Show Boat* siebzig Jahre nach seiner Entstehung erneut Triumphe. Das ein bei seiner Erstaufführung durchgefallenes Musical in einem zweiten Anlauf nochmals herausgebracht wird, erlebt man hingegen

äußerst selten. Leonard Bernsteins musikalisch ambitioniertes *Candide* nach dem Roman des französischen Philosophen Voltaire wurde Anfang 1957 nach nur 73 Vorstellungen abgesetzt. Bei seinem Revival 1974 erlebte das Stück dann allerdings zehnmal so viele Aufführungen.

Einen Repertoirespielplan mit täglich wechselnden Vorstellungen kennt der Broadway nicht – die Kosten für Umbauten und das unausgelastete Ensemble wären viel zu hoch. Wenn erst die Kritiken erschienen sind, muß die Ware Theater für das Publikum verfügbar sein. Das bedeutet En-Suite-Betrieb: Acht Vorstellungen pro Woche, sechs von Dienstag- bis Sonntagabend sowie zwei Matineen am Nachmittag, sind die Regel. Die Darsteller einer erfolgreichen Pro-

Plakat für die Broadwayproduktion *42nd Street* – 1980.

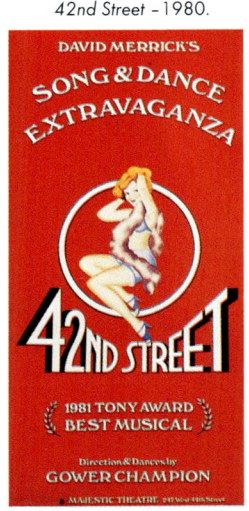

duktion stehen bisweilen jahrelang jeden Tag (außer montags) auf der Bühne. Im Falle von Erkrankungen der Protagonisten stehen *Understudies* bereit, die die Rollen einstudiert haben und übernehmen können, im Gegensatz zu Zweit- oder Drittbesetzungen aber keine garantierten Vorstellungen haben. Im Chor und Tanzensemble sind sogenannte *Swings* beschäftigt, die mehrere Parts übernehmen können. Der Broadway ist ein bedeutender Wirtschaftsstandort: Neben Theaterbetrieben und Produktionsfirmen haben sich im Umfeld unzählige private Künstleragenturen, Tanzstudios, Schauspielschulen, Dekorwerkstätten oder Tontechnikfirmen angesiedelt. Wenige Theatergenres sind so sehr mit einem Ort verbun-

Eine Audition bei dem Regisseur **George Abbott** für Mary Rodgers' *Once Upon a Mattress* – 1959.

den wie das Musical mit dem Broadway. Dabei finden dort auch die Premieren der wichtigsten amerikanischen Dramatiker von Eugene O'Neill über Arthur Miller bis Tony Kushner statt. Ihre Stücke werden unter denselben kommerziellen Bedingungen herausgebracht wie die Musical-Produktionen. Angesichts ständig steigender Eintrittspreise führt das literarische Theater jedoch mehr und mehr ein Schattendasein und zieht oft nur noch durch Starbesetzungen ein großes Publikum an.

Was der Oscar für die Filmwelt Hollywoods ist, ist der Antoinette-Perry-Award, genannt »Tony«, für den Broadway. Alljährlich seit der Spielzeit 1946/47 werden die begehrten Preise in den Kategorien Musical und Drama sowie an Komponisten, Darsteller, Regisseure, Bühnen- und Kostümbildner vergeben. Und so wie Alfred Hitchcock

Das **Broadway Theatre**.

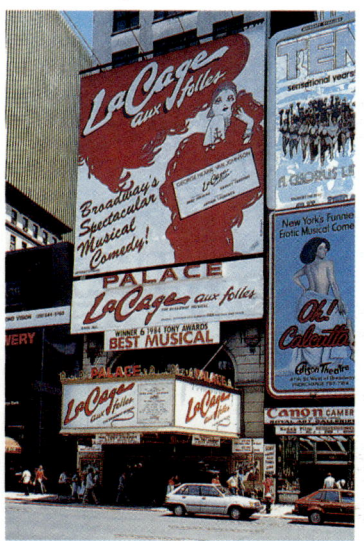

nie den Oscar für die beste Filmregie erhielt, gingen auch *West Side Story* und ihr Komponist Leonard Bernstein 1957/58 leer aus: In jener Saison wurde der Preis für das beste Musical Meredith Willsons *The Music Man* verliehen.

Der seit den frühen fünfziger Jahren in Erscheinung getretene Off-Broadway funktioniert im Prinzip nach denselben privatwirtschaftlichen Regeln. Off-Broadway bedeutet zunächst einen anderen Standort und vor allem Theater mit weniger als 300 Plätzen, die je nach Größe steuerlich unterschiedlich eingestuft sind. In diesen Spielstätten kommen neben Dramen wie Ken Keseys *Einer flog über's*

Kuckucksnest oder europäischen Stücken wie Jean Genets *Die Neger* Musicals weniger bekannter Komponisten zur Aufführung. Oft sammeln hier junge Autoren, Darsteller und Regisseure ihre ersten Erfahrungen und hoffen darauf, einen Broadwayproduzenten auf sich aufmerksam zu machen. *The Fantasticks* von Harvey Schmidt (Musik) und Tom Jones (Texte) lief seit der Premiere 1960 über 15.000 Vorstellungen lang en suite. Der Skandalerfolg *Oh, Calcutta* schaffte 1969 ebenso den Sprung an den Broadway wie 1996 das zunächst in einem 99-Plätze-Theater off Broadway herausgekommene Erfolgsstück *Rent*.

Die Theater- und Veranstaltungssäle im New Yorker Theaterdistrikt um Broadway und Times Square

1	Martin Beck	23	Eugene O'Neill
2	Nederlander	24	Ambassador
3	St. James	25	Circle in the
4	Helen Hayes		Square
5	Majestic	26	George
6	Broadhurst		Gershwin
7	Shubert	27	Winter Garden
8	John Golden	28	Mark Hellinger
9	Royale	29	Neil Simon
10	Plymoth	30	Virginia
11	Booth	31	Broadway
12	Imperial	32	Lincoln Art
13	Music Box	33	American Fine
14	Minskoff		Arts
15	46th Street	34	Town Hall
16	Lunt-Fontanne	35	Belasco
17	Brooks Atkinson	36	Lyceum
18	Edison	37	Palace
19	Biltmore	38	Cort
20	Ethel Barrymore	39	N.Y. City
21	Longacre		Center
22	Ritz	40	Carnegie Hall

11.11.1918 Waffenstillstand
1918 Gründung des Königreichs der Serben, Kroaten u. Slowenen
1919 Unterzeichnung des Friedensvertrags von Versailles
1919 Friedrich Ebert Reichspräsident
1920 Alkoholverbot in den USA (Prohibition)
1920 Frauenwahlrecht in den USA
1920 Eugene O'Neill: *Emperor Jones*
1921–29 Verdopplung der amerikanischen Industrieproduktion
1922 Mussolini übernimmt in Italien die Macht
1924 Tod Lenins
1924 George Gershwin: *Rhapsody in Blue*
1924–26 Ausschreitungen des Ku-Klux-Klan
1925 F. Scott Fitzgerald: *Der große Gatsby*
1926 Hirohito wird japanischer Kaiser
1927 Atlantiküberquerung durch Charles Lindbergh
1927 Erster Tonfilm: *The Jazz Singer*
1928 Entdeckung des Penicillin
25.10.1929 »Black Friday«: New Yorker Börsenkrach löst Weltwirtschaftskrise aus

Das Jazz-Zeitalter

Amerika nach dem Ersten Weltkrieg

Am 6. April 1917 waren die USA infolge des uneingeschränkten deutschen U-Bootkrieges, dem auch amerikanische Staatsbürger zum Opfer fielen, in den Krieg eingetreten, aus dem sie als eine der Siegermächte hervorgingen. Mit dem Ersten Weltkrieg endete aber auch die bisherige Vormachtstellung Europas: die Vereinigten Staaten

wurden zur führenden Weltmacht. Auf wirtschaftlichem Gebiet hatten sie diesen Status schon vorher erreicht: Zwischen 1860 und 1914 war die Bevölkerung von 31,3 auf 91,9 Millionen angewachsen, die Produktion stieg im gleichen Zeitraum um das Zwanzigfache.

Die beginnenden zwanziger Jahre wurden zu einer von nahezu grenzenlosem Optimismus gekennzeichneten Dekade, die als »Jazz Age« in die Kulturgeschichte einging und 1929 mit dem Börsenkrach ihr jähes Ende fand. Der bisher so dominierende Einfluß Europas wurde durch eine selbstbewußte amerikanische Kultur verdrängt: Hollywood übernahm spätestens mit der Einführung des Tonfilms die bis heute ungebrochene Vorherrschaft im Filmgeschäft. Der Maler Edward Hopper reüssierte mit seinem lakonischen Realismus; der Architekt Frank Lloyd Wright kreierte einen nüchternen modernen Stil. Mit Eugene O'Neill gab es einen lang ersehnten amerikanischen Dramatiker von Weltrang, und in dem Romancier F. Scott Fitzgerald fand die Epoche ihren Chronisten.

Der Jazz eroberte mittlerweile nicht nur die großen Städte wie Chicago und New York, sondern auch Music Halls und Tanzsäle des alten Kontinents, und gleichzeitig löste sich das unterhaltende Musiktheater von europäischen Vorbildern.

Shuffle Along von Eubie Blake war 1921 das erste von Afro-Amerikanern konzipierte und gespielte Musical, das am Broadway herauskam. Nach der Premiere stießen der spätere Opernbaß Paul Robeson als Mitglied eines Gesangsquartetts und die legendäre Josephine Baker als Tänzerin im Chorus zum Ensemble. Erstmalig war es schwarzen Zuschauern erlaubt, mit weißen zusammen im Parkett Platz zu nehmen – bisher hatten sie mit den Rängen vorlieb nehmen müssen. Neu war auch ein ernsthaftes, nicht parodistisch dargestelltes Liebesduett zwischen schwarzen Darstellern. Der mitreißende Jazz und die atemberaubenden Choreographien von *Shuffle Along* beeindruckten die jungen weißen Komponisten, die sich anschickten, mit ihren *Musical Comedies* das amerikanische Musiktheater zu erneuern. Die »Klassiker« des Musicals Irving Berlin, George

Gershwin, Jerome Kern, Cole Porter und Richard Rodgers hatten alle bereits in den zehner Jahren ihre ersten Kompositionen für den Broadway verfertigt. Während Berlin vorerst noch ausschließlich für Revuen schrieb und Cole Porter ein luxuriöses Leben in Europa dem Komponieren von Musicalpartituren vorzog, drückten Gershwin,

links:
Szene aus **Eubie Blakes**
Shuffle Along – 1921.

Was Ende des 20. Jh. das »Girlie« ist, war in den zwanziger Jahren der »Flapper«: **Sandy Wilsons** Musical *The Boy Friend* parodierte 1954 liebevoll-nostalgisch die heiteren *Musical Comedies* der zwanziger Jahre.

Mit ihren anarchischen Komödien wie *Animal Crackers* gehörten die **Marx Brothers** zu den populärsten Bühnenentertainern der zwanziger Jahre. Für *The Cocoanuts* schrieb Irving Berlin 1925 die Musik. In den dreißiger Jahren arbeiteten die Brüder Groucho, Chico und Harpo in Hollywood, wo zunächst ihre Bühnenerfolge verfilmt wurden. Das 1970 entstandene Musical *Minnie's Boys* stellte die Bemühungen ihrer Mutter Minnie, ihren Söhnen zu einer Bühnenkarriere zu verhelfen, in den Vordergrund.

Kern und Rodgers bereits dem Unterhaltungstheater der zwanziger Jahre ihren Stempel auf.

Musical Comedies

Die meisten dieser Komponisten hatten ihr Handwerk als *Song Plugger* in Musikverlagen und als Probenpianisten in Theatern gelernt. Ihre swingenden und optimistischen Melodien entsprachen dem Tempo und Geist des Jazz-Zeitalters. Dem rückwärtsgewandten und verklärenden Blick der Operette mit ihren verliebten Korpsstudenten, wilden Wüstensöhnen und zarten Prinzessinnen setzte die neue Generation das Bild der Gegenwart Amerikas entgegen. So frisch, originell und inspiriert die Musik heute noch wirkt, so oberflächlich und substanzlos sind in der Regel die Libretti. Erzählt wird nonchalant von amourösen Verwicklungen in der Welt der Schönen und Reichen oder von den immer wieder glücklich gemeisterten Schwierigkeiten, eine Revue auf die Bühne zu bringen. Vielen Liedern merkt man an, daß sie geschrieben wurden, bevor die Handlung und der Kontext, in dem sie gesungen werden sollten, feststanden. Oft sind die Songs nur unzulänglich in die szenische Entwicklung integriert, und die Liedtexte stehen bisweilen gar in offenkundigem Widerspruch zu den Dialogen. So kann es vorkommen, daß eine junge Frau von der großen Liebe singt, die ihr – hoffentlich! – bald begegnen wird, obwohl sie sich in der Szene zuvor bereits in den Mann verliebt hat, den die Autoren für sie vorgesehen haben. Oscar Hammerstein, der 1925 das Buch für Jerome Kerns Musical *Sunny* schrieb, erinnerte sich, daß der Produzent die Darsteller nach den Kriterien einer Revue ausgesucht hatte: Unter anderem war einem Ukulele-Virtuosen vertraglich zugesagt worden, daß er mit seinem Instrument zwischen 22 Uhr und 22 Uhr 15 auftreten würde. Die Autoren mußten das Stück also so konzipieren, daß der Produzent nicht vertragsbrüchig wurde und Ukulele Ike genau in der vorgesehenen Zeit auf der Bühne stand. Textliche und dramaturgische Schwächen sind denn auch der Grund dafür, daß die meisten *Musical Comedies* der zwanziger Jahre nicht mehr gespielt werden. Die besseren Stücke der Epoche zeichnet jedoch neben der Musik ein respektloser, oft absurder Witz, hohes Tempo und eine frappierende Direktheit aus.

Jazz mit seinem dynamischen Off-Beat (der Betonung des 2. und 4. Schlags im Takt statt wie in der europäischen Musik des 1. und 3.) bildete die Grundlage der Musicalsongs der zwanziger Jahre.

1918 – 1929

George Gershwin

Wie Irving Berlin entstammte Gershwin einer aus Rußland emigrierten Familie, war aber 1898 bereits in Brooklyn zur Welt gekommen. Ursprünglich hatten die der Mittelschicht zugehörigen Eltern seinen zwei Jahre älteren Bruder Ira für den Klavierunterricht vorgesehen, doch der zeigte weitaus weniger Interesse an dem Instrument als George. Dieser war mit fünfzehn Jahren bereits als *Song Plugger* tätig, und der Musikverleger Max Dreyfus, der zusammen mit seinem Bruder Louis zu den einflußreichsten Männern der Branche gehörte, beschäftigte Gershwin bald als Lohnkomponisten. Seine Arbeitspausen verbrachte Gershwin zur Überraschung anderer Schlagerkomponisten damit, Johann Sebastian Bachs *Wohltemperiertes Kavier* zu studieren. Ohne akademische Ausbildung kannte Gershwin keinerlei Hierarchien der verschiedenen musikalischen Formen. Gierig assimilierte er alles, was ihm zu Ohren kam: Jazz, Klassik, populäre Schlager und Theatermusiken. Gelegentlich gelang es ihm, den einen oder anderen seiner frühen Songs

George Gershwin
(1898–1937).

1918 – 1929

in einer Broadwayshow unterzubringen. So übernahm 1918 der Revuestar Al Jolson Gershwins Lied *Swanee* in sein Repertoire und verhalf dem Komponisten zu seinem ersten landesweiten Hit. Zu den alljährlichen *George White's Scandals*-Revuen steuerte Gershwin zwischen 1920 und 1924 zahlreiche Kompositionen bei. Einer seiner außergewöhnlichsten Beiträge war 1922 eine zwanzigminütige jazzige »Opera à la Afro-American« mit dem Titel *Blue Monday Blues*, die von in Minstrel-Tradition schwarzgeschminkten Weißen interpretiert wurde. Das ehrgeizige und ungewohnt lange Werk sorgte für einige Irritationen und wurde nach der Premiere gestrichen, doch *Blue Monday Blues* gab einen Vorgeschmack auf Gershwins dreizehn Jahre später entstandene Jazzoper *Porgy und Bess*.

Mit *Rhapsody in Blue* gelang George Gershwin 1924 die Verschmelzung von Jazz und Klassik: »Ich spürte, daß der Jazz das Ergebnis aller in Amerika aufgestauten Energie war und als Basis ernster sinfonischer Werke dienen konnte.« Zum ersten Mal setzte sich ein Schlagerkomponist der Tin Pan Alley auch in internationalen Konzertsälen durch und errang die Anerkennung der »seriösen« Musikwelt. Im selben Jahr feierte Gershwin mit *Lady, Be Good!*

Al Jolson in der orientalisch angehauchten Revue *Sinbad*, durch die Gershwins Lied *Swanee* bekannt wurde.

seinen ersten Musicalerfolg am Broadway. Das Stück gehört nicht nur wegen Gershwins Musik zu den besseren *Musical Comedies* der zwanziger Jahre; auch die skurrilen, vom britischen Humor des Librettisten Guy Bolton geprägten Dialoge trugen ihren Teil dazu bei. Die Liedtexte stammten von Gershwins Bruder Ira, dessen

Zeilen dank einer lässigen, selbstironischen Umgangssprache weit über dem Niveau der meisten Texte jener Zeit stehen und dem jazzigen Jargon der Musik entsprechen. Die enge Bindung zwischen den beiden Brüdern

George Gershwins *Lady, Be Good!* 1924 mit **Fred Astaire** und seiner Schwester **Adele**.

ermöglichte einen intensiveren Austausch, als er ansonsten zwischen Komponist und Texter üblich war. Ira Gershwin etablierte sich als einer der originellsten Songschreiber seiner Zeit. Die Handlung von *Lady, Be Good!* ist in ihrer boulevardesken Schlichtheit hingegen typisch für die *Musical Comedies* der zwanziger Jahre: Einem tanzenden und singenden Geschwisterpaar wird die Wohnung gekündigt. Doch fünf Jahre vor Börsenkrach und Weltwirtschaftskrise können weder drohende Obdachlosigkeit noch das staatlich verhängte Alkoholverbot die gute Laune verderben. Zum Glück gibt es ja Parties, auf denen ausgeflippte Flapper Charleston tanzen, Alkoholschmuggler für Nachschub sorgen und nicht allzu verwickelte Liebes- und Geldangelegenheiten am Ende garantiert in ein amouröses und lukratives Happy-End münden. Ein solches erfuhren auch die Hauptdarsteller von *Lady, Be Good!*, die Geschwister Fred und Adele Astaire. Gershwin hatte für den Tänzer Astaire Gesangsparts geschrieben, die dessen begrenzte stimmliche Möglichkeiten berücksichtigten. Astaires beiläufiger Sprechgesang entsprach eher als ein operettenhaftes Timbre der Modernität und Leichtigkeit der jazzi-

Ein mexikanischer Alkoholschmuggler und eine selbstbewußte Partylöwin: **Gershwins** *Lady, Be Good!* 1997 in einer Neubearbeitung der Neuköllner Oper Berlin.

1918 – 1929

gen Musik und sollte Schule machen. Die AABA-Songform, die sich inzwischen durchgesetzt hatte, erleichterte es den Autoren, pointierte Inhalte oder romantische Geschichten in Liedern zu erzählen: Nach einer Einleitung folgt das meist acht Takte umfassende Hauptmotiv, dieses wird wiederholt, dann schließt sich ein ebenfalls achttaktiger, Bridge genannter Zwischenteil an, und schließlich ertönt erneut das Hauptmotiv. Dieses Prinzip liegt den meisten Songs der klassischen Musicals zugrunde.

Zwei der größten Musicalstars begannen in Gershwins *Girl Crazy* ihre Karriere:

Ginger Rogers (rechts) fing als verliebte Postbotin in *Girl Crazy* (1930) an und setzte ihre Karriere sehr rasch in Hollywood fort, ...

In den folgenden Jahren komponierte Gershwin die Musik zu einer Reihe dieser leichtgewichtigen *Musical Comedies*. Seine Songs zu *Girl Crazy* waren für ein Jazzensemble arrangiert worden, und bei der Premiere am 14. Oktober 1930 saß die Crème de la Crème der weißen Jazzmusik im Orchestergraben: das Red-Nichols-Orchestra mit Benny Goodman, Gene Krupa, Glenn Miller, Jimmy Dorsey und Jack Teagarden.

Der Einfluß des Jazz ist in Gershwins stark synkopierter, swingender Musik deutlicher spürbar als bei anderen Komponisten seiner Generation. Dem ersten gemeinsamen Song hatten George und Ira Gershwin 1918 den programmatischen Titel *The Real American Folk Song Is A Rag* (ein Ragtime) gegeben. Ihre wirkungsvolle Theatermusik erfuhr auch unabhängig von den *Musical Comedies*, für die sie komponiert wurde, große Verbreitung und diente oft Jazzmusikern als Grundlage zu Improvisationen. Jenseits aller Nostalgie haben Gershwins Lieder ihre ursprüngliche Vitalität und Leichtigkeit bewahrt. Obwohl er mit allen Stilen vertraut war, ist seine Musik doch persönlich und unverwechselbar, ganz gleich, ob es sich um ein Orchesterwerk oder einen Song für eine *Musical Comedy* handelt.

... die ehemalige Stenotypistin **Ethel Merman** sang sich mit ihrer temperamentvollen Interpretation des bekanntesten Songs der Show *I Got Rhythm* in die Herzen der Zuschauer.

Zwei erfolgreiche Revivals, *My One and Only* (1983) und *Crazy For You* (1992), beweisen, daß die elegante Musik George Gershwins auch heute noch quicklebendig wirkt. Mit *Strike Up the Band* versuchten George und Ira Gershwin und der renommierte Librettist George S. Kaufman 1927 der Oberflächlichkeit ihrer bisherigen Komödien einen schärferen, satirischen Ton entgegenzusetzen. Doch das Publikum war noch nicht reif für diesen Stil; das Stück fiel bereits bei den Try-Outs in der Provinz durch und erreichte erst in einer Neufassung 1930 auf dem Höhepunkt der Weltwirtschaftskrise den Broadway.

    Parallel zur Arbeit an musikalischen Komödien setzte Gershwin seine Laufbahn als Komponist mittlerweile klassischer Orchesterwerke wie *Ein Amerikaner in Paris* oder dem *Klavierkonzert in F* fort. Ende der zwanziger Jahre bat er Igor Strawinsky um Kompositionsunterricht, doch dieser entgegnete angesichts Gershwins erheblich höheren Einkünften nur trocken: »Mein lieber George, Sie sollten eher mir Kompositionsunterricht erteilen.« Seine beiden Karrieren führte er

Unter dem Titel *Crazy For You* wurde 1992 eine Bearbeitung von *Girl Crazy* am Broadway herausgebracht, die als Tourneeproduktion auch in Europa ein begeistertes Publikum fand. Die weitgehend neu erdachte Handlung knüpft augenzwinkernd an die Klischees der *Musical Comedy* an: Junger Mann aus gutem Hause will zum Theater, die Mutter verbannt ihn nach Nevada, wo er in einem alten Vaudevilletheater mit importierten Tanzgirls und echten Cowboys eine Show aufzieht und nach einigen Mißverständnissen das Herz der Theaterbesitzertochter gewinnt.

Vincent Youmans (1898–
1946) entstammte einer
reichen New Yorker Familie
und hatte zunächst keinerlei
Ambitionen, das Theater und
die Musik zu seinem Metier
zu machen. Doch eine seiner
Melodien fiel zufällig John
Philip Sousa, dem Komponisten von schwungvollen
Märschen und Leiter der US
Navy Band, in die Hände. Als
Youmans seine Stücke von
dieser Bigband gespielt hörte,
gab er seinen lange gehegten
Berufswunsch Ingenieur auf.

1935, zwei Jahre vor seinem Tod, in der Jazz-
oper *Porgy und Bess* zusammen.

Vincent Youmans

Ein Jahr nachdem Gershwins *Lady, Be Good!* entstand, gelang auch dem nur einen Tag jüngeren
Vincent Youmans mit *No, No, Nanette* sein erster
großer Broadwayerfolg. Das bekannteste Lied
der musikalischen Komödie, *Tea for Two*, wurde
erst auf Drängen des Produzenten während der
Probeaufführungen hinzugefügt. Zum Entsetzen
des Songtexters Irving Caesar wurde dabei auf
seinen »Dummy-Text« zurückgegriffen: Caesar
hatte der bereits vorliegenden Melodie Youmans'
wie gewöhnlich eine nicht allzu ernst gemeinte
Aneinanderreihung von Wörtern unterlegt, die
der Melodiefolge und den Akzenten entsprach.
Dieser Fülltext wurde ohne größere Veränder-
rungen für den Song beibehalten. Die Melodie
von *Tea for Two* ist von genialer musikalischer
Klarheit und Strenge: Von Anfang bis Ende des
Songs zieht sich das einfache rhythmische Sche-
ma – punktierte Viertelnote / Achtelnote – durch.
No, No, Nanette wurde vor der offiziellen Broad-
way-Premiere über ein Jahr lang in anderen Städten gespielt und gefeiert, so daß die New Yorker
Kritik schon murrte: »Boston hat's gesehen, Philadelphia hat's gesehen, Chicago hat's gesehen,
London hat's gesehen, und vermutlich haben es
auch Guatemala, Medicine Bend und die Kanari-
schen Inseln schon gesehen.« Nach einer langen
Aufführungsserie am Broadway lief das Stück auf
Tourneen durch die USA, löste in Europa, Süd-
amerika und Asien ebenfalls Begeisterung aus
und wurde so zum weltweit meistgespielten Musical des Jahrzehnts. Mit der Seemannskomödie
Hit the Deck konnte Youmans 1927 einen
weiteren Erfolg erzielen.

Ein weiterer bekannter Song aus *No, No,
Nanette* hieß *I Want To Be Happy*. Doch trotz

seiner frühen Erfolge ging dieser Wunsch für Youmans nicht in Erfüllung. Wie F. Scott Fitzgerald wurde er zu einem Exponenten der »verlorenen Generation«. Seit seiner Kindheit an Tuberkulose leidend, schien er mit seiner immensen Begabung nicht umgehen zu können. Alkoholprobleme kamen hinzu, und aus dem gutaussehenden und charmanten Partygänger wurde ein launischer Eigenbrötler. Es gelang ihm nicht, zu einer kontinuierlichen Zusammenarbeit mit kompetenten Textern zu finden. Sein ambitioniertes und aufwendiges Projekt *Rainbow*, das den kalifornischen Goldrausch von 1849 zum Thema hatte, endete bei der Premiere im November 1928 in einer Katastrophe: Der erste Akt dauerte knapp drei Stunden, ein Maultier bockte auf offener Bühne und hielt die ohnehin schwerfällig inszenierte

1918 – 1929

Vorstellung auf, und das einzige Liebesduett hatte Youmans nach einem heftigen Streit mit dem Produzenten kurz vor der New Yorker Pre-

miere streichen müssen. Unter diesen Umständen war das Publikum nicht bereit, das für die Zeit ungewohnt anspruchsvolle Stück zu akzeptieren, und *Rainbow* erlebte nur 30 Vorstellungen. Youmans zog aus den Querelen die Konsequenz und wurde fortan sein eigener Produzent; doch in dieser Eigenschaft überwarf er sich mit fast allen Autoren, Regisseuren, Darstellern und Kostümbildnern. Auch seine folgenden Produktionen endeten im Desaster. Zudem verlor seine Familie in Folge des Börsenkrachs ihr Vermögen. Seine

Youmans' *Hit the Deck* ist eine Seemannskomödie. Erzählt wird die Geschichte der Kaffeehausbesitzerin Loulou, die sich in den Matrosen Bilge verliebt. Dessen Weigerung, eine reiche Frau zu heiraten, wird mit ihrem Verzicht auf ihr Erbe zugunsten seiner Liebe hinfällig: Bilge geht bei Loulou vor Anker.

1918 – 1929

Richard Rodgers (links)
und **Lorenz Hart** (rechts).
Für den disziplinierten Komponisten Rodgers war der
genialische Bohémien Hart
ein »Partner, Freund und stän-
dige Quelle der Irritation«.

Krankheit zwang Youmans immer häufiger zu
Sanatoriumsaufenthalten und längeren Arbeitspausen. *Hit the Deck* blieb sein letzter Erfolg am
Broadway. Am 5. April 1946 starb er im Alter
von 47 Jahren in einem Hotel in Denver.

Die Tradition der Operette

Obwohl die Operette zu dieser Zeit schon
als passé galt, gehören die Werke Rombergs,
Herberts und Frimls zu den erfolgreichsten
Produktionen der zwanziger Jahre. Darüber
hinaus bildete das Musical neben der durch
George Gershwin, Cole Porter oder Harold
Arlen vertretenen jazzorientierten Richtung eine
parallel verlaufende, der Operette nahe musikali-
sche Entwicklungslinie aus, deren wichtigster
Vertreter Richard Rodgers ist. Den glanzvollen
Höhepunkt dieser Tradition stellt Frederick
Loewes *My Fair Lady* (1956) dar.

Rodgers wurde 1902 als Sohn eines Arztes
auf Long Island geboren. Als er 1915 Jerome
Kerns musikalische Komödie *Very Good Eddie*
sah, stand sein Entschluß fest, Theatermusik zu
komponieren. Für eine Ferienlager-Revue schrieb
der Vierzehnjährige im folgenden Jahr seinen
ersten Song. 1918 wollte er mit Freunden eine
weitere Amateurproduktion auf die Bühne bringen und suchte dafür einen Songtexter. Unter
seinen Bekannten war sein späterer Partner
Oscar Hammerstein, der aber absagen mußte,
weil sein Onkel, ein einflußreicher Broadway-
produzent, ihm einen Job als Aushilfspianist ver-
schafft hatte. So fand Rodgers' Wahl in Lorenz
Hart einen idealen Partner und Freund. Der 1895
in New York geborene Hart, ein Urgroßneffe
Heinrich Heines, hatte sich mit Übersetzungen
deutschsprachiger Operettenlibretti seine ersten
Sporen verdient. Den Song *Any Old Place With
You* aus einer ihrer Amateurrevuen übernahm der
Produzent Lew Fields 1919 in seine Broadway-

show. Für Fields folgende Produktion *Poor Little Ritz Girl* komponierte der große Sigmund Romberg die dramatischen Lieder, während Rodgers und Hart für sieben leichtere Songs zu sorgen hatten. Ermutigt durch den Erfolg ihrer Musik für eine *Garrick Gaieties* genannte Revue, in der junge Talente eine Chance erhielten, gingen die beiden 1927 ihr bis dahin anspruchsvollstes Projekt an: eine *Musical Comedy*, basierend auf Mark Twains Roman *A Connecticut Yankee in King Arthur's Court*.

Der Meilenstein: Jerome Kerns *Show Boat*
1927 war die Zeit offenbar reif für ernsthaftere Themen am Broadway. Während Gershwin sich als Komponist von Konzerten betätigte und über eine Jazz-Oper nachzudenken begann, und Rodgers und Hart mit *A Connecticut Yankee* auf

sich aufmerksam machten, setzte Jerome Kern mit *Show Boat* einen Meilenstein in der Entwicklung des Musicals.

Show Boat (Szenenfoto eines Broadway-Revivals) von **Jerome Kern** wird oft als erstes modernes Musical bezeichnet.

Das Stück wurde sofort nach der Premiere am 27. Dezember 1927 von der Kritik, dem Publikum und der Theaterwelt als wegweisendes Meisterwerk begrüßt. Kern und sein für Buch und Songtexte zuständiger Mitarbeiter Oscar Hammerstein hatten einen Roman von Edna Ferber zur Vorlage genommen. Die sich über vier Jahrzehnte erstreckende Handlung mit zahlreichen Schauplatzwechseln wartete mit ungewohnten Sujets wie Rassendiskriminierung und Entfremdung zwischen Ehepartnern auf. Zugleich bot der Stoff eine Selbstreflexion des Show-Business. Das

Stück ist das erste *Book Musical*, bei dem die Musiknummern der Handlung entspringen: Gesungen wird, wenn die Gefühle so groß, die Situationen so zugespitzt oder die Stimmungen so stark sind, daß Worte nicht mehr genügen.

Musik als Handlungsträger

Jerome Kern (1885 – 1945) hatte Anfang des Jahrhunderts in New York und Heidelberg Musik studiert und zwischen 1905 und 1912 europäische Operettenimporte für das amerikanische Publikum adaptiert, wobei er oft auch Eigenkompositionen in diese Bearbeitungen einbauen konnte. 1915 erhielt er die Chance, für das kleine, 300 Plätze bietende Princess Theatre eigene Musicals zu entwickeln. Bereits zu dieser Zeit war er der Auffassung, »daß die Musiknummern die Handlung des Stückes tragen und den Charakteren der Figuren entsprechen sollten.« Dieses Konzept setzte Kern mit seinem Librettisten Guy Bolton in den für das Princess Theatre entwickelten *Musical Comedies* um. Ihr erstes Werk *Very Good Eddie* inspirierte 1915 nicht nur den dreizehnjährigen Richard Rodgers, sondern auch den nur wenige Jahre älteren Gershwin. Mit dem britischen Humoristen und Songtexter P. G. Wodehouse wurde aus dem Duo Kern-Bolton ein Trio. Ihre folgenden leichten Komödien *Oh, Boy!, Leave It To Jane* und *Oh, Lady! Lady!!* waren wegweisend in der Integration von Liedern und Tänzen in die Handlung. Die Komik entstand aus den Situationen und wurde nicht, wie zu jener Zeit üblich, durch Clownerien der Darsteller erzeugt.

Mit seinen dramaturgischen Vorstellungen stieß Kern in der Folgezeit bei den Produzenten jedoch auf taube Ohren. Sie wollten Hits, egal, ob diese in den Kontext des Stückes paßten oder nicht. Die das Aschenputtel-Motiv variierenden *Musical Comedies Sally* (1920) und *Sunny* (1925) waren dank Kerns Melodien sehr erfolgreich, stellten mit

Very Good Eddie (1915) gilt als eine der ersten musikalischen Komödien, deren Handlung nicht bloßer Vorwand für die Präsentation von Musik- und Tanznummern war. Der akademisch geschulte Komponist **Jerome Kern** verband die europäische Operettentradition, in der er verwurzelt war, mit authentischer amerikanischer Folklore. Kern war Vorbild und Vaterfigur für die junge Komponistengeneration der zwanziger Jahre – Original-Plakatmotiv.

ihren klischierten Handlungen jedoch einen Rückschritt gegenüber den Princess-Theatre-Shows dar. Aber Kern gab nicht auf und brachte schließlich ausgerechnet den nicht gerade als experimentierfreu-

1918 – 1929

Guy Bolton, **P. G. Wodehouse** und **Jerome Kern** (von links) schufen in den zehner Jahren eine Reihe von makellosen *Musical Comedies*.

dig bekannten Revuekönig Florenz Ziegfeld dazu, *Show Boat* zu produzieren.

Das erste Book Musical

Das *Show Boat* des Titels ist ein Theaterschiff, das um 1890 als Spielstätte von Vaudeville-Shows den Mississippi auf und ab fährt. Gezeigt wird das harte »Leben auf der grausamen Bühne« (Songtitel), gezeigt wird aber auch das noch härtere Leben der schwarzen Dockarbeiter am Fluß. Magnolia, die Tochter des Kapitäns und Prinzipalen, und der Spieler Ravenal verlieben sich auf den ersten Blick. Als der Star des *Show Boats*, die Mulattin Julie, wegen ihrer verbotenen Mischehe mit dem Weißen Steve denunziert wird und nicht mehr auftreten kann, springen Magnolia und Ravenal für das Paar ein. Die anfangs glückliche Ehe zwischen Magnolia und Ravenal scheitert an seiner Spielsucht; er verläßt sie und ihre gemeinsame Tochter Kim. Jahre später tritt Magnolia in einem Nachtclub in Chicago auf, wo sie Julie erneut ersetzt: Auch diese ist von ihrem Mann Steve verlassen worden und, verbittert wegen des ihr immer wieder entgegengebrachten Rassismus, dem Alkohol verfallen. 1927 ist Magnolias Tochter Kim ein Musicalstar geworden. Auf dem neuen *Show Boat* ihres Vaters gibt es für Magnolia und Ravenal ein glückliches Wiedersehen nach Jahrzehnten der Trennung.

Show Boat befaßte sich nicht nur mit Rassen- und Ehekonflikten, sondern bot Theater auf dem Theater und eine der ersten Selbstreflexionen über das Showgeschäft. **Oscar Hammersteins** Buch nutzte das Aufeinandertreffen von Wirklichkeit und Bühne zu dramatischen Effekten – Szenenfoto der Originalproduktion von 1927.

Als sich nach der Ouvertüre von *Show Boat* der Vorhang zum ersten Akt öffnete, sah das Premierenpublikum zwar wie gewohnt eine Ensembleszene, doch anstatt langbeiniger Showgirls waren es schwarze Dockarbeiter, die laut musikalischer Anweisung voller Feuer (*con brio*) sangen: »Die Nigger arbeiten auf dem Mississippi, während sich die Weißen vergnügen.« Dieses Thema wird kurz darauf in dem bekanntesten Lied aus *Show Boat* wieder aufgenommen: *Ole Man River*. Wie ein Leitmotiv handelt der Song vom harten Leben der Menschen am Fluß, der von ihrem Leid ungerührt seit ewigen Zeiten dahinströmt: »Ich bin erschöpft und krank vom Kämpfen / Bin müde vom Leben und habe Angst vorm Sterben / Doch Ole Man River / Fließt einfach immer weiter.«

Der Beginn des ersten Akts ist ein Musterbeispiel für Musiktheaterdramaturgie: Durch die Songs und Ensemblenummern verdichtet sich in kürzester Zeit eine Atmosphäre, die Charaktere der Figuren und ihre Konflikte werden etabliert. Die Musik treibt in bis dahin nicht gekannter Weise die Handlung voran. Die erste Begegnung zwischen Magnolia und

Show Boat wurde mehrfach verfilmt. In der Version von 1951 spielten **Marge** und **Gower Champion** das Tanzpaar Ellie und Frank, die auf dem Vergnügungsdampfer auftreten. Gower Champion wurde später ein renommierter Broadwayregisseur.

Ravenal und ihre entstehende Liebe ist Gegenstand des Duettes *Make Believe*, dessen dialogischer Aufbau mit wechselnden Metren und musikalischen Motiven die inneren Vorgänge der Figuren nachzeichnet. Kern verwendet in *Show Boat* eine Vielzahl musikalischer Ausdrucksmittel: Neben schwarzer Folklore in *Ole Man River* oder *Can't Help Loving Dat Man* finden sich in den Duetten zwischen Magnolia und Gaylord unverkennbar Operettenelemente wie Walzertakte und an Offenbach erinnernde Einleitungen wieder.

Show Boat setzte neue, ungeahnte Maßstäbe in der Verschmelzung inhaltlicher und atmosphärischer Elemente. Das zeigt sich unter anderem in der sanft ironischen Ballade *Bill*, die Kern mit P.G. Wodehouse als Songtexter schon 1918 für *Oh, Lady! Lady!!* verfaßt hatte: Die Mulattin Julie singt auf der Bühne von dem Traummann, auf den sie immer gehofft habe, doch dann sei eben nur »Bill« gekommen, der überhaupt nicht ihrem Idealbild entspräche. Dieser Song knüpft an Julies Lied aus dem ersten Akt an, wo sie bekennt, sie könne nicht anders als ihren Mann zu lieben (*Can't Help Lovin' Dat Man*). Doch im zweiten Akt singt sie *Bill*, nachdem ihr Mann Steve, den sie mit »Bill« assoziiert, sie verlassen hat. In diesem Kontext erhält der amüsante Liedtext eine andere, tragische Dimension.

1918 – 1929

Nur wenige Musicals erlebten ähnlich viele Neuinszenierungen wie *Show Boat* – Probenfoto des Revivals von 1971.

Jerome Kerns Kompositionen sind jedoch mehr als nur wirkungsvolle Theatermusik: Ihm gelang es zugleich, Evergreens wie *Ole Man River* zu schreiben, deren sich stetig weiterentwickelnde Melodien natürlich gewachsen zu sein scheinen, statt wie Erfindungen eines Komponisten zu klingen. Selten griff er auf ausgefallene Harmonien und stark synkopierte Rhythmen zurück. Von Kern wird berichtet, daß er, von einer einfachen musikalischen Phrase ausgehend, stundenlang an Variationen und Umkehrungen tüftelte, bis die Melodie schließlich jene fast sinfonische Qualität hatte, die andere Komponisten an seinen Songs bewunderten.

Trotz aller Innovationen hielt der Autor Oscar Hammerstein noch an einigen Konventionen der *Musical Comedy* fest und ließ – in Abweichung zur Romanvorlage – zum Happy End Magnolia und Ravenal wieder zusammenfinden. Doch der Riesenschritt auf dem Weg zum Musical als

1918 – 1929

eigenständiger Kunstform, die auch in Zukunft Bestand haben würde, war unverkennbar. Zudem erwies sich *Show Boat* als Kassenerfolg; der Produzent Ziegfeld dachte sogar darüber nach, ein weiteres Theater anzumieten und das Stück dort gleichzeitig von einer zweiten Besetzung spielen zu lassen. Die Tourneeaufführungen und die Vorstellungen im Londoner West End zogen das Publikum ebenso in Scharen an wie am Broadway, wo das Stück bereits 1932 erneut herauskam. Umso erstaunlicher ist es, daß das Erfolgsrezept nur zögerlich

Jerome Kerns *Roberta* wurde 1935 mit **Fred Astaire** und **Ginger Rogers** von Hollywood verfilmt. Auch der Komponist Kern arbeitete in den dreißiger Jahren vorwiegend in der Filmmetropole.

aufgegriffen wurde: Erst Jahre später setzten Gershwins *Porgy and Bess* und die von Richard Rodgers und Lorenz Hart Ende der dreißiger Jahre konzipierten Stücke den mit *Show Boat* eingeschlagenen Weg fort.

Auch Jerome Kern selbst knüpfte in seinen folgenden Werken nicht an die bahnbrechenden Errungenschaften von *Show Boat* an. Die Handlungen stellten einen Rückfall in die Konventionen der Operette oder seichter *Musical Comedies* dar. Allenfalls die im Pariser Modemilieu spielende musikalische Komödie *Roberta* (1933) ist dank ihrer Musik von größerem Interesse, enthielt sie doch mit der Ballade *Smoke Gets In Your Eyes* eine der bekanntesten Kompositionen Kerns. Nach 1934 arbeitete er in Hollywood an Filmmusiken und Adaptionen seiner bekannten Stücke für die Leinwand. Das geplante Broadway-Comeback als designierter Komponist von *Annie Get Your Gun* verhinderte sein plötzlicher Tod am 11. November 1945.

All-singing! All-dancing! All-talking!

Das Jahr 1927 brachte ein weiteres Ereignis, das für das amerikanische Musiktheater erhebliche und eher negative Konsequenzen haben sollte. Mit dem Sensationserfolg des Films *The Jazz Singer* setzte sich der Tonfilm quasi über Nacht durch. Der Streifen begründete zugleich das Genre des Filmmusicals: Der Hauptdarsteller Al Jolson sprach nicht nur den prophetischen Satz, »You ain't heard nothing yet!«, sondern sang auch mehrere Lieder. Die Tonfilmtechnik hatte bereits seit Anfang der zwanziger Jahre zur Verfügung gestanden, aber erst als die finanziell angeschlagene Filmproduktionsfirma Warner Bros. in einem Akt der Verzweiflung alles auf eine Karte und den Tonfilm *The Jazz Singer* setzte, gelang der Durchbruch. Die zunächst noch skeptische Filmbranche begriff schnell, daß sich die revolutionäre Technik nicht mehr aufhalten ließ, und schon 1930 hatte sich der Tonfilm in den USA und den westeuropäischen Industrienationen vollständig durchgesetzt. Binnen weniger Jahre wurden alle großen Broadwaymusicals verfilmt. Hollywood trat dank niedriger Eintrittspreise in Konkurrenz zum New Yorker Theaterbetrieb und warb darüber hinaus zahlreiche Komponisten, Songtexter und Bühnenstars ab. Der nächste Schlag für das New Yorker Theatersystem kam zwei Jahre später. Am 25. Oktober 1929 brachen die Aktienkurse der New Yorker Börse in der Wall Street ein und lösten die Weltwirtschaftskrise aus.

Sehr schnell begriff die Filmbranche, daß Musical- und Revuefilme der neuen Tonfilmtechnik ideal entsprachen. In *Hollywood Review* (1929) sangen **Jacques Haley, Marion Davies** und der Stummfilmkomiker **Buster Keaton** erstmalig *Singin' in the Rain*.

Der Übergang vom Stummfilm zum Tonfilm ist Gegenstand eines der schönsten Filmmusicals, *Singin' in the Rain* (1952) von Stanley Donen und Gene Kelly: Die Karriere der Stummfilmstars Don Lockwood und Lina Lamont gerät durch den Tonfilm ernsthaft in Gefahr; vor allem Lina dürfte mit quäkiger Stimme und ordinärem Slang kaum noch in der Lage sein, wie bisher große Damen edlen Geblüts zu spielen. Die Tücken der neuen Technik und Linas sprachliche Unzulänglichkeiten lassen eine Testaufführung zur Lachnummer werden. Doch Lockwood kommt mit seinem Freund Cosmo Brown und der von ihm geliebten Kathy Selden auf den rettenden Einfall: Aus dem ursprünglich geplanten Historiendrama wird dank schmissiger Jazzmusik und hinreißenden Tänzen ein Musicalfilm, wobei Kathy Seldon außerhalb des Bildfelds stehend für Lina Lamont, die nur die Lippen bewegt, singt und spricht. (Ironischerweise wurden bei *Singin' in the Rain* in Umkehrung der Filmhandlung die Gesangsparts der Kathy-Darstellerin Debbie Reynolds von der stimmlich versierteren Jean Hagen, die Lina Lamont spielte, synchronisiert.)

Obwohl erfolgreiche Musiktheaterstücke auch schon zu Stummfilmzeiten verfilmt worden waren, konnte das Genre des Musicalfilms erst dank der Tonfilmtechnik entstehen. Die Filmwelt begriff schnell, daß musikalische Komödien den Möglichkeiten des neuen Mediums in idealer Weise entsprachen. Auch in Europa entstanden zahlreiche Musikfilme. In Frankreich begründete René Clair mit Filmen wie *Sous les toits de Paris* (1930) das Genre, während in Deutschland Willy Fritsch und Lilian Harvey die Stars von Filmen wie *Die drei von der Tankstelle* (1930) oder *Der Kongreß tanzt* (1931) mit der Musik von Werner Richard Heymann waren. Reinhold Schünzels 1933 gedrehte musikalische Komödie *Viktor*

Singin' in the Rain (1952) mit **Gene Kelly**.

58

Maurice Chevalier war einer der frühen Tonfilmstars Hollywoods: Schaukastenfoto für **Ernst Lubitschs** Filmoperette The Love Parade.

schalldichten Kasten gesteckt werden, der die Beweglichkeit des Aufnahmegerätes erheblich einschränkte. (Der Ton wurde gleichzeitig mit dem Bild aufgenommen, da ein Synchronisationsverfahren erst einige Jahre später zur Verfügung stand.) So wirken viele frühe Tonfilme äußerst statisch, zumal sie aus Begeisterung über die neue Errungenschaft oft mit Dialogen überladen wurden. Der vom Broadway nach Hollywood engagierte Regisseur Rouben Mamoulian fand aber bereits 1929 mit dem Filmmusical Applause zu einer flüssigen und rhythmischen Erzählweise.

und Viktoria lieferte später die Vorlage für einen Hollywoodfilm und das gleichnamige 1996/97 am Broadway gespielte Musical.

Hatte es in The Jazz Singer noch eine Reihe stummer Sequenzen gegeben, so wurde The Broadway Melody 1929 als erster »all-talking, all-singing, all-dancing film« angekündigt. Viele dieser frühen Musicalfilme nutzten eine im Bühnenmilieu angesiedelte Handlung als Aufhänger für zahlreiche Gesangs- und Tanzeinlagen. Zunächst gab es einige Probleme mit der neuen Technik zu überwinden: Während der stumme Film auch dank der äußerst beweglichen Kamera zu einer ausgefeilten visuellen Erzählweise gefunden hatte, mußte die Kamera bei Tonfilmaufnahmen wegen ihres lauten Laufgeräusches in einen

Wie Mamoulian wechselten zahlreiche Stars, Komponisten, Autoren und Regisseure vom Theater zum Film. Jerome Kern und Irving Berlin verbrachten mehrere Jahre in Hollywood, während Richard Rodgers und sein Partner Lorenz Hart bald wieder die Theateratmosphäre am Broadway der kalifornischen Filmindustrie vorzogen. Andere Komponisten wie Harry Warren oder Hoagy Carmichael machten sich erst durch ihre Arbeit für das Kino einen Namen. Erfolgreiche Operet-

Fred Astaire wurde am 10. Mai 1899 als Frederick Austerlitz geboren und stand seit frühester Jugend mit seiner Schwester Adele auf der Bühne. Zusammen mit Ginger Rogers sah man ihn zum ersten Mal 1933 auf der Leinwand. Der aufsehenerregende Erfolg ihrer Tanznummer *The Carioca* in dem Film *Flying Down To Rio* (1933) leitete eine Serie richtungsweisender Leinwandmusicals der 30er Jahre ein. Die Filme mit Astaire und Rogers zeichnen sich durch die elegante Routine des eingespielten Duos aus und insbesondere durch den Einfallsreichtum der Choreographie, für die Astaire meist in Zusammenarbeit mit Hermes Pan verantwortlich zeichnete.

tenstars wie Jeanette MacDonald und Eddy Nelson setzten ihre Bühnenkarriere ebenso auf der Leinwand fort wie Maurice Chevalier, der als Danilo in Ernst Lubitschs eleganter und frivoler Verfilmung von Léhars *Lustiger Witwe* glänzte. Die frühen Musicalfilme Hollywoods knüpften thematisch und dank Darstellern wie Fred Astaire oder Ginger Rogers an die unbeschwerten Broadwaykomödien der zwanziger Jahre an.

Alle erfolgreichen Bühnenmusicals, angefangen mit *Show Boat* (1929 verfilmt) über *Oklahoma!* (1955) bis *Evita* (1996), wurden für die Leinwand adaptiert. Viele bedeutende Werke des Genres sind in Europa nur dank ihrer Filmfassungen bekannt geworden. Dabei wurde bei der Umsetzung teilweise recht frei mit den Bühnenvorlagen umgegangen: Handlungen wurden vollkommen umgeschrieben und Originalpartituren durch vermeintlich publikumswirksamere Songs anderer Komponisten ersetzt. In der 1949 entstandenen Verfilmung von Leonard Bernsteins *On the Town* stammen nur die ersten drei Musiknummern aus der Bühnenfassung von 1944, die übrigen Songs für den Film komponierte Roger Edens neu.

Neben Musicaladaptionen entstanden bald auch Filmmusicals nach Originaldrehbüchern wie *42nd Street* (1933) mit der Musik

Kräftige Farben: Szene aus der Filmfassung von **Rodgers'** und **Hammersteins** Carousel.

von Harry Warren. Einige dieser Filmmusicals wie *Singin' in the Rain* oder *High Society* mit der Musik Cole Porters zogen ihrerseits später Bühnenfassungen nach sich. *42nd Street* erzählt die geradezu klassische Geschichte eines Chorusgirls, das für den erkrankten Star einspringen muß und selbst zu Ruhm gelangt. Für die mitreißenden Choreographien zeichnete Busby Berkeley verantwortlich, der seine Karriere bei Florenz Ziegfelds *Follies* begonnen hatte.

Eine typische Einstellung aus **Busby Berkeleys** *Footlight Parade*, 1933.

Berkeley kreierte in den dreißiger Jahren als Regisseur und Choreograph eine eigenständige filmische Musicalästhetik. Seine äußerst bewegliche, oft aus der Vogelperspektive herabschauende Kamera erfaßte hunderte langbeiniger und leichtbekleideter Mädchen, die bar jeder Individualität Teile eines sich ständig verändernden Ornaments wurden. Diese Ästhetisierung der Masse trug Berkeley später Vergleiche mit Leni Rieffenstahls NS-Propagandafilmen ein.

Mit Bing Crosby, Jeanne Durbin oder Judy Garland brachte Hollywood eigene Musicalstars hervor, die vorher – und zum größten Teil auch hinterher – auf keine Bühnenkarriere verweisen konnten. Der ehemalige Songschreiber Arthur Freed produzierte in den vierziger und fünfziger Jahren für Metro-Goldwyn-Mayer eine Reihe intelligenter und geschmackvoller Filmmusicals, die sich wohltuend von den hausbackenen und kunterbunten Adaptionen großer Bühnenerfolge wie *Oklahoma!* oder *Carou-*

sel unterscheiden. Am Broadway hatte Rouben Mamoulian diese beiden Musicals von Rodgers und Hammerstein inszeniert. Nun gehörte er neben dem erfolgreichen Gespann Stanley Donen und Gene Kelly sowie dem früheren Bühnenbildner Vincente Minelli zu den Regisseuren, die für Arthur Freed tätig waren. Für seine geschickte Farbgestaltung und sorgfältige Schauspielerarbeit bekannt, drehte Minelli einige der schönsten Musicalfilme der vierziger Jahre, u. a. *Meet Me in St. Louis* mit seiner Frau Judy Garland und *An American in Paris* mit der Musik George Gershwins. Die Glanzlichter dieser Metro-Goldwyn-Mayer-Musicals wurden für die beiden Kompilationsfilme *That's Entertainment* zusammengestellt.

In den fünfziger Jahren verloren Filmmusicals in der Gunst des Publikums. Zwar wurden die großen Broadwayerfolge wie *My Fair Lady* oder *West Side Story* von Hollywood weiterhin verfilmt, doch originäre Filmmusicals wie das von den Walt Disneys Studios produzierte *Mary Poppins* entstanden nur noch selten. Zu den wenigen an der Kinokasse erfolgreichen Musicalfilmen gehörten in den siebziger Jahren Bob Fosses dramatische Adaption von *Cabaret* mit Liza Minelli in der Hauptrolle und in den achtziger Jahren Richard Attenboroughs Verfilmung von *A Chorus Line*. Geradezu Kultstatus bei einem vorwiegend jugendlichen Publikum erlangten die Filmversionen der Off-Broadway-Produktionen *The Rocky Horror Show* (1973 uraufgeführt, 1975 verfilmt) und *Grease* (1972), das 1978 mit John Travolta in der Hauptrolle die Kinos füllte. Seit Alan Parkers *Fame* (1980) geriet das Genre des Musicalfilms völlig ins Hintertreffen, und erst

An American in Paris von **Vincente Minelli** orientierte sich in der Farbgestaltung an Renoirs impressionistischen Gemälden.

Viele in den **Walt Disney Studios** entstandene Zeichentrickmusicals wurden später auch als Theaterproduktionen realisiert, so etwa Disney's *The Beauty and the Beast* oder der Klassiker *Dschungelbuch*.

die von erheblichem Presserummel begleitete Verfilmung von Andrew Lloyd Webbers *Evita* mit dem Popstar Madonna in der Titelrolle zog 1996/97 wieder das Publikum in die Kinos. Dafür basieren immer häufiger Musicals auf Spielfilmen, so etwa Lloyd Webbers *Sunset Boulevard* auf Billy Wilders gleichnamigem Melodram oder Maury Yestons *Nine* auf Federico Fellinis autobiographischem Werk *8 1/2*.

Das Filmmusical scheint Ende des 20. Jh. eine aussterbende Gattung zu sein. Dazu beigetragen hat die internationale Vermarktung der großen Bühnenproduktionen. Waren früher Verfilmungen die einzige Chance, in Europa, Asien oder anderen nordamerikanischen Städten die großen New Yorker und Londoner Erfolgsstücke zu sehen, machen die mittlerweile weltweit in identischen Inszenierungen produzierten aufwendigen Shows Film-

adaptionen überflüssig. Darüber hinaus sollen die langen Laufzeiten der Bühnenmusicals nicht durch die Konkurrenz von Filmversionen gefährdet werden. Aus diesem Grund erfolgte die Verfilmung von *Evita* erst achtzehn Jahre nach der Theaterpremiere.

Zu den originellsten Filmmusicals gehören **Jacques Demys** *Les Parapluies de Cherbourg* und *Les Demoiselles de Rochefort* (hier mit **Catherine Deneuve** und **Françoise Dorléac**), deren Dialog zur Musik von Michel Legrand gesungen wird.

ab 1930 Wirtschaftskrise auch in Europa

1931 Empire State Building fertiggestellt

1933 »Machtergreifung« Hitlers in Deutschland

1933–45 F. D. Roosevelt ist Präsident der USA: Wirtschaftsreformen (»New Deal«)

1934 Legendärer »Großer Marsch« in China

1935 Nürnberger Rassengesetze

1935 Beginn der stalinistischen Schauprozesse

1936 Olympische Spiele in Berlin

1936–39 Spanischer Bürgerkrieg

1937–45 Chin.-jap. Krieg

1938 Anschluß Österreichs an Deutschland

1938 Abkommen von München

1938 Kernspaltung durch O. Hahn u. L. Meitner

1939 Deutscher Überfall auf Polen: Beginn des Zweiten Weltkriegs

7.12.1941 Jap. Überfall auf Pearl Harbour

8.12.1941 Kriegseintritt der USA

20.4.1942 »Wannseekonferenz« in Berlin

10.7.1943 Landung der Alliierten auf Sizilien

25.7.1943 Mussolini wird verhaftet

1929: Der Schwarze Freitag

Mit dem Einbruch der Aktienkurse an der New Yorker Börse und der dadurch ausgelösten weltweiten Wirtschaftskrise war schlagartig die große, feuchtfröhliche Party, als die das Jazz-Zeitalter erschien, vorbei. Der Kater war gewaltig. Besonders hart wurde die Unterhaltungsbranche getroffen. Angesichts der um sich greifenden Arbeitslosigkeit konnten es sich große Teile des Massenpublikums, auf das der Broadway angewiesen war, nicht mehr leisten, Geld für Theaterkarten auszugeben. Das Kino bot mit den neuen Tonfilmmusicals zudem eine preiswertere Alternative. In der Spielzeit 1927/28 hatte es die Rekordzahl von 264 neuen Produktionen am Broadway gegeben. 1935/36 fanden auf dem Höhepunkt der Krise nur noch 138 Premieren statt. Zwischen 1930 und 1940 mußten von ursprünglich 68 Broadwaybühnen 24 schließen, von denen einige zu Kinos umgebaut wurden.

Die ungezwungene Heiterkeit und Sorglosigkeit der *Musical Comedies*, die den Optimismus der zwanziger Jahre widergespiegelt hatten, empfand die Mehrzahl der Zuschauer als unangebracht. Anfang der dreißiger Jahre wurden am Broadway schärfere Töne laut. Der Konkurrenz von Film und Radio um die Gunst des Publikums begegnete der Broadway mit bissigen Satiren zur Politik und aktuellen Wirklichkeit, die ein vom Musical nie erwartetes soziales Bewußtsein offenbarten. Gegen Ende der Dekade gewann das Genre musikalisch und thematisch mit Werken von Gershwin, Rodgers und Hart und den beiden Broadwayneulingen Cole Porter und Kurt Weill an Reife. Mit ihren ausgefeilten Songtexten setzten Porter und Hart neue Maßstäbe.

Scherz, Satire, Ironie und tiefere Bedeutung

War das Musical von Anfang an Spiegelbild des jeweiligen Zeitgeschmacks gewesen, reagierten

die scharfzüngigen Revuen und Komödien der dreißiger Jahre unmittelbar auf aktuelle und tagespolitische Ereignisse. George und Ira Gershwin brachten mit den Autoren Morrie Ryskind und George S. Kaufman (der auch die Inszenierung übernahm) ihre 1927 in den Try-Outs gescheiterte Militarismus- und Kapitalismussatire *Strike Up the Band* 1930 in einer überarbeiteten Fassung erfolgreich an den Broadway. Das Stück beschreibt den Traum eines unersättlichen Schokoladenfabrikanten, der die USA zur Erringung des Süßigkeitenmonopols in einen Krieg gegen die Schweiz treibt. Songtitel wie *A Typical Self-Made American* oder *Yankee Doodle Rhythm* lassen die ironische und antinationalistische Haltung des Autorenquartetts erahnen. Im Jahr darauf übertraf das Team seinen Erfolg mit einer bissigen Karikatur der amerikanischen Politik. Die Tradition von Gilbert und Sullivans satirischen Operetten aufnehmend, handelt *Of Thee I Sing* von den Riten des amerikanischen Präsidentschaftswahlkampfes. Ira Gershwin, George S. Kaufman und Morrie Ryskind wurden für ihr Buch und die Songtexte mit dem begehrten Pulitzer-Preis ausgezeichnet, der damit erstmals an ein Musical ging. Nur George Gershwin, dessen Musik *Of Thee I Sing* mit 441 Vorstellungen en suite zum größten Broadwaytriumph der Brüder machte, ging leer aus, weil er nach Auffassung der Jury als Komponist nicht für einen Literaturpreis in Frage kam. Die Hauptfiguren, der täppische zukünftige Präsident Wintergreen und sein inkompetenter designierter Vizepräsident Throttlebottom standen auch in der folgenden Produktion *Let 'Em Eat Cake* im Mittelpunkt. Der Titel spielte auf die historischen Worte von Königin Marie-Antoinette an, die am Vorabend der Französischen Revolution über die

In *Of Thee I Sing* (1931) verspricht der Präsidentschaftskandidat Wintergreen im Falle seines Sieges, die Gewinnerin einer Schönheitskonkurrenz zu heiraten. Zum Präsidenten der Vereinigten Staaten gewählt, vermählt er sich jedoch mit seiner Sekretärin, weil sie so gute Brötchen backt. Dem Unmut des Volkes und diplomatischen Verwicklungen mit Frankreich – die sitzengelassene Gewinnerin der Miss-Wahl stammt von Napoleon ab – entgeht Wintergreen durch die Schwangerschaft seiner Frau und die Heirat seines Vizepräsidenten Throttlebottom mit Miss Amerika: Volk und Franzosen sind versöhnt.

Das nachfolgende Stück *Let 'Em Eat Cake* thematisierte den Faschismus als mögliche Folge von Wirtschaftskrise und Massenarbeitslosigkeit. Der zwischenzeitlich abgewählte Wintergreen errichtet in den USA eine Diktatur und will gar seinen ehemaligen Mitstreiter Throttlebottom hinrichten lassen.

In **Rodgers'** und **Harts** *I'd Rather Be Right* brachte der Autor George S. Kaufman den real amtierenden Präsidenten Franklin D. Roosevelt, verkörpert von dem Broadway-Veteran **George M. Cohan**, auf die Bühne und ließ ihn sagen: »Woran dieses Land krankt, ist, daß ich, als sein Oberhaupt, nicht die geringste Ahnung habe, woran es krankt.« Richard Rodgers berichtete, daß Cohan ein vehementer Gegner von Roosevelts Politik des New Deal war und Lorenz Harts ironische Gesangstexte noch schärfer formulierte.

hungernde Bevölkerung gesagt hatte, die Leute sollten doch Kuchen essen, wenn sie kein Brot hätten. Obwohl George Gershwin die Musik zu *Let 'Em Eat Cake* für seine bis dahin reifste Arbeit hielt, fiel die Auseindersetzung mit dem drohenden Faschismus beim Publikum durch.

Irving Berlin hatte stets ein sicheres Gespür für den Zeitgeist besessen. In den zwanziger Jahren traf er den Publikumsgeschmack mit seinen luxuriös ausgestatteten *Music-Box*-Revuen, im Ersten und Zweiten Weltkrieg war er mit den patriotischen Shows *Yip, Yip, Yaphank* (1918) und *This Is the Army* (1943), in denen er selbst auftrat, erfolgreich. 1933 komponierte er die Songs zu der Revue *As Thousands Cheer*. Die Musiknummern und Sketche entsprachen den diversen Ressorts einer Tageszeitung: Neben einer musikalischen Wettervorhersage stand ein Sketch über Josephine Baker, die trotz Ruhm und Reichtum Sehnsucht nach Harlem hat (*Harlem on My Mind*); andere berühmte Persönlichkeiten, die zum Gegenstand von Parodien oder Hommagen wurden, waren Mahatma Ghandi, John D. Rockefeller und die Freiheitsstatue. Die ernsthafteste Szene basierte auf der realen Schlagzeile »Unbekannter Neger von aufgebrachtem Mob gelyncht«: Die schwarze Darstellerin Ethel Walters spielte eine Mutter, die beim Abendessen ihren Kindern erklären muß, daß ihr von Rassisten ermordeter Vater nie wieder nach Hause kommt.

Nadelstiche

Einer der größten Sensationserfolge am Broadway kam Ende 1937 zustande. Die linksgerichtete Gewerkschaft der Textilarbeiterinnen ILGWU beauftragte den Architekten und Hobbymusiker Harold Rome, die Musik zu einer Revue für Amateurdarsteller zu komponieren. Die Sketche stammten von fünf verschiedenen Autoren, die ebensowenig Profis waren wie alle anderen an der Produktion Beteiligten. Am 27. November 1937 ging die erste Vorstellung von *Pins and Needles* über die Bühne. Einer von Romes Songtexten könnte als Motto für alle politisch engagierten satirischen Musicalproduktionen der Epoche stehen: *Sing Me a Song of Social Significance / All Other Tunes Are Taboo*. Die Amateurshow *Pins and Needles* war keineswegs trocken oder belehrend, sondern voller Witz, Schärfe und Selbstironie. Mit 1108 Vorstellungen in Folge erzielte die Laienspielgruppe der Textilarbeiterinnen-Gewerkschaft am Broadway die längste Laufzeit der Dekade. Die Kritiker, die zunächst keinerlei Notiz von der Außenseiterproduktion genommen hatten, konstatierten verblüfft, daß die Näherinnen und Fertigmacher sich mit ihrem Enthusiasmus und Spaß nicht vor den Broadwayprofis verstecken mußten. Harold Rome begann mit *Pins and Needles* eine lange Karriere als Songschreiber und Musicalkomponist. Beschäftigte er sich zunächst weiterhin mit sozialkritischen Themen, gelang ihm 1954 mit *Fanny*, einer Adaption von Marcel Pagnols südfranzösischer Volkstheatertrilogie *Marius*, ein fast opernhaftes Werk von außergewöhnlichem musikalischen Reichtum.

Im Sommer vor der Premiere von *Pins and Needles* wollte einer der Autoren, Marc Blitzstein, eine von ihm konzipierte und vertonte Parabel auf den Kampf zwischen Unternehmer und Stahlarbeitern mit dem Titel *The Cradle Will Rock* zur Aufführung bringen. Doch sowohl die Gewerkschaft der Schauspieler als auch die der Musiker untersagten ihren Mitgliedern, in dem in ihren Augen kommunistischen Stück die Bühne zu betreten. Unter politischem Druck wurde in buchstäblich letzter Minute die am 16. Juni 1937 geplante Premiere von den Theaterbesitzern verhindert. Der 22jährige Regisseur Orson Welles, der sich mit Theater- und Rundfunkinszenierungen bereits einen Namen gemacht hatte,

Pins and Needles – die zwei »Friedensengel« Hitler und Stalin in Harold Romes satirischer Revue. Immer wieder aktualisierte und ergänzte Songs und Sketche behandelten neben dem internationalen Imperialismus Hitlers, Mussolinis, Hirohitos und – später auch - Stalins (*Four Little Angels of Peace*) die Gefahren eines ungehemmten Kapitalismus (*Doing the Reactionary*), die Vorzüge gewerkschaftlich organisierter Männer (*It's Better With an Union Man*) oder den arbeitsfreien Sonntag im Central Park (*Sunday In the Park*).

Marc Blitzstein begleitet sein Werk *The Cradle Will Rock* am Klavier.

ließ sich nicht beirren und mietete noch am selben Abend ein anderes Theater, wo die Aufführung in improvisierter Form stattfand: Marc Blitzstein saß allein am Klavier auf der Bühne, während die Darsteller diese gemäß der Anordnung ihrer Gewerkschaft nicht betraten, sondern im Zuschauerraum verteilt ihre Rollen spielten.

Die amerikanische Volksoper

George Gershwin hatte bereits 1926 bei der Lektüre von DuBose Heywards Roman *Porgy* darin einen Opernstoff gesehen. Jerome Kerns *Show Boat* bestätigte ihn in seiner Überzeugung, daß das unterhaltende Musiktheater ernsthaftere Sujets aufgreifen könne. Er traute sich jedoch noch nicht zu, ein derart ambitioniertes Vorhaben als Komponist anzugehen, zumal wegen einer geplanten Schauspielfassung die Rechte für den Roman nicht zu haben waren. Erst acht Jahre später, nach den anspruchsvollen Partituren der musikalischen Satiren *Strike Up the Band* und *Of Thee I Sing* fühlte sich Gershwin reif für das Projekt.

Der Roman *Porgy* und das gleichnamige Schauspiel schildern episodisch das Leben in einem Schwarzenghetto der Stadt Charleston (South Carolina) um 1870. Die Musiktheateradaption *Porgy and Bess* rückt die Liebe des Krüppels Porgy zu Bess ins Zentrum, ohne auf die Milieu-

Houston Grand Opera präsentierte 1976 eine ungekürzte Fassung von *Porgy and Bess* am Broadway.

schilderung zu verzichten. DuBose Heyward schrieb das Buch und zusammen mit Ira Gershwin die Gesangstexte. So wie die beiden Autoren studierte Gershwin vor Ort in South Carolina das Leben der Bevölkerung eines Ghettos. Ihr Slang und ihre Musik – Spiritual, Blues, Jazz – dienten ihm als Rohmaterial für seine Kompositionen. DuBose Heyward hatte davon gesprochen, daß die schwarze Musik Ausdruck dessen sei, was nicht zu sagen ist. Gershwin verknüpfte diese emotionale Qualität mit ausgefeiltem musikalischen Know-How, schuf aus Blue Notes und Synkopenrhythmen, Rezitativen und Leitmotiven ein außergewöhnliches musikalisches Drama. Für das Komponieren der Musik nahm er sich elf Monate Zeit und verbrachte weitere neun Monate mit der Orchestrierung. Das Angebot der Metropolitan Opera, die Uraufführung des von Gershwin als »American Folk Opera« bezeichneten Werkes durchzuführen, lehnte er ab: Er bestand auf schwarzen Sängern und Darstellern, die in der Met damals unweigerlich durch ein weißes, schwarz geschminktes Ensemble ersetzt worden wären. So kam Porgy and Bess am 10. Oktober 1935 am Broadway heraus.

Bei einer konzertanten Voraufführung in der Carnegie Hall hatte das Werk vier Stunden gedauert. Während der Endproben und Try-Outs in Boston waren umfangreiche Kürzungen der Partitur unumgänglich. Der Regisseur Rouben Mamoulian bewunderte Gershwins Einstellung: »Er kannte das Theater, er kannte das Publikum. Sein Theatersinn war so klar, daß er, egal, wie sehr er ein musikalisches Motiv oder eine Arie liebte, ohne Zögern bereit war, sich davon zu trennen, wenn dies zur Verbesserung des Ganzen beitrug.«

In Boston umjubelt, stieß Porgy and Bess bei der New Yorker Premiere nur bedingt auf Zustimmung der Kritik. Bereits im Vorfeld hatten seriöse Musikjournalisten von der Hybris des Unterhaltungskomponisten Gershwin gesprochen. Die Kritiker debattierten, ob das Werk eine Oper oder ein Musical sei. Auf das Argument, für eine Oper gäbe es mit Summertime oder I Got Plenty of Nuthin' zu viele populäre Lieder, entgegnete Gershwin ironisch, daß dann wohl auch sämtliche Werke Verdis oder Bizets Carmen Musicals

Porgy and Bess: **Todd Duncan** (Porgy), **Ann Brown** (Bess) und **John W. Bubbles** (Sportin' Life) in der Uraufführung von Gershwins Volksoper.

seien. Die Erstaufführung von *Porgy and Bess* erlebte 124 Vorstellungen, was für eine Oper ein sensationelles Ergebnis gewesen wäre, unter den Bedingungen des Broadway aber einen auch finanziellen Mißerfolg bedeutete. Gershwins Werk fand jedoch schnell den Weg in die internationalen Opernhäuser und setzte sich 1942 im ersten von mehreren Revivals auch am Broadway durch. Seine Idee einer »amerikanischen Volksoper« wurde später von anderen Komponisten wie Kurt Weill und Leonard Bernstein aufgegriffen und weitergeführt. In den folgenden Jahren arbeitete Gershwin in Hollywood an Filmsongs wie *They Can't Take That Away from Me* und plante eine Musiktheateradaption der jüdischen Dibbuk-Legende. Sein Tod am 11. Juli 1938 infolge eines Gehirntumors setzte der atemberaubenden persönlichen Entwicklung des bedeutenden amerikanischen Komponisten ein tragisches Ende.

Kurt Weill

Den umgekehrten Weg von der E-Musik zum Musical ging Kurt Weill. Der 1900 in Dessau geborene Sohn eines Kantors hatte in Berlin ein Kompositionsstudium bei dem Neutöner Ferruccio Busoni absolviert. Als Weill 1922 erlebte, wie seine Zwölftonmusik für das Kinderballett *Zaubernacht* sein junges Publikum hoffnungslos überforderte, wandte er sich populäreren musikalischen Formen zu. Weill gelang in der Zusammenarbeit mit dem Dichter Bertolt Brecht in der *Dreigroschenoper* (1928) und bei *Happy End* (1929) die virtuose Synthese von Jazz und Schlagermusik mit traditionellen Formen. Von den Nationalsozialisten wegen seiner »Negermusik« und seines jüdischen Glaubens angegriffen, mußte Weill nach deren Machtübernahme 1933 emigrieren. Über Frankreich, wo er zusammen mit Brecht für den Choreographen George Balanchine das Tanz-

Mit der auf John Gays *Beggar's Opera* basierenden *Dreigroschenoper* (Plakatentwurf des Bühnenbildners Caspar Neher) und dem von Damon Runyons *Geschichten vom Broadway* inspirierten *Happy End* hatten **Kurt Weill** und **Bertolt Brecht** in Berlin vor 1933 eine Musiktheaterform entwickelt, die dem Musical sehr nahe stand.

theaterstück *Die sieben Todsünden* kreierte, kam er 1935 nach New York. Dort wurde er Zeuge einer Probe zu *Porgy and Bess* und war tief beeindruckt. Entschlossen, nie wieder die Sprache seines Heimatlandes, aus dem er vertrieben worden war, zu sprechen, machte er sich daran, amerikanisches Musiktheater zu schaffen. Sein erster Versuch, die vom linken Group Theatre produzierte Anti-Kriegs-Parabel *Johnny Johnson* (1936), litt unter einem naiven Libretto und brachte trotz der Inszenierung durch den legendären Schauspiellehrer Lee Strasberg und Weills vielgerühmter Musik nicht den erhofften Erfolg. Mit dem Dramatiker Maxwell Anderson startete Weill zwei Jahre später einen neuen Versuch: *Knickerbocker Holiday* erzählt mit Blick auf damalige faschistische Tendenzen in den USA den nur scheinbar historischen Konflikt zwischen dem diktatorischen Gouverneur von Nieuw Amsterdam, Peter Stuyvesant, und dem revolutionären Freigeist und amerikanischen Pionier Brom Broeck. Zwischen diesen steht nicht nur eine unterschiedliche politische Weltanschauung, sondern auch die von beiden geliebte Ratsherrntochter Tina. Das Stück ist durchsetzt mit Anspielungen auf aktuelle Begebenheiten und Persönlichkeiten, wobei der Autor Maxwell Anderson auch Präsident Roosevelt angriff. Von Weills herb-lyrischer Ballade *September Song*, die auf Wunsch des Stuyvesant-Darstellers Walter Huston entstand, wurde die aggressive Darstellung des potentiellen Diktators ein wenig unterlaufen.

Lady in the Dark behandelte 1941 das Thema der Psychoanalyse. Der Autor Moss Hart hatte zunächst ein Schauspiel verfassen wollen, den Stoff dann jedoch mit Kurt Weill und Ira Gershwin als Songtexter zu einem Musical umgearbeitet. Im Mittelpunkt der Handlung steht die

Ginger Rogers auf der Psychiatercouch in der von Weill nicht sehr geschätzten Verfilmung von *Lady in the Dark*.

Vorlage von *Knickerbocker Holiday* war der 1809 von **Washington Irving** anonym herausgegebene Roman *Diedrich Knickerbockers humoristische Geschichte der Stadt New York*. Der Begriff »Knickerbocker« wurde zu einem Spitznamen der New Yorker Bevölkerung. Die ursprünglich niederländische Kolonie Nieuw Amsterdam wurde 1664 während der Regierungszeit Stuyvesants von den Engländern erobert und in New York umbenannt.

1929 – 1943

Die »Zirkustraumsequenz« aus Kurt Weills *Lady in the Dark* mit **Danny Kaye** in der Mitte.

Weills größter Erfolg am Broadway war ihm 1943 mit der Komödie *One Touch of Venus* beschieden, in der eine zum Leben erweckte Venus-

statue den Friseur Rodney mit ihrer Liebe verfolgt. Rodney gerät von einem Schlamassel in den nächsten: Zunächst wird er die verliebte Venus nicht los, dann machen ihm seine Verlobte Gloria und deren Mutter eine Szene. Die Polizei bezichtigt ihn des Mordes an der von Venus zum Nordpol gezauberten Gloria, und als Rodney sich entschließt, auf Venus Werben einzugehen, will diese nichts mehr von ihm wissen und kehrt ins Museum zurück. Dort begegnet der mittlerweile auch von seiner Verlobten verlassene Rodney zu guter Letzt einer Frau, die der geliebten Statue erfreulich ähnlich sieht.

erfolgreiche Moderedakteurin Liza Elliott, die unter psychischen Störungen leidet. Hin und her gerissen zwischen drei Männern, gelingt es ihr mit Hilfe der Traumdeutung, einem frühkindlichen Konflikt auf die Spur zu kommen. Die entscheidende Rolle spielt dabei eine von ihr nur fragmentarisch erinnerte Melodie, die sich wie ein Leitmotiv durch das Stück zieht. Am Ende entscheidet Liza sich für den Mann, dem es gelingt, den verlorenen Song zu vollenden: Das zum Schluß komplettierte *My Ship* steht für Lizas vollzogene Heilung. Alle weiteren Musiknummern sind drei Traumsequenzen vorbehalten, die Lizas Ängste und Sehnsüchte widerspiegeln. Weill sprach von drei Miniopern, die die Schauspielhandlung musikalisch fortführten. Mit dem zungenbrecherischen Song *Tschaikowsky*, in dessen Text Ira Gershwin die Namen zahlreicher russischer Komponisten verewigte, wurde der Komiker Danny Kaye zum Publikumsliebling.

Kurt Weill behielt sein Ziel im Auge, eine »amerikanische Oper« zu komponieren, die mit allen Elementen einer guten Show sowohl ein großes Publikum ansprach als auch die Integration von Drama und Musik zur Vollendung führen könnte. In dem 1929 uraufgeführten Schauspiel *Street Scene* von Elmer Rice glaubte er die geeignete Vorlage für sein Vorhaben gefunden zu haben, um den durch Gershwins *Porgy and Bess* vorgegebenen Weg weiterzugehen. Zusammen mit Rice und dem schwarzen Schriftsteller Langston Hughes machte er sich an die Arbeit. Das musikalische Drama *Street Scene* (1947) beschreibt einen Tag im Leben der Bewohner einer New Yorker Mietskaserne, erzählt von ihren Sorgen und kleinen Freuden. Alltägliches wie die Geburt eines Babies, der Klatsch der Nachbarinnen über Nichtanwesende oder der angesichts der Sommerhitze freudig begrüßte Eisverkäufer wird plötzlich von der gewalttätigen

Das neorealistische Musikdrama *Street Scene* 1947 in der Original-Broadwayproduktion.

Auseinandersetzung eines Ehepaares überschattet. Der konsequente Naturalismus von Handlung, Spielweise, Dialogen und Ausstattung wird kontrastiert mit einer durchkomponierten Partitur, in der Weill die ganze Breite musikalischer Ausdrucksmittel nutzte: Songs, Arien, Duette, Ensembles und Orchesterzwischenspiele. In Weills Theatermusik sind moderne und traditionelle, amerikanische und europäische Stilmittel verwoben. Das im folgenden Jahr uraufgeführte *Love Life* war eine unkonventionelle aber auch, wie der Librettist Alan Jay Lerner einräumte, unausgegorene Mischung. Die phantastische Geschichte um ein nie alterndes Ehepaar, die einen Bogen von 1791 bis in die damalige Gegenwart schlug, beschreibt im Stile einer Vaudeville-Show die Veränderungen der Mann-Frau-Beziehung im Wandel der Zeiten. Die Songs sind nicht in die Handlung eingebettet, sondern kommentieren in brechtscher Tradition das Geschehen.

In *Lost in the Stars* befaßten sich Weill und sein Autor Maxwell Anderson 1949 mit der Unmenschlichkeit des südafrikanischen Apartheidsystems. Hatte seine Musik zu *Love Life* wieder mehr den Gepflogenheiten der *Musical Comedy* entsprochen, kehrte Weill für das Drama um einen schwarzen Priester, dessen Sohn unter den Bedingungen der Rassentrennung zum Verbrecher wird, zu einem opernhaften Idiom zurück. Der Porgy-Darsteller Todd Duncan übernahm die Hauptrolle. Zu Weills Freude akzeptierte das Broadwaypublikum seine anspruchsvolle *Musical Tragedy* mit ihren getragenen Liedern und machtvollen Chorälen. Der Stoff, dem sich Weill und Anderson als nächstes zuwandten, schien alle Voraussetzungen für ein volkstümliches amerikanisches Musiktheaterwerk zu bieten: Mark Twains Roman *Huckleberry Finn*. Weill hatte bereits mehrere Songs verfaßt, als er am 19. März 1950 plötzlich einem Herzversagen erlag.

1929 – 1943

Street Scene 1995 in einer Koproduktion der Houston Grand Opera und des Berliner Theaters des Westens.

Mit seinen Autoren hat Kurt Weill bewiesen, daß das Musical neben heiteren Stoffen auch dramatische und tragische Themen behandeln kann und gar als Träger einer Botschaft zur Verfügung steht. Der Einfluß seiner Musik kann nicht groß genug veranschlagt werden. Weill wurde zum Vorbild einer ganzen Komponistengeneration, die seinem Beispiel der Verbindung von populärem, unterhaltendem Musiktheater mit ambitionierten musikalischen Formen nacheiferte. In Deutschland entdeckte man sein bis dahin etwas despektierlich betrachtetes amerikanisches Œuvre erst in den neunziger Jahren neu, und in seiner Heimatstadt Dessau findet alljährlich ein nach ihm benanntes Musikfest statt.

Cole Porter: die Kunst des Songschreibens

So wie Kurt Weill dem Musical neue musikalische Ausdrucksmittel und anspruchsvolle Sujets erschloß, perfektionierte der 1891 in der Kleinstadt Peru (Indiana) geborene Cole Porter das Songschreiben. Porter kokettierte damit, als Komponist ein »professioneller Amateur« zu sein. Sein Großvater hatte es durch Holz- und Kohlehandel zu einem der größten Vermögen in den USA gebracht, und sein Enkel Cole war selbst bereits Millionär, als er auf Wunsch des alten Herren ein Jurastudium in Yale begann. Für Amateurshows seiner Universität entstanden erste Lieder wie der *Yale Bulldog Song*. Cole Porter überzeugte seinen Großvater, einem Musikstudium in Harvard zuzustimmen. Im Gegensatz zu den aus einfacheren Verhältnissen stammenden Komponisten Berlin, Gershwin, Kern und Rodgers, die sich früh für Musik und Theater begeisterten, sah Porter das Komponieren nie als Beruf oder gar Berufung an. Er besaß ein außergewöhnliches Talent als Songschreiber, aber er war aufgrund seines immensen Vermögens nie gezwungen, damit seinen Lebensunterhalt zu bestreiten. Anders als seine um Assimilation

Mit *Anything Goes* feierte **Cole Porter** 1934 seinen bis dahin größten Erfolg. Das von Kerns und Gershwins ehemaligen Mitstreitern **Guy Bolton** und **P. G. Wodehouse** verfaßte Buch spielt an Bord eines Luxusschiffes auf der Fahrt von New York nach London. Die beiden Briten sorgten dafür, daß die an sich banale Handlung hinreichend amüsant war und Anlaß gab zu einigen von Porters besten Liedern wie *I Get a Kick Out of You*, *You're the Top* oder dem Titelstück.

bemühten jüdischen Komponistenkollegen, die
eine amerikanische Musik schaffen wollten, gab
sich der aus dem Mittelwesten stammende Porter
als Kosmopolit. Er genoß sein Leben unter den
oberen Zehntausend der Alten und Neuen Welt
und veranstaltete in seinem venezianischen Palaz-
zo Rezzonico oder einer Hotelsuite des New
Yorker Waldorf-Astoria luxuriöse Parties, die sich
mit denen des großen Gatsby aus F. Scott Fitzge-
ralds gleichnamigem Roman messen konnten.

Bereits 1916 komponierte Porter die Musik zu
einer Broadwayshow, doch die »patriotische
komische Oper« *See America First* wurde ein
gewaltiger Flop. Während sein Autor, ein Harvard-
Kommilitone, sich dem Katholizismus zuwandte
und Priester wurde, begab sich Porter nach Europa und trat der französischen Fremdenlegion bei.
Die zwanziger Jahre verbrachte er vorwiegend
als Amerikaner in Paris, und nur von Zeit zu Zeit
schrieb er Songs für einen Revueproduzenten,
den er auf einer Schiffsreise kennengelernt hatte.
Erst 1928 kehrte Porter mit der musikalischen
Komödie *Paris* nach Amerika und an den Broadway zurück. Obwohl das Stück ein Leichtgewicht,
wie die meisten Produktionen der Zeit, war, sorgte Porter mit frivolen Songs wie *Let's Do It* für
Aufsehen.

Alles, was er machte, hatte Stil und dazu einen
unverkennbar eigenen. Als Komponist und Songtexter in Personalunion feilte Porter unablässig
abwechselnd an Worten und Noten, bis eines
jener funkelnden und makellosen Meisterwerke
vollendet war, die Ausdruck seines subtilen Humors
und erlesenen Geschmacks waren. Da der Autor
Porter beim Schreiben der Zeilen bereits wußte,
was der Komponist Porter vorhatte – und umge-
kehrt –, gelang es ihm immer wieder, außergewöhnliche Reimschemata und überraschende Wendungen zu erfinden. Seine mit Anspielungen gespick-
ten Songtexte besitzen bereits unvertont mit ihren

1929 – 1943

Anything Goes setzte die Tradition der leichten *Musical
Comedies* der zwanziger Jahre fort. Ursprünglich sollte ein
Schiffsunglück im Mittelpunkt
des Geschehens stehen, doch
eine tatsächliche Schiffskata-
strophe veranlaßte den Produzenten, das Stück von zwei
anderen Autoren noch kurz
vor der Premiere überarbeiten
zu lassen. Diese Änderungen
mögen zur Oberflächlichkeit
des nichtsdestoweniger charmanten Stückes beigetragen
haben – Szenenfoto aus einer
Londoner Aufführung, 1989.

Alliteration bei Cole Porter:

(It's De-Lovely)
It's delightful,
It's delicious,
It's delectable,
It's delirious,
It's dilemma,
It's delimit,
It's deluxe,
It's de-lovely.

Binnenreime

In the Still of the Night
Or will this dream of mine
Fade out of sight,
Like the morning growing
<u>dim</u>
On the <u>rim</u> of the <u>hill</u>
In the <u>chill</u> <u>still</u> of the night?

Anything Goes
Good Authors who
Once knew
Some better words
Now only u -
se four-letter-words
Writing prose –
Anything goes!

In **Cole Porters** *Dubarry Was a Lady* (1939) träumt der Toilettenwächter eines Nightclubs, gespielt von Bert Lahr, er sei Ludwig XIV. Das von ihm inspirierte Bein gehört dem späteren Filmstar Betty Grable.

Alliterationen, Binnenreimen und lautmalerischen Wortspielen hohe Musikalität. Mit Porters oft zwischen Dur und Moll changierenden Melodien und bisweilen gewagten Rhythmen bilden die Texte eine derart verwobene Einheit, daß Übersetzungen nur sehr schwer zu verfertigen sind. Seine Kompositionen bieten statt immer gleicher Wiederholungen von Vers und Refrain meist ausgearbeitete Variationen über das ursprüngliche Thema. Bei aller behaupteten Emotionalität der Figuren liegt in seinen Songtexten meist eine ironische Reserviertheit, die auch ihrem Autor eigen gewesen sein soll. Wie in den zeitgenössischen Hollywoodkomödien von Ernst Lubitsch begegnen Porters Protagonisten ihren Gefühlsverwirrungen, ihren Triumphen und kleinen Niederlagen mit einem Lächeln und einem Scherz auf den Lippen, und wie Lubitsch war wohl auch Porter der Überzeugung, es sei besser, in einem Palast zu lachen als in einer Hütte zu weinen.

Im Gegensatz zu Gershwin, Weill oder Rodgers und Hart hegte der unpolitische Porter keinerlei Ambitionen, ernste Themen oder gar Botschaften in seine Stücke zu packen. Die Komödien, für die er seine Songs schrieb, boten leichte Unterhaltung und knüpften unbeschwert an die *Musical Comedies* der zwanziger Jahre an.

Der Glücksmensch Porter, dem auch die Weltwirtschaftskrise nichts anhaben konnte, wurde 1937 durch einen Reitunfall, bei dem seine Beine zertrümmert wurden, erstmals mit Tragik konfrontiert: Bis zu seinem Tod litt er ständig unter Schmerzen und war zeitweilig auf einen Rollstuhl angewiesen. Um einer Amputation zu entgehen, unterzog er sich 31 Operationen, die letztendlich vergebens waren. Doch nach außen hin wahrte er das Bild des gutgelaunten Bonvivants. Statt an langwierigen Theaterproben teilzunehmen, händigte er dem Produzenten seine Kompositionen aus und begab sich in sein geliebtes Paris oder auf eine Kreuzfahrt durch die Südsee. Gutgelaunt erklärte er, keinen Sinn für das Libretto zu haben. Aufgrund seines mangelnden Interesses an Theaterarbeit sind viele seiner Songs kaum in die Handlung der frühen Komödien integriert. Erst 1948 unternahm er erfolgreich den Versuch, für *Kiss Me, Kate* auch wirkungsvolle Theatermusik zu schreiben.

Rodgers und Hart

Zur gleichen Zeit wie Kurt Weill entdeckten Richard Rodgers und Lorenz Hart neue Stoffe, Themen und Formen für das Musical. Mit *Peggy Ann* hatten sie gemeinsam mit dem Autoren Herbert Fields bereits 1926, fünfzehn Jahre vor Weills *Lady in the Dark*, die Psychoanalyse zum Gegenstand einer *Musical Comedy* gemacht. Ihre Mark-Twain-Adaption *A Connecticut Yankee* war einen Monat vor Jerome Kerns bahnbrechendem *Show Boat* am Broadway herausgekommen. In 24 Jahren entstanden 29 Musicals. Wie Cole Porter erfand Hart das Songschreiben immer wieder neu. Seine Songtexte für *A Connecticut Yankee* bezogen aus dem Aufeinanderprallen von altenglischer Sprache und amerikanischem Gegenwartsslang ihre komische Wirkung. Im Gegensatz zu den meisten Textern seiner Zeit glaubte Hart, daß das Publikum nur intelligent angesprochen werden müsse, um auch intelligent zu reagieren. Nachdem Rodgers und Hart 1931 mit *America's Sweetheart* eine nicht allzu erfolgreiche Hollywoodsatire geschrieben hatten, folgten sie kurz darauf selbst dem Ruf der Filmmetropole. In Rouben Mamoulians *Love Me Tonight* singt Maurice Chevalier mit *Isn't It Romantic?* eine ihrer bekanntesten Melodien. Doch Richard Rodgers

Trotz seiner körperlichen Behinderung nach einem Reitunfall ließ es sich **Cole Porter** nicht nehmen, wie aus dem Ei gepellt bei Broadwaypremieren zu erscheinen. Über seinen Reitunfall erzählte er: »Als dieses Pferd auf mich fiel, war ich zu verblüfft, um große Schmerzen zu empfinden, und bis Hilfe kam, beschäftigte ich mich mit dem Text eines Liedes namens *At Long Last Love*.«

1929 – 1943

Rodgers' und **Harts** Extravaganza *Jumbo* wurde 1962 mit *Jimmy Durante*, der auch schon in der Broadwayproduktion mitgewirkt hatte, verfilmt.

On Your Toes in einer Aufführung mit dem Stuttgarter Ballett 1992 ...

... und in der New Yorker Erstaufführung 1936: **Ray Bolger** tanzt im dramatischen Ballett *Slaughter On Tenth Avenue* um sein Leben.

war seit seiner Jugend von nichts anderem als dem Theater begeistert gewesen, und auch Lorenz Hart vermißte die Bühnenatmosphäre des Broadway. Ihre Rückkehr nach New York zelebrierten sie 1935 mit einem aufwendigen Spektakel, der Extravaganza *Jumbo*. Die Romeo-und-Julia-Geschichte um die ineinander verliebten Kinder zweier konkurrierender Zirkusdirektoren bot Gelegenheit, zahlreiche zirzensische Attraktionen mit Artisten, Clowns und Tierdressuren in die Handlung einzufügen. Spielstätte war das riesige Hippodrome, das nach der Aufführungsserie endgültig abgerissen wurde. Mit nahezu jeder ihrer folgenden Produktionen entdeckten Rodgers und Hart Neuland für das Musical. Das Tanzmusical *On Your Toes* nutzte 1936 eine ironisierte Krimihandlung und das Bühnenmilieu zur Beschäftigung mit klassischem und modernem Ballett und setzte erstmals eine ausgedehnte Tanzsequenz als dramaturgisches Mittel ein. Auf dem Höhepunkt der Handlung von *On Your Toes* kommt es zur Aufführung des Jazz-Balletts *Slaughter on Tenth*

Avenue, in dem der Protagonist buchstäblich um sein Leben tanzt: Ein Killer ist auf ihn angesetzt, und er zögert das Crescendo des Finales, in dem ein tödlicher Schuß fallen soll, so lange hinaus, bis der potentielle Mörder verhaftet wird. Für den Choreographen George Balanchine bedeutete *On Your Toes* ebenso den Durchbruch wie für den Tänzer und Hauptdarsteller Ray Bolger.

In *Babes in Arms* (1937) beweisen die Kinder von Vaudeville-Darstellern, daß sie wie ihre sich gerade auf Tournee befindlichen Eltern eine Show aufziehen können. Das Stück enthielt mit *My*

Funny Valentine und *The Lady Is a Tramp* gleich zwei berühmte Rodgers-und-Hart-Kompositionen. Im selben Jahr 1937 bot *I'd Rather Be Right* eine satirische Auseinandersetzung mit der Politik von Franklin D. Roosevelt. Für *The Boys from Syracuse* (1938) entdeckten Rodgers und Hart einen Autor, der noch häufig die Vorlagen zu Musicals liefern sollte: William Shakespeare. Ihre Adaption seiner *Komödie der Irrungen* ist eine rasante Verwechslungskomödie

um zwei Zwillingspaare. Die identisch aussehenden und beide Antipholus heißenden Brüder mit ihren ebenfalls nicht zu unterscheidenden Dienern namens Dromio sorgen für einige Verwirrung, zumal sie selbst nichts von der Existenz ihrer Doppelgänger wissen. Erst der Vater der beiden Antipholi vermag die entstandenen Mißverständnisse aufzuklären. Lorenz Harts Bruder Teddy spielte einen der beiden Dromios, den anderen verkörperte Jimmy Savo, ein Komiker, mit dem Teddy Hart häufig verwechselt wurde.

Mit *Pal Joey* (1940) schlugen Rodgers und Hart neue Töne an. Die Titelfigur Joey ist ein charakterschwacher und korrupter Gigolo, der als Conférencier in einem schäbigen Nachtclub in Chicago arbeitet. Zum ersten Mal stellte ein Musical einen negativen Helden in den Mittelpunkt der Handlung. Zwischen zwei Frauen stehend, entscheidet sich Joey für die ältere, reiche Vera Simpson, von der er sich aushalten läßt. Vera richtet ihm vom Geld ihres Mannes einen eigenen Nachtclub ein. Obwohl sie wirkliche Gefühle für ihn entwickelt, läßt sie Joey wie eine heiße Kartoffel fallen, als er mit ihrer Kontrahentin um seine Gunst wieder anzubandeln

The Boys from Syracuse war das erste Musical nach einer Vorlage von **William Shakespeare**. **Jimmy Savo** als Dromio aus Syrakus in der Originalproduktion von 1938.

1929 – 1943

versucht. Hatte sich 1924 in *Lady, Be Good!* der von zwei Frauen umworbene Held für die Liebe und gegen das Geld entschieden und zur Belohnung beides bekommen, steht Joey am Ende mit leeren Händen da. Der Humor in *Pal Joey* verdeckt nicht die von Zynismus, Korruption, materieller und sexueller Gier getränkte Atmosphäre. Rodgers' Musik variiert von der Klangwelt der Operette über sanfte Balladen bis zu hartem groß-

städtischen Jazz. Harts Texte sind voller Sarkasmus und erotischer Anspielungen. In *Zip!* wird von einer Stripteasetänzerin berichtet, die, wenn sie beim Ausüben ihres Berufes einen Reißverschluß –

Wenn man den *Pal-Joey*-Darsteller **Gene Kelly** so sieht, glaubt man kaum, daß er den ersten negativen Helden eines Musicals spielte. Durch diese Rolle wurde er zum Star, während seine Partnerin **Vivienne Segal** bereits zu Beginn des Jahrhunderts am Broadway Erfolge gefeiert hatte.

Zip! – aufzieht, über Schopenhauer nachsinnt. Für die Figur der reichen und zynischen Vera Simpson schrieben Rodgers und Hart den Song *Bewitched, Bothered and Bewildered*, der alle Schattierungen ihrer Verliebtheit widerspiegelt: Unsentimental und selbstironisch staunt sie über die eigenen Gefühle gegenüber dem als Nichtsnutz durchschauten Joey, spricht unverhohlen von ihrer sexuellen Erregung, von der gleichzeitigen beinahe kindlichen Verzauberung, aber auch von ihrer Absicht, ihn in finanzieller Abhängigkeit zu halten. Die Musik folgt Harts Text in seinen Wendungen von Sentiment zu beißendem Sarkasmus, von heißer Lust zu kaltem Kalkül. *Pal Joey* erinnert mit seinem illusionslosen Realismus an die in den vierziger Jahren entstandenen Filme aus Hollywoods schwarzer Serie, die ein vergleichbar düsteres Bild der amerikanischen Gesellschaft zeichneten.

Zu seiner Zeit erfolgreicher als alle vorhergehenden Rodgers-und-Hart-Musicals war 1942 *By Jupiter*, in dem die Frauen des mythischen Königreiches Pontus ihre Männer entmachten und einen Amazonenstaat errichten. Erst die Griechen unter Führung von Theseus und Herkules können das Patriarchat am Ende wiederherstellen. Die Arbeit an *By Jupiter* war bereits von Lorenz Harts zunehmenden Alkoholproblemen und seinem labilen Gesundheitszustand überschattet gewesen. Der solide, disziplinierte, glücklich verheiratete Rodgers und der geniialische, unter seiner Kleinwüchsigkeit leidende Bohemien Hart waren von Anfang an äußerst gegensätzliche Partner und Freunde gewesen. Rodgers' Vorschlag, das 1931 uraufgeführte Schauspiel *Green Grow the Lilacs* zur Grundlage ihres nächsten Musicals zu machen, lehnte Hart ab. Er zog sich zu einem längeren Urlaub nach Mexico zurück. So tat sich Rodgers erstmalig seit 1919 mit einem anderen Autoren als Lorenz Hart zusammen, um ein Stück auf die Bühne zu bringen. Am 31. März 1943 fand die Premiere des ersten Musicals von Rodgers und Hammerstein mit dem Titel *Oklahoma!* statt und begründete die erfolgreichste Partnerschaft der Musicalgeschichte. Mit seinem Freund Lorenz Hart arbeitete Rodgers nur noch einmal zusammen; im November 1943 fand die Wiederaufführung ihres mit einigen neuen Songs versehenen Erfolgsstückes *A Connecticut Yankee* statt. Bei der Premiere war Lorenz Hart plötzlich verschwunden. Ein paar Tage später fand man den an einer Lungenentzündung verstorbenen Hart in einem New Yorker Hotelzimmer.

Frank Sinatra und **Rita Hayworth** in der Filmversion von *Pal Joey* – 1957.

6.6.1944 Landung der Alliierten in der Normandie

30.4.1945 Selbstmord Hitlers

7.5.1945 Kapitulation der deutschen Wehrmacht

2.9.1945 Kapitulation Japans

1945–1953 Harry S. Truman Präsident der USA

4.10.1945 UN-Charta tritt in Kraft

1946 Juan Perón Diktator in Argentinien

1946–1954 Erster Indochina-Krieg in Vietnam

1947 Unabhängigkeitserklärung Indiens

ab 1947 „Hexenjagd" auf linke Intellektuelle unter Sen. McCarthy

1948 Proklamation des Staates Israel

1948/49 Berlin-Blockade – Alliierte Luftbrücke

Mai 1949 Grundgesetz der BRD tritt in Kraft

Sept. 1949 Proklamation der Volksrepublik China

Okt. 1949 Proklamation der DDR

1950–1953 Korea-Krieg

1951 Erstes Farbfernsehen in den USA

17.6.1953 Arbeiteraufstand in Ost-Berlin

1953–1961 D. E. Eisenhower Präsident der USA

1955 BRD tritt der NATO bei

1955 Gründung des Warschauer Paktes

1956 Elvis Presley: *Hounddog*

1957 USA: Rassenkrawalle in den Südstaaten

1943 – 1957

Zeitenwende

Nach dem japanischen Flugzeugangriff auf den Hafen der amerikanischen Pazifikflotte in Pearl Harbour traten die USA Ende 1942 auf Seiten der Alliierten in den Zweiten Weltkrieg ein. Erneut brachte ein siegreicher Krieg eine Zeitenwende, und erneut spiegelte sich dieses Ereignis in der Kultur der Nation wider. Hatten die musikalischen Satiren der dreißiger Jahre unverhohlen Kritik auch an Repräsentanten der USA geübt, verstummte diese angesichts der gemeinsamen Kriegsanstrengungen und der sich durch Roosevelts Politik konsolidierenden Wirtschaft. Unmittelbar nach dem Ende des Kampfes gegen Nationalsozialismus und japanischen Imperialismus setzte mit dem beginnenden Kalten Krieg ein Wertewandel ein. Die ideologische und wirtschaftliche Auseinandersetzung mit der zur Weltmacht aufgestiegenen Sowjetunion beherrschte in den USA eine von konservativen Überzeugungen geprägte Epoche. Der reaktionäre Senator Joseph McCarthy startete seine als Kampf gegen »unamerikanische Umtriebe« bezeichnete Hexenjagd auf linke Intellektuelle, die angeblich einen kommunistischen Umsturz planten. Das Musical wandte sich zeitloseren und allgemeingültigeren Themen und Klangwelten zu. Die Werke von Richard Rodgers und Oscar Hammerstein trafen präzise den Zeitgeschmack und trugen durch ernsthafte Sujets, komplexere musikalische Umsetzungen und die Aufwertung des Tanzes dazu bei, daß das Genre als Kunstform akzeptiert wurde. Das *Musical Play* oder *Drama* ergänzte nun die *Musical Comedy.* Kein Stoff und keine Vorlage, von Homer über Voltaire bis Truman Capote, von Shakespeare bis Eugene O'Neill, schien den Autoren zu anspruchsvoll zu sein, um Geschichten oder gar Botschaften zu vermitteln. Viele Komponisten ersetzten den einfachen Song durch dem klassischen Musiktheater entlehnte Formen.

Diese allgemeine Tendenz geht einher mit zunehmender Stilvielfalt, entsprechend den individuellen Temperamenten von Komponisten und Autoren. Das Musical erlebt mit romantisch-operettenhaften Werken wie Richard Rodgers' *The King and I* oder Frederick Loewes *My Fair Lady*, mit klassischen *Musical Comedies* wie Irving Berlins *Annie Get Your Gun* und Cole Porters *Kiss Me, Kate*, und mit Stücken wie Frank Loessers *Guys and Dolls* oder Leonard Bernsteins *West Side Story*, die Jazz mit ausgefeilten Kompositionstechniken verbinden, in den vierziger und fünfziger Jahren seine Blütezeit.

Gesamtkunstwerk Musical

Rodgers und Hammerstein: *Oklahoma!*

Bereits mit ihrem ersten gemeinsamen Stück *Oklahoma!* avancierten Richard Rodgers und Oscar Hammerstein 1943 zum erfolgreichsten Team am Broadway. Die Produktion lief 2248 Vorstellungen in Folge und brach alle bisherigen Rekorde um ein Vielfaches. Im Zweijahrestakt schrieb das Erfolgsgespann weitere Musicals, die meist ähnlich lange Laufzeiten verbuchten. Nach der Premiere von *Oklahoma!* am 31. März 1943 erklärten Publikum, Kritik und Kollegen unisono, daß dieses Werk neue Maßstäbe gesetzt habe. Der einflußreiche Journalist Brooks Atkinson sprach in seiner Rezension von einem Gesamtkunstwerk im wagnerischen Sinne, und Cole Porter konstatierte lakonisch, das Schreiben von Musicalpartituren drohe angesichts von Rodgers' und Hammersteins Leistung zur schweren Arbeit zu werden.

Daß Rodgers' und Hammersteins erste gemeinsame Produktion *Oklahoma!* als nur mit *Show Boat* vergleichbarer Meilenstein gefeiert wurde, läßt

The Golden Apple (1954) mit der Musik von **Jerome Moross** und den Texten von **John Latouche** war eine in die damalige Gegenwart übertragene Adaption von Homers Oydssee. Für seine illustre Vorlage, die intelligente Adaption und den weitgehenden Verzicht auf gesprochene Dialoge wurde das Werk seinerzeit hochgelobt, scheiterte aber an der Theaterkasse.

1943 – 1957

Oklahoma! beeinflußte die Musicalentwicklung mehr als irgendein anderes Werk des Genres. Der Titelsong *Oklahoma!*, hier dargeboten vom Ensemble der Erstaufführung, wurde 1953 zur Hymne des gleichnamigen Bundesstaates.

> »Wenn eine Show perfekt funktioniert, dann, weil alle Teile sich gegenseitig ergänzen und zueinander passen. In einem tollen Musical klingen die Arrangements so wie die Kostüme aussehen. Deswegen hat *Oklahoma!* funktioniert. Es war ein Werk vieler, wirkte aber wie das Werk eines einzigen.«
> Richard Rodgers

Richard Rodgers (links) und **Oscar Hammerstein** (rechts) hatten Ende der vierziger, Anfang der fünfziger Jahre eine vergleichbare Vormachtstellung inne wie Andrew Lloyd Webber in den achtziger Jahren.

1943 – 1957

sich aus heutiger, europäischer Sicht schwer nachvollziehen. Viele der Innovationen des Werkes sind seither zu Konventionen geworden. Zudem bot *Oklahoma!* nichts absolut Neues: Eine ernsthafte Geschichte hatten schon *Porgy and Bess* oder *Pal Joey* erzählt, das Ballett war bereits Teil der Handlung von *On Your Toes* gewesen, und wie man Traumsequenzen mit musikalischen und tänzerischen Mitteln erzählt, hatte Kurt Weills *Lady in the Dark* zwei Jahre zuvor gezeigt. *Oklahoma!* gilt gleichwohl als stilprägendes und innovatives Musical, weil es die Integration von Handlung, Musik- und Tanznummern weiter vorantrieb. Waren *Show Boat* oder *Porgy and Bess* bewunderte Einzelleistungen ohne große Folgen gewesen, setzten die Produktionen von Rodgers und Hammerstein die Idee eines »Gesamtkunstwerkes« Musical auf breiter Ebene durch.

Oklahoma! erzählt vom beschaulichen Landleben in einem Indianerterritorium Anfang des 20. Jh. im nicht mehr ganz so wilden Westen. Die hübsche Laurey steht zwischen zwei Männern, dem heiteren Cowboy Curly und dem düsteren Farmarbeiter Jud. Die Rivalität der beiden eskaliert bei einer traditionellen Versteigerung von Picknickkörben, die von den jungen Frauen der Umgebung gestiftet wurden. Als Curly sein Pferd, seinen Sattel und seinen Revolver verkauft, um Juds Gebot für Laureys Korb übertreffen zu können, entscheidet sich Laurey endgültig für ihn. Am Tag ihrer Hochzeit zettelt der eifersüchtige Jud eine gewalttätige Auseinandersetzung an, bei der er in sein eigenes Messer stürzt und stirbt. Dem Glück von Laurey und Curly steht nun nichts mehr im Wege; das Indianerterritorium wird unter dem Namen Oklahoma US-Bundesstaat.

Oft stehen Librettisten und Songtexter im Schatten der Komponisten. Doch Rodgers' Wechsel von Lorenz Hart zu Oscar Hammerstein läßt den

Einfluß ahnen, den ein Autor auf die Musik ausüben kann. Sein Stil wandelte sich in der Zusammenarbeit mit Hammerstein und näherte sich auch in Orchestrierung und gesanglichem Ausdruck der Klangwelt der Operette an. Der Einfluß des Jazz auf viele mit Lorenz Hart geschriebene Songs beschränkt sich in Rodgers' späteren Kompositionen meist auf einen kaum noch wahrnehmbaren Off-Beat. Hammersteins gutmütiger Humor entsprach eher der Beschaulichkeit des *Oklahoma!*-Stoffes als Lorenz Harts großstädtischer und sarkastischer Witz. Seine Liedtexte sind bewußt schlicht; ihre Komik entspringt nicht wie bei Hart geschliffenen und aberwitzigen Versen, sondern den Situationen und Charakteren. Das Lied *I Cain't Say No*, in dem ein Mädchen kundtut, sie könne keinem Mann etwas abschlagen, wäre bei Porter oder Hart zu einem koketten Kommentar voller erotischer Anspielungen geworden: Mit *Always True to You in My Fashion* schrieb Cole Porter für *Kiss Me, Kate* einen Song dieser Art. Bei Hammerstein hingegen ist es die naive und aufrichtige Aussage eines Mädchens, das sich sein nur scheinbar promiskuitives Verhalten nicht erklären kann. Auf diese Weise vermögen Hammersteins Verse Emotionen in einfachen, den Figuren entsprechenden Worten auszudrücken. Rodgers' Musik greift diesen Tonfall auf und nimmt die Gefühle der Figuren ernst. Der versierte Komponist, der viele seiner Songs in kürzester Zeit schrieb – *Oh, What a Beautiful Morning* soll in nur zehn Minuten entstanden sein – beherrschte die schwierige Kunst, einfach zu sein. Sein Augen-

»Pore Jud is Dead!«: Seinen eigenen Tod hatte der Außenseiter Jud selbst mit Curly in einem makabren Duett ausgemalt – Szenenfoto aus einem Broadway-Revival.

Viel zum Ruf von *Oklahoma!* trug die lange, von **Agnes de Mille** choreographierte Ballettsequenz am Ende des ersten Aktes bei. Kaum eine ambitionierte Produktion mochte

fortan auf eine seriöse, einen Inhalt vermittelnde Ballettsequenz verzichten. In einem tänzerisch dargestellten Traum hat Laurey düstere Vorahnungen den Konflikt zwischen Curly und Jud betreffend. Wo ein anderes Musical sein Publikum mit einer heiteren Nummer in die Pause entlassen hätte, setzten **Rodgers** und **Hammerstein** mit dem Verweis auf Curlys möglichen Tod einen Spannungshöhepunkt.

1943 – 1957

George Bizets 1875 entstandene Oper *Carmen* war ein Vorbild für die von Gershwin und Weill angestrebte »amerikanische Volksoper«. Unter Verwendung der originalen Partitur Bizets amerikanisierte **Oscar Hammerstein** 1943 das Werk und brachte es mit einer schwarzen Besetzung unter dem Titel *Carmen Jones* heraus – Foto aus der Verfilmung mit **Dorothy Dandridge** und **Harry Belafonte**.

merk galt mehr als das anderer Tonsetzer der Theaterwirksamkeit seiner Musik. Figuren werden durch Lieder etabliert: Während Curly mit dem gutgelaunten *Oh, What a Beautiful Morning!* auftritt, ist seinem Gegenspieler Jud der einzige in Moll gesetzte Song *Lonely Room* zugeordnet, der seine Einsamkeit und Frustration widerspiegelt. Die Motive der zwölf Musiknummern von *Oklahoma!* ziehen sich durch das gesamte Stück. Einzelne Lieder werden, von Dialogen durchbrochen, in Reprisen wieder aufgenommen, von anderen Figuren weitergeführt, ergänzt, variiert. Auf diese Weise schufen Rodgers und Hammerstein ein enges Beziehungsgeflecht zwischen Handlung und Musik. Allerdings treiben die Songs, so prägnanter Ausdruck von Charakteren und Emotionen sie auch sind, die Handlung nie wirklich voran, die Situation am Ende einer Musiknummer ist selten eine andere als vorher. Dementsprechend bieten die wenigen dramatischen Momente in *Oklahoma!* wie die Versteigerung der Picknickkörbe pure Schauspielhandlung ohne eine musikalische Umsetzung.

Rodgers' und Hammersteins Kassenschlager veranlaßten andere Produzenten, Komponisten und Autoren, außergewöhnliche Sujets anzugehen und nach ambitionierten musikalischen Umsetzungen zu suchen. Sie selbst beherrschten in den nächsten Jahren das Musical wie später nur noch Andrew Lloyd Webber.

Von *Carousel* bis *The Sound of Music*
Auch die folgenden Werke Rodgers' und Hammersteins stehen musikalisch und inhaltlich der Operette nah. Dem Bemühen um Seriosität entsprach der von wertkonservativen Ansichten und politischer Korrektheit geprägte Ernst, der Oscar Hammersteins Büchern eigen ist. Ihr 1945 entstandenes Stück *Carousel*, eine Adaption von Ferenc Molnars Budapester Vorstadtlegende *Liliom*, verlegten sie in den Neu-England-Staat Maine

und ins Jahr 1873. Molnar hatte sowohl Gershwin als auch Puccini die Rechte für eine Musiktheateradaption seines Schauspiels *Liliom* verweigert. Nachdem er *Oklahoma!* gesehen hatte, war er jedoch überzeugt, daß sein Stoff bei Rodgers und Hammerstein in besten Händen sei. Das pessimistische Ende der Vorlage deuteten Rodgers und Hammerstein in ein hoffnungsvolleres um: Am Ende erklingt die mächtige und tröstende Hymne *You'll Never Walk Alone*, eine von Rodgers' schönsten Kompositionen. Anstelle der üblichen Ouvertüre, einem Potpourri der einzelnen Musiknummern, begann das Stück mit einer Ballettpantomime des gesamten Ensembles, zu der Richard Rodgers mit dem schwungvollen *Carousel Waltz* eine beeindruckende Musik komponiert hatte. Mit dem Duett *If I Loved You* von Billy und Julie setzten Rodgers und Hammerstein ihr in *Oklahoma!* erprobtes musikdramaturgisches Konzept der Verknüpfung von gesungenem und gesprochenem Dialog fort: In einer zehnminütigen Sequenz lösen sich Liedverse und gesprochene Texte ab, zeichnen das Wechselspiel von Annähern und Ausweichen, von Sehnsucht und Mißtrauen zwischen den sich ineinander Verliebenden nach. *Soliloquy*, der innere Monolog des zukünftigen Vaters Billy Bigelow, geht weit über die einfache Songform hinaus; Rodgers und Hammerstein fanden für die widersprüchlichen Gefühle ihrer Figur einen fast sinfonischen musikalischen Ausdruck, der seine

Freude, Ängste, Pläne und Hoffnungen bezüglich seines Kindes in allen Nuancen wiedergibt.

Mit dem auf einer Pazifikinsel während des Zweiten Weltkriegs spielenden *South Pacific* (1949) wandten sich Rodgers und Hammerstein

Carousel ist eine Parabel über menschliche Sehnsüchte und Schwächen und die Unvermeidbarkeit von Schuld. Die Fabrikarbeiterin Julie erwartet von dem geliebten Taugenichts und Rummelplatzbeau Billy Bigelow ein Kind. Billy

kommt bei einem Raubüberfall ums Leben. Fünfzehn Jahre später erhält er von den himmlischen Autoritäten die Chance, für einen Tag die Erde aufzusuchen, um eine gute Tat zu vollbringen. Er sucht unerkannt seine Tochter Louise auf und gibt ihr einen kleinen Stern, den er heimlich entwendet hatte. Als sie zurückschreckt, wird er erneut schuldig und ohrfeigt sie: Doch der Stern wird die einsame Louise zukünftig beschützen.

1943 – 1957

Zu den beeindruckendsten Revivals der neunziger Jahre am Broadway gehörte *Carousel*, das vom *Miss-Saigon*-Regisseur **Nicholas Hytner** mit großem visuellen Einfallsreichtum neu inszeniert wurde.

Rodgers' und **Hammersteins** dritte Zusammenarbeit *Allegro* (1947) handelt von einem Mediziner, der – angetrieben von seiner ehrgeizigen Frau – in Chicago als Modearzt Karriere macht, um am Ende zu erkennen, daß das Glück des Menschen nicht im Reichtum liegt. Er kehrt in die idyllische Kleinstadt zurück, wo menschliche Beziehungen noch intakt sind und er als Arzt gebraucht wird.

Den Song *I'm Gonna Wash That Man Right Out of my Hair* setzte **Mary Martin** in der Erstaufführung von *South Pacific* wortwörtlich um, indem sie sich auf offener Bühne die Haare wusch.

der unmittelbaren Vergangenheit zu. Vor dem Hintergrund des Kampfes gegen die Japaner griffen sie anhand zweier Liebesgeschichten das Thema von Rassenvorurteilen auf: Eine amerikanische Krankenschwester steht nicht zu ihrer Liebe zu einem französischen Plantagenbesitzer, weil dieser zwei Kinder von einer Eingeborenen hat. Zur gleichen Zeit verlieben sich ein US-Marineleutnant und eine Insulanerin ineinander. Bei einer gefährlichen Militärmission kommt der Leutnant ums Leben, während der französische Pflanzer zunächst verschollen bleibt. Die Krankenschwester wirft ihre Vorurteile über Bord, kümmert sich um die farbigen Kinder und heiratet schließlich den zurückkehrenden Geliebten. *South Pacific*, das erste Musical, das die Schrecken des Krieges zeigt, war ein Plädoyer gegen Rassenvorurteile und wurde mit dem Pulitzer-Preis als bestes Drama des Jahres ausgezeichnet.

The King and I (1951) basiert auf den Tagebucherinnerungen von Anna Harriette Leonowens, die von 1862 bis 1867 Erzieherin der Kinder des Königs Mongkut von Siam war. Das Aufeinandertreffen von westlicher und fernöstlicher Kultur bot ein spannungsreiches Thema. Die Beziehung zwischen der englischen Lehrerin und dem trotz allen Interesses an westlicher Zivilisation despotischen Herrscher ist äußerst vielschichtig dargestellt: Ihren gegensätzlichen Anschauungen über Menschenrechte und das Verhältnis von Mann und Frau zum Trotz entsteht zwischen dem patriarchalischen König und der sich altjüngferlich gebenden Engländerin Sympathie und Verständnis.

Rodgers' und Hammersteins folgende Musicals *Me and Juliet* (1953), *Pipe Dream* (1955) und *Flower Drum Song* (1958) schrieben alle schwarze Zahlen, standen jedoch im Schatten der großen Erfolgsstücke. Ihre letzte Zusammenarbeit, *The Sound of Music*, brachte dem Duo 1959 einen weiteren Triumph. Während die Produktion noch erfolgreich am Broadway lief, verstarb 1960 Oscar Hammerstein. Zu *No Strings* (1962) schrieb Richard Rodgers daher erstmalig selbst die Songtexte. Für seine folgenden Musicals engagierte er die renommiertesten

Songtexter. Doch weder Hammersteins Protegé Stephen Sondheim, der sich auch als Komponist bereits einen Namen gemacht hatte, noch Alan

Jay Lerner (*My Fair Lady*) oder Sheldon Harnick (*Fiddler on the Roof*) kamen mit Rodgers zurecht. Mit seinen Werken in den sechziger und siebziger Jahren traf er nicht mehr wie in der Vergangen-

heit Zeitgeist und Publikumsgeschmack. Dennoch arbeitete Richard Rodgers bis zu seinem Tode im Jahr 1979 beständig an weiteren Musicals, von denen nur sein letztes, *I Remember Mama,* ein kommerzieller Fehlschlag war.

Die Meisterwerke: Berlin und Porter

Irving Berlins *Annie Get Your Gun*

Rodgers und Hammerstein betätigten sich auch als Produzenten. Für ein Musical um die historische Kunstschützin Annie Oakley, die als Mitglied von Buffalo Bills Wildwestzirkus die Welt bereiste, hatten sie ihr Idol Jerome Kern als Komponisten gewonnen. Doch Kern erlag im November 1945 einem Gehirnschlag. Rodgers und Hammerstein fragten daher bei Irving Berlin an, ob er die Musik zu dem Projekt *Annie Get Your Gun* komponieren

n *The King and I* gelang **Rodgers** und **Hammerstein** sowie dem Choreographen **Jerome Robbins** mit *Shall We Dance?* eine zugleich amüsante und berührende Sequenz: In Musik und Tanz, schwungvoller Bewegung und plötzlichem Innehalten offenbart sich eine nie angesprochene erotische Spannung zwischen Anna und dem König von Siam. **Yul Brunner** wurde durch die Rolle des Königs zum Weltstar.

Bei *No Strings* (1962), der Liebesgeschichte ohne Happy End zwischen einem weißen Publizisten und einem schwarzen Topmodel, entsprach **Rodgers** durch den Verzicht auf Streicher (*No Strings!*) und eine realistische Erzählweise dem Zeitgeschmack. Offen gezeigte Umbauten und die Plazierung der Musiker auf der Bühne gehörten zu den Neuerungen der Produktion.

1943 – 1957

Ort der Handlung von *Sound of Music* ist Salzburg in den dreißiger Jahren. Die mit der Erziehung der sieben Kinder des verwitweten Barons von Trapp beauftragte Novizin Maria gewinnt mit ihrer fröhlichen Art und dem von ihr initiierten gemeinsamen Singen die Sympathie ihrer Schützlinge und die Liebe des Barons.

wolle. Berlin zögerte: Ihm war der Unterschied zwischen seinen Schlagern für Revuen oder die Plattenindustrie und einer der Handlungs- und Figurenentwicklung dienenden Bühnenmusik bewußt. Er bat sich eine Woche Bedenkzeit aus. Als er wieder mit Rodgers und Hammerstein zusammentraf, hatte er zwar noch keine Entscheidung gefällt, zur Probe aber einige Musiknummern komponiert. Berlins Frage, ob Songs wie *There's No Business Like Show Business* den Anforderungen genügten, konnten die verblüfften Produzenten nur bejahen. Die Musik zu *Annie Get Your Gun* (1946) reicht von furiosen Up-Tempo-Nummern wie der erwähnten Hymne der Unterhaltungsbranche *There's No Business Like Show Business* über pfiffige Duette wie *Anything You Can Do (I Can Do Better)* bis zu Balladen von echtem Sentiment wie *They Say It's Wonderful*. Irving Berlins Kunst, aus einem alltäglichen Satz und einer einfachen musikalischen Phrase einen

Ethel Merman bewies in der Titelrolle von *Annie Get Your Gun* ihre komischen Qualitäten mit der drastisch selbstironischen Erkenntnis, daß Männer nicht mit der Flinte zur erobern sind *(You Can't Get a Man With a Gun)*, überraschte das Publikum aber auch mit berührendem Spiel.

ganzen Song zu entwickeln, zeigt sich beispielhaft in *Anything You Can Do*: Die scherzhafte Auseinandersetzung zwischen den verliebten Kunstschützen Annie und Frank wird zu einem komischen Sängerwettstreit, wer länger einen Ton halten oder »süßer« singen kann. *Annie Get Your Gun* begründete ein Subgenre des Musicals, das Biographien von Persönlichkeiten des Show Business zu seinem Gegenstand macht. Irving Berlin schrieb die Musik zu drei weiteren Musicals, von denen die Politkomödie *Call Me Madam* (1950) um eine Partylöwin, die von Präsident Truman zur Botschafterin in Luxemburg ernannt wird, am ehesten an den Erfolg von *Annie Get Your Gun* anknüpfen konnte.

1943 – 1957

Cole Porters *Kiss Me, Kate*

Wie Irving Berlin bei *Annie Get Your Gun* hatte auch Cole Porter Bedenken, als ihm das Autorenehepaar Bella und Sam Spawick vorschlug, die Songs zu ihrer Adaption von Shakespeares *Der Widerspenstigen Zähmung* zu schreiben. Seine beiden letzten Stücke waren Mißerfolge gewesen. Auch Porters melancholisches Lied vom Schmerz des Abschiednehmens *Every Time We Say Goodbye I Die a Little* hatte die Revue *Seven Lively Arts* nicht retten können, und die von Orson Welles produzierte und inszenierte Extravaganza *Around the World in 80 Days* nach Jules Verne mußte nach nur wenigen Vorstellungen abgesetzt werden. Porter war sich nach den Erfolgen von Rodgers und Hammerstein darüber im klaren, daß die Zeiten, wo er einfach seine Songs geschrieben und sich nicht weiter um das Ganze gekümmert hatte, vorbei waren. Er widerstand der Versuchung, sich zurückzuziehen und in Ruhe die Freuden seines Reichtums zu genießen. Stattdessen schrieb er für *Kiss Me, Kate* pfiffige Songs und wirkungsvolle Bühnenmusik.

Die musikalische Komödie bietet Theater auf dem Theater und wirft einen Blick hinter die Kulissen: Für ein Musical nach Shakespeares Komödie um die Zähmung der männerhassenden Katarina durch den Weiberhelden Petrucchio engagiert der Produzent und Hauptdarsteller Fred Graham seine Ex-Frau Lilli Vanessi als Partnerin. Alte Gefühle und Zwistigkeiten leben schon bei den Testaufführungen wieder auf. Auch die miteinander liierten Nebendarsteller liefern sich lustvolle Auseinandersetzungen: Bill bezichtigt Lois der Promiskuität, sie wirft ihm seine Spielsucht vor. Lilli will die Show verlassen, weil Fred mit Lois flirtet. Zwei Ganoven setzen Fred wegen eines von ihm angeblich ausgestellten Schecks unter Druck; Bill hatte, um seine Spielschulden begleichen zu können, Freds Unterschrift gefälscht. Die Konflikte

Irving Berlins *Annie Get Your Gun* – hier 1997 in einer Aufführung des Theaters Erfurt – basiert auf der authentischen Geschichte **Annie Oakleys,** die als Fünfzehnjährige in einem Wettschießen ihren späteren Ehemann, den Kunstschützen **Frank E. Butler** besiegte. Zu den historischen Figuren, die in dem Musical auftauchen, gehören auch der Jäger und Zirkusunternehmer **Buffalo Bill** und der legendäre Sioux-Häuptling **Sitting Bull,** der wie das Schützenpaar einige Jahre lang ein Star in *Buffalo Bill's Wild West Show* war.

1943 – 1957

Kiss Me, Kate: In der Rolle des Petrucchio kann Fred seine widerspenstige Frau Lilli, die die Katarina spielt, ungestraft übers Knie legen. Szene aus der 1953 entstandenen Verfilmung, in der **Kathryn Grayson** und **Howard Keel** die Hauptrollen spielten.

Kiss Me, Kate: Mit ihrer literarischen Empfehlung »Schlag nach bei Shakespeare« beweisen die beiden Ganoven, daß acht Jahre Gefängnisbibliothek nicht spurlos an ihnen vorübergegangen sind. Szenenfoto der originalen Broadwayproduktion, 1958.

zwischen den Paaren der Rahmenhandlung und den Bühnenfiguren vermischen sich und werden teils hinter den Kulissen, teils auf offener Bühne ausgetragen. Doch wie Shakespeares Stück im Stück enden auch die verzwickten Liebesgeschichten der Komödianten mit einer Versöhnung der streitbaren Paare.

Cole Porters Musik füllt die Lücken, die Bella und Sam Spawicks Buch läßt, aus: Mehr als jeder Dialog vermocht hätte, drückt der Wiener Walzer *Wunderbar* die immer noch wirksame Anziehung zwischen Fred und Lilli, ihre verklärten Erinnerungen und zugleich die ironische Distanzierung von diesen Gefühlen aus. Porter nutzt den Kontrast von moderner Rahmenhandlung und Shakespeares italienisch angehauchter Renaissancewelt, um sich ungeniert aller erdenklichen musikalischen Stile aus Hoch- und Subkultur zu bedienen. Lillis ernste und berührende Arie *So In Love*, in der sie sich ihre ungebrochene Liebe zu Fred eingesteht, wird kontrastiert mit dem coolen Jazz von *It's Too Darn Hot*. Zitiert werden Madrigale und andere musikalische Elemente der Renaissance, während das Duett *Brush Up Your Shakespeare* der beiden belesenen Ganoven auf den um die Jahrhundertwende populären amerikanischen Bowery-Walzer zurückgeht: Porters Songtexte, in denen er Amerikanismen mit parodiertem elisabe-

thanischen Englisch und Anspielungen auf Shakespearedramen, die amerikanische Politik oder Berühmtheiten der Theaterwelt mixte, sind gewohnt geistreich. Zu *Kiss Me, Kates* anhaltender Popularität in Deutschland trug die kongeniale

Übersetzung des Kabarettisten Günter Neumann bei, der Porters kunstvolle Verse adäquat ins Deutsche übertrug.

Dem allgemeinen Trend der Orientierung an klassischen Musiktheaterformen entsprach auch Cole Porter, indem er sich mit *Out of This World* auf das Terrain der Operette begab. Im Gegensatz zu Richard Rodgers oder Frederick Loewe orientierte er sich aber nicht an den gemütvollen späteren Werken der Gattung, sondern seinem Temperament entsprechend am frecheren und frivoleren Œuvre Jacques Offenbachs. Wie *Orpheus in der Unterwelt* ist Porters *Out of This World* eine Mythentravestie: Die dem *Amphitryon*-Stoff entlehnte Geschichte konfrontiert ein amerikanisches Paar im modernen Griechenland mit dem vom Olymp herabsteigenden Gottvater Jupiter, den es einmal mehr nach einer Affäre mit einer Sterblichen gelüstet. Begleitet wird Jupiter vom eloquenten Götterboten Merkur, verfolgt von seiner eifersüchtigen Gattin Juno. Nie zuvor hatte Porter eine derart geschlossene und ambitionierte Musik komponiert, doch ein schwerfälliges Libretto und wohl auch der prüde Zeitgeschmack verhinderten den erwarteten Erfolg am Broadway.

Mit mehr Glück verklärte Porter in *Can-Can* 1953 das Paris des Fin-de-Siècle. Die Besitzerin eines Tanzlokals setzt gegen den Widerstand der Obrigkeit den als anstößig empfundenen Can-Can durch, indem sie den zuständigen Staatsanwalt verführt. Dem französischen Lokalkolorit entsprach Porter mit Liedern wie *C'est Magnifique* und *I Love Paris*, das in Deutschland unter dem Titel *Ganz Paris träumt von der Liebe* bekannt wurde. Gegen Ende seiner Karriere schrieb

Porters *Out Of This World* handelt, wie Jupiters Auftrittslied unmißverständlich klarstellt, von der Lust auf Sex. Dem Bostoner Magistrat waren bei den Try-Outs 1950 einige Kostüme zu freizügig und manche Liedzeile zu schlüpfrig. Dem Produzenten wurde daraufhin eine Liste mit präzisen Änderungswünschen vorgelegt.

1943 – 1957

Can-Can bot **Cole Porter** Gelegenheit zu einer weiteren Hommage an **Jacques Offenbach** und an Paris – Plakat der 1960 mit **Shirley MacLaine** und **Frank Sinatra** entstandenen Verfilmung.

Porters letztes Bühnenmusical, *Silk Stockings* (1955), war eine Adaption von Ernst Lubitschs eleganter Filmkomödie Ninotchka. Die ursprünglich von Greta Garbo gespielte Rolle der sowjetischen Kommissarin Ninotchka, die in Paris dem Charme der Stadt und des Kapitalismus verfällt, übernahm am Broadway **Hildegarde Neff** (d.i. Hildegard Knef). Ihr Partner war ein weiterer Filmstar, **Don Ameche**.

Porter 1956 noch einige seiner bekanntesten Lieder für den Film *High Society*, darunter das von Bing Crosby gesungene romantische *True Love*, den Louis Armstrong auf den Leib geschriebenen *High Society Calypso* und ein amüsantes Duett für Frank Sinatra und Celeste Holm, *Who Wants to Be a Millionaire*. In den letzten Jahren bis zu seinem Tod im November 1964 lebte Cole Porter zurückgezogen von der Öffentlichkeit.

Neue Namen: Loesser und Styne

Frank Loessers *Guys and Dolls*

Während mit Irving Berlin und Cole Porter zwei Routiniers ihre Meisterwerke schufen, gelang es einigen jüngeren Komponisten, sich mit Werken durchzusetzen, die gleichfalls zu den heute noch gespielten Klassikern des Musicals zu zählen sind. Frank Loessers *Guys and Dolls* ist eins davon. Der 1910 in New York geborene Loesser hatte sich zunächst als Songtexter für Schlager von Jule Styne, Friedrich Hollaender oder Hoagy Carmichael einen Namen gemacht, bevor er sich auch dem Komponieren zuwandte. Seinen Einstand am Broadway feierte er 1948 mit einer vielbeachteten Musicalfassung von Brandon Thomas' Komödiendauerbrenner *Charleys Tante*. Die Kritik staunte über Loessers musikalische Versiertheit. Den Erfolg von *Where's Charley?* übertraf Loesser zwei Jahre später mit *Guys and Dolls*. Wie Brechts und Weills 1929 in Berlin uraufgeführtes *Happy End* entstand *Guys and Dolls* nach Damon Runyons »Grotesken vom Broadway«. Ursprünglich hatten

Ray Bolger als Charleys Tante in **Frank Loessers** *Where's Charley?*

1943 – 1957

die Produzenten nach dem Vorbild von Rodgers' und Hammersteins Werken eine ernste und romantische Liebesgeschichte konzipiert. Nachdem sich jedoch elf Librettisten vergeblich um eine Adaption in diesem Sinne bemüht hatten, schrieb Abe Burrows das Buch zu einer *Musical Comedy*. Burrows und Loesser bildeten zusammen mit dem Regisseur George S. Kaufman die Welt der kleinen Gauner, Spieler und Bardamen um den New Yorker Times Square der zwanziger Jahre nach. Wie in *My Fair Lady* ist eine Wette Auslöser der Handlung: Der Spieler Sky Masterson behauptet, jede Frau, selbst die Heilsarmeeaktivistin Sarah Brown, verführen zu können. Sein Kollege Nathan Detroit hält dagegen; doch Sky gelingt es tatsächlich, Sarah zu einem gemeinsamen Trip nach Havanna zu überreden. Dabei verlieben sie sich zu ihrer beider Überraschung ineinander. Sarah ist enttäuscht, als sie von der Wette erfährt. Um sie nicht zu kompromittieren, verzichtet Sky auf seinen Gewinn und erklärt Nathan, Sarah habe ihm widerstanden. Zur Rettung von Sarahs Missionsstation, die aufgrund mangelnder Erfolge bei der Bekehrung von Sündern geschlossen werden soll, läßt sich Sky auf eine weitere Wette ein. Er gewinnt beim Würfelspiel, und die Verlierer müssen ihr beträchtliches Sündenregister den Heilsarmeedamen beichten. Damit ist Sarahs Mission gerettet, und sowohl sie und Sky als auch

Guys and Dolls: Das Happy End mit ihrem Dauerverlobten Nathan heilt die ewig verschnupfte Adelaide von ihren psychosomatischen Beschwerden. – Szenenfoto aus einer Wiederaufführung 1994 am Broadway.

Nathan und seine langjährige Dauerverlobte Adelaide heiraten. Loessers eklektizistische Musik konfrontiert jazzige Balladen mit nachgebildeten Heilsarmeechorälen, rhythmische Ensemblenummern mit Gospelsongs und Kanons. Die hartgesottenen

Frank Loessers *The Most Happy Fella* (1956) ist ein Volksstück um Tony, einen älteren italienischen Weinbauern in Kalifornien, der einer jungen Kellnerin brieflich einen Heiratsantrag macht. Da sie ihn nicht kennt, legt er aus Angst, sie könne ihn aufgrund seines Alters und Aussehens verschmähen, ein Foto des jungen Arbeiters Joe bei. Rosabella willigt in die Heirat ein, verliebt sich jedoch in Joe, der sie abholt, weil Tony einen Unfall hatte. Aus Mitleid mit Tony und Liebe zu Joe, von dem sie bald darauf ein Kind erwartet, bleibt sie auf dem Weingut. Mit der Zeit finden Rosabella und Tony, der bereit ist, ihr Kind zu adoptieren, doch noch zusammen. Szenenfoto der originalen Broadwayproduktion.

1943 – 1957

How To Succeed in Business Without Really Trying: Der naßforsche Aufsteiger J. Pierpont Finch macht sich bei seinem Vorgesetzten durch gemeinsames Absingen von dessen Universitätshymne beliebt. Szenenfoto der New Yorker Erstaufführung 1961.

1943 – 1957

Zocker singen eine kunstvolle Fuge, und im Klagelied der frustrierten Nachtclubtänzerin Adelaide treffen Blueselemente und psychoanalytisches Vokabular aufeinander. Zur Vielfalt seiner Musik meinte Loesser, »wenn ein Lied nach Verdi, Berlin oder Scarlatti klingt, ist das legitim. Ich erfinde keine Sprachen, ich benutze sie.« Diesem Prinzip blieb er auch in seinem nächsten, erst sechs Jahre später entstandenen Werk *The Most Happy Fella* treu. Trotz der klassisch geschulten Stimmen der für die Produktion engagierten Opernstars, trotz einer opulenten Partitur mit über dreißig durch Rezitative verbundenen Musiknummern, die zwischen broadwaytypischen Balladen, italienischen Folkloremotiven und opernhaften Arien und Duetten variieren, bestand Loesser darauf, daß es sich bei seinem Werk um keine Oper, sondern um ein »erweitertes *Musical Play*« handle.

Mit *The Most Happy Fella* hatte Loesser die Idee einer amerikanischen Volksoper aufgegriffen. *How To Succeed in Business Without Really Trying* war hingegen eine bissige Satire auf rücksichtsloses Karrierestreben, Vetternwirtschaft und Mobbing in der Geschäftswelt. Hatte bislang im Zentrum nahezu aller Musicals eine Liebesgeschichte gestanden, richtet der vom Fensterputzer zum Aufsichtsratsvorsitzenden aufsteigende Karrierist J. Pierpont Finch das einzige Liebeslied *I Believe in You* an sein eigenes Spiegelbild.

Das von Frank Loesser protegierte Gespann Richard Adler (Musik) und Jerry Ross (Songtexte) siedelte die 1954 entstandene Komödie *The Pajama Game* ebenfalls in der Arbeitswelt an. Mit dem Stück um die Auseinandersetzungen zwischen Gewerkschaft und Unternehmensleitung einer Pyjamafabrik debütierte auch der Choreograph Bob Fosse. Adlers und Ross' folgende Komödie *Damn Yankees* (1955) handelt von einem Baseballfan, der seine Seele dem Teufel verkauft, um seinen »Washington Senators« zum Sieg gegen die übermächtigen »New York Yankees« zu verhelfen. Jerry Ross' Tod 1955 beeinträchtigte die so vielversprechend begonnene Karriere des Komponisten Richard Adler, der ohne seinen Partner nicht an die frühen Erfolge anzuknüpfen vermochte.

Jule Styne

Obwohl sechs seiner zwölf zwischen 1947 und 1964 uraufgeführten Musicals am Broadway lange Laufzeiten erzielten, gehört der 1905 in London geborene, seit 1913 in Chicago aufgewachsene Jule Styne zu den weniger bekannten Komponisten. Songs wie *Diamond's Are a Girl's Best Friend* und *People* werden eher mit Interpretinnen wie Marilyn Monroe oder Barbra Streisand in Verbindung gebracht. Komödiantinnen wie Judy Holliday in *Bells Are Ringing* oder Ethel Merman in *Gypsy* verdanken Styne, durch die ihnen auf den Leib geschriebenen Songs, große persönliche Erfolge. Carol Channing in *Gentlemen Prefer Blondes* und Barbra Streisand in *Funny Girl* (1964) gelang mit seiner Musik der Durchbruch. *Funny Girl* erzählt die Geschichte des späteren Revuestars Fanny Brice, die den legendären Produzenten Florenz Ziegfeld mit dem Song *I'm the Greatest Star* für sich einzunehmen versucht, obwohl sie nicht unbedingt dem Schönheitsideal seiner *Follies* entspricht. Die dynamische und rasend komische Selbstanpreisung belegt Stynes sicheres Gespür für wirkungsvolle Shownummern, die oft – wie auch *Diamond's Are a Girl's Best Friend* – dem Publikum mit einem Augenzwinkern serviert werden können.

Styne hatte im Chicago der zwanziger Jahre nicht nur ein Klavier- und Kompositionsstudium absolviert, sondern auch davon profitiert, daß seine Heimatstadt zu jener Zeit New Orleans als Zentrum der Jazzmusik ablöste. Dem von ihm

In *Damn Yankees* wird ein alternder Baseballfan nicht nur vom Teufel, sondern auch von der Hexe Lola in Versuchung geführt. – **Jerry Lewis** war in der Spielzeit 1996/97 der Star eines Revivals.

1943 – 1957

Funny Girl in einer Aufführung des Staatstheaters am Gärtnerplatz mit **Sona MacDonald** – München 1997.

geleiteten Jazzensemble gehörten Anfang der dreißiger Jahre legendäre Solisten wie Benny Goodman oder Bix Beiderbecke an. Über den Umweg Hollywood gelangte Styne an den Broadway, wo er mit der Gaunerkomödie *High Button Shoes* 1947 einen Einstieg nach Maß feierte. *Gentlemen Prefer Blondes* (1949) nach den amüsanten Kurzgeschichten von Anita Loos war eine Hommage an das Jazz-Zeitalter und die *Musical Comedies* der zwanziger Jahre. Jule Styne blieb der Komödie treu und arbeitete seit *Two in the Aisle* (1951) meist mit Betty Comden und Adolph Green zusammen, einem Autorenpaar, das zahlreiche bekannte *Musical Comedies* verfaßte. Ihr 1956 von Jerome

Ethel Merman und der als Fernsehstar bekannt gewordene **Jack Klugman** in der Erstaufführung von *Gypsy*. Mermans kraftvolle Charakterstudie der ehrgeizigen Mutter von Gypsy Rose Lee trug wesentlich zum Erfolg der Produktion bei. Wie schon Cole Porter in *Anything Goes* oder Irving Berlin in *Annie Get Your Gun* schrieb **Jule Styne** der Darstellerin Songs auf den Leib und die Kehle.

Robbins inszeniertes und choreographiertes *Bells Are Ringing* handelt von einer schüchternen Telefonistin, die sich in die Stimme eines Schriftstellers verliebt. Viele von Stynes Musicals sind in der Unterhaltungsbranche angesiedelt: *Say, Darling* (1958) basiert auf den realen Erlebnissen des Romanciers Richard Bissell bei der Produktion zu dem von ihm geschriebenen Adler und Ross-Musical *The Pajama Game*. Andere Stücke mit Stynes Musik spielen im Hollywood der dreißiger Jahre (*Fade Out, Fade In*, 1964), thematisieren Korruption im Musikgeschäft (*Do Re Mi*, 1960) und erzählen authentische Biographien von Showstars wie dem Ziegfeld-Girl Fanny Brice oder der berühmten Stripteasekünstlerin Gypsy Rose Lee.

   Gypsy (1959) gilt als Stynes reifstes Werk. Von der Idee zu einem Musical auf der Basis von Gypsy Rose Lees Autobiographie bis zum fertigen

Bühnenwerk war es ein weiter Weg. Von Anfang an sollte Ethel Merman Gypsys ehrgeizige Mutter spielen, die ihre beiden Töchter um jeden Preis zu Vaudevillestars machen will. Mehrere Autoren bissen sich an dem Stoff die Zähne aus; Komponisten wie Cole Porter und Irving Berlin zeigten den Produzenten die kalte Schulter. Der designierte Regisseur und Choreograph Jerome Robbins brachte den jungen Songtexter von *West Side Story* Stephen Sondheim als möglichen Komponisten ins Spiel. Ethel Merman machte ihr Mitwirken jedoch von einem erfahrenen Tonsetzer abhängig und setzte Jule Styne durch, der zu Sondheims Versen die Musik schrieb.

Loewe und Lerner: *My Fair Lady*

Der Komponist Frederick Loewe und der Autor und Songtexter Alan Jay Lerner schickten sich in den fünfziger Jahren an, Rodgers und Hammerstein auf deren ureigenem Terrain des der Operette nahen Musicals Konkurrenz zu machen. Ihr am 15. März 1956 erstmals in New York aufgeführtes Werk *My Fair Lady* brach die Rekorde von *Oklahoma!*, ist bis heute eines der weltweit meistgespielten Stücke und für viele der Inbegriff des Musicals geblieben. Zwei Lieder, *I Could Have Danced All Night* und *On the Street Where You Live* standen bereits vor der New Yorker Premiere in den Hitparaden. Bei der Vergabe der Antoinette-Perry-Awards erhielt *My Fair Lady* insgesamt neun »Tonys«, darunter auch den des besten Musicals der Spielzeit. Binnen weniger Jahre lief das Stück in allen Metropolen der westlichen Welt. Selbst in Moskau, wo *My Fair Lady* im Rahmen eines Kulturaustausches gezeigt wurde, fand das Werk so großen Anklang, daß sogleich

Gypsy in einer Aufführung der Städtischen Bühnen Augsburg 1997.

Gypsy Rose Lee (d.i. Rose Louise Hovick) erhob als »Queen of American Burlesque« den Striptease zur Kunstform, die sie in vornehmen Nightclubs und später auch in

1943 – 1957

Fernsehshows ausübte. Außerdem trat sie in Broadwayproduktionen wie Cole Porters *Dubarry Was a Lady* auf. Ihre Schwester Ellen wirkte unter ihrem Künstlernamen June Havoc in Hollywoodfilmen mit und spielte eine Hauptrolle in Rodgers' und Harts *Pal Joey*. Dieses Musical enthält mit dem Song *Zip* eine Hommage an Gypsy Rose Lee.

Szenenfoto der Erstaufführung mit **Julie Andrews** als Eliza und **Rex Harrison** als Professor Higgins. – My Fair Lady spielt im edwardianischen London des Jahres 1912. Der misogyne Sprachwissenschaftler Higgins wettet mit seinem Bekannten Oberst Pickering, daß er eine 18jährige Blumenverkäuferin namens Eliza Doolittle trotz ihres derben Dialektes und ihrer unfeinen Ausdrucksweise in Kürze zu einer Dame der Gesellschaft machen kann, die gepflegt zu parlieren versteht. In wochenlanger harter Arbeit triezt er Eliza, bis sie nicht nur Sätze wie »Es grünt so grün, wenn Spaniens Blüten blühen« fehlerfrei aussprechen kann. Higgins und Pickering führen ihr Versuchskaninchen anläßlich eines Diplomatenballs vor, bei dem Eliza zum glanzvollen Mittelpunkt wird. Nach gewonnener Wette behandelt Higgins Eliza weiterhin mit der ihm eigenen Herablassung. Wutentbrannt wirft sie ihm seine Arroganz vor und verläßt sein Haus. Erst jetzt merkt er, wie sehr er sie vermißt. Doch zu seiner Überraschung und Freude kehrt sie zu ihm zurück.

eine russische Version davon produziert und unter dem Titel *Mya Prekrasnaja Lady* gespielt wurde. Die aufwendige Verfilmung mit Rex Harrison und Audrey Hepburn, die Julie Andrews' Part übernahm, erwies sich 1964 ebenfalls als Kassenschlager.

Der Produzent Gabriel Pascal, der jahrelang um die Rechte und Realisierung seines Projektes gekämpft hatte, erlebte den triumphalen Erfolg nicht mehr – er war 1954 verstorben. Zwei Jahre zuvor hatte er Loewe und Lerner erstmals vorgeschlagen, aus George Bernard Shaws Schauspiel *Pygmalion* ein Musical zu entwickeln. Das Duo arbeitete sechs Monate an dem Stoff und gab schließlich auf – wie auch Richard Rodgers und Oscar Hammerstein, die Pascal ebenfalls darauf angesetzt hatte. Erst 1954 gelang Loewe und Lerner in einem zweiten Anlauf die Adaption, indem sie in bis dahin ungekannter Werktreue Shaws Dialoge weitestgehend übernahmen.

Dessen Schauspiel geht auf ein von Ovid in seinen *Metamorphosen* überliefertes griechisches Sagenmotiv zurück, das von einem Bildhauer berichtet, der sich in eine von ihm geschaffene Frauenstatue verliebt und sie zum Leben erweckt. War in der Schauspielfassung die Eliza meist von 30- bis 50-jährigen Darstellerinnen gespielt worden, wurde bei der Produktion des Musicals Shaws Altersangabe ernst genommen und die junge Engländerin Julie Andrews engagiert. Daß der britische Higgins-Darsteller Rex Harrison über keine Gesangsstimme verfügte, störte niemanden: Sein Sprechgesang war idealer Ausdruck für Higgins' Unfähigkeit, Gefühle zu zeigen, und ermöglichte einen nahtlosen Übergang vom Sprechen zum musikalischen Räsonnieren, wieso eine Frau nicht wie ein Mann sein kann. Viele Musiknummern entwickeln sich ganz selbstverständlich aus den Situationen, eine mühselige Sprachlektion wird zum Triumphgesang (»Es grünt so grün«)

1943 – 1957

und ein Wutausbruch Elizas zum musikalischen Racheschwur (»Wart's nur ab!«). Die Metamorphose vom slangsprechenden Blumenmädchen zur selbstbewußten Dame zeichnet Loewes Musik ebenfalls nach.

Den Einfluß der Wiener Operette können Frederick Loewes Melodien nicht verleugnen. Als Sohn des Tenors Edmund Löwe 1904 in Wien geboren, wuchs er mit den Werken von Johann Strauß und Franz Léhar auf – sein Vater hatte den Danilo in Léhars *Lustiger Witwe* gespielt. Wie Kurt Weill studierte er in Berlin bei Ferruccio Busoni, gab als Jugendlicher Klavierkonzerte mit den Berliner Sinfonikern und komponierte mit fünfzehn Jahren den Schlager *Kathrin, du hast die schönsten Beine von Berlin*. 1924 begleitete er seinen Vater auf eine Tournee in die USA und beschloß, dort zu bleiben. Der Weg zum Erfolg war ein dorniger: Neben Tätigkeiten als Kneipenpianist schlug er sich jahrelang als Reitlehrer, Berufsboxer, reitender Postbote und Goldgräber durch. Loewe verdiente seinen Lebensunterhalt immer noch in Bars, als er 1942 den jungen Texter Alan Jay Lerner auf eine Zusammenarbeit ansprach. Der 1918 geborene Millionärssohn Lerner hatte unter anderem in Harvard und

Die 1964 entstandene Verfilmung von *My Fair Lady* mit **Audrey Hepburn** in der Titelrolle war die bis dahin teuerste in Hollywood entstandene Produktion.

1943 – 1957

My Fair Lady: Elizas Vater, der Müllkutscher Doolittle, fordert seine Zechkumpane auf, ihn am nächsten Morgen »pünktlich zum Altar« zu bringen. Szenenfoto der Erstaufführung mit **Stanley Holloway** als Alfred Doolittle.

Oxford studiert und zahlreiche Skripte für Rundfunksendungen verfaßt. Zunächst gab es auch für Loewe und Lerner einige Rückschläge: Selbst George Balanchine vermochte als Regisseur und Choreograph *What's Up* nicht zu einem Erfolg zu verhelfen. Als *The Day Before Spring* 1945

Brigadoon von **Frederick Loewe** und **Alan Jay Lerner** wurde 1954 mit **Gene Kelly** und **Cyd Charisse** in den Hauptrollen verfilmt.

1943 – 1957

165 Vorstellungen erlebte und ein Hollywoodstudio die Filmrechte kaufte, war der Bann gebrochen: Mit ihrem 1947 folgenden Musical *Brigadoon* etablierten sich Loewe und Lerner in der New Yorker Theaterwelt. Die märchenhafte Geschichte um zwei amerikanische Touristen, die im schottischen Hochland das nur alle hundert Jahre aus dem Nebel auftauchende Dorf Brigadoon entdecken, setzte Loewe in romantische Melodien mit schottisch-folkloristischem Einschlag um. Wie die Musik entsprachen auch Agnes de Milles Choreographien, darunter ein Schwertertanz, dem exotischen Milieu. Vier Jahre später folgte die Westernkomödie *Paint Your Wagon*, in der die Geschichte vom Aufstieg und Fall einer Goldgräberstadt erzählt wurde. Loewes europäische, auch im Viervierteltakt an Wiener Walzer erinnernde Musik steht in Widerspruch zu dem uramerikanischen Schauplatz, was dazu beigetragen haben mag, daß *Paint Your Wagon* nicht allzu lange am Broadway lief. Es dauerte weitere vier Jahre bis zu Loewes und Lerners Meisterwerk *My Fair Lady*. 1958 entstand nach einem Roman von Colette und dem Drehbuch von Lerner der im Paris der Belle Epoque angesiedelte Film *Gigi*, für den Loewe Melodien wie *Thanks Heaven for Little Girls* oder das schwungvolle *The Night They Invented Champagne* beisteuerte. Nach dem Triumph von *My Fair Lady* waren die Erwartungen an ihr nächstes Bühnenwerk groß: 1960 präsentierten Loewe und Lerner das für damalige Verhältnisse mit ungeheurem Aufwand produzierte *Camelot*, eine Dreiecksgeschichte im mythischen Gewande. Die Produktion brachte

Die »Fair Lady« **Julie Andrews** als Königin Guenevere in **Loewes** und **Lerners** *Camelot*.

mit Loewe, Lerner, dem Regisseur Moss Hart, der Choreographin Hanya Holm, dem Bühnenbildner Oliver Smith, dem musikalischen Leiter Franz Allers und der Darstellerin Julie Andrews zahlreiche an *My Fair Lady* Beteiligte wieder zusammen; neu im Team war Richard Burton als König Artus. Trotz mäßiger Kritiken, die vor allem eine klischierte Handlung und zu wenige eingängige Melodien bemängelten, erlebte *Camelot* im Sog des Erfolges von *My Fair Lady* 873 Vorstellungen. Frederick Loewe beendete anschließend seine Karriere. Erst 1973 konnte Alan Jay Lerner ihn überreden, zur Bühnenfassung von *Gigi* vier neue Lieder beizusteuern. Lerner tat sich fortan mit wechselndem Glück mit anderen Komponisten zusammen, fand aber nie wieder zu einer vergleichbar erfolgsträchtigen Partnerschaft.

Leonard Bernsteins *West Side Story*

War *My Fair Lady* das Meisterwerk jener Richtung, die der Operette nahesteht, gilt Leonard Bernsteins ein Jahr später entstandene *West Side Story* als Krönung der jazzorientierten Entwicklungslinie des Musicals. Alle von Rodgers' und Hammersteins *Oklahoma!* eingeführten Errungenschaften, die Integration von Handlung, Musik und Bewegung, die handlungstragende Funktion von Songs und Tänzen beim Erzählen eines dramatischen Geschehens erfuhren in *West Side Story* ihre Vollendung.

Bereits 1949 hatte der Choreograph und Regisseur Jerome Robbins dem Komponisten Bernstein und dem Autoren Arthur Laurents eine moderne Musicalversion von Shakespeares Tragödie *Romeo und Julia* vorgeschlagen. Das »East Side Story« genannte Projekt sollte vor dem Hintergrund gewalttätiger Auseinandersetzungen rivalisierender Jugendbanden von der unmöglichen Liebe eines jüdischen Jungen und eines katholischen Mädchens italienischer Abstammung erzählen.

Finian's Rainbow: Nur zwei Monate vor *Brigadoon* war 1947 ein anderes Musical nach keltischen Märchenmotiven am Broadway herausgebracht worden, *Finian's Rainbow* mit der Musik von **Burton Lane**. Der Kobold Og verfolgt Finian,

der ihm einen Topf voll Gold entwendet hat, nach Amerika. Dort verwandelt Og einen rassistischen Politiker in einen Schwarzen und sich selbst aus Liebe zu einer Frau in einen Sterblichen. Trotz einer langen Laufzeit und viel Beifall für seine Songs komponierte Lane nur selten Bühnenmusik. 1965 beschäftigte er sich mit Alan Jay Lerner in *On A Clear Day You Can See Forever* mit dem Thema übersinnlicher Wahrnehmungen. Die Filmversion von *Finian's Rainbow* mit **Fred Astaire** inszenierte 1968 **Francis Ford Coppola.**

1943 – 1957

Anderweitige berufliche Verpflichtungen Bernsteins und Laurents' verhinderten die sofortige Umsetzung dieser Idee. Als das Projekt dann 1957 zustande kam, verlegten die Autoren die Handlung an die West Side. Von aktuellen Zeitungsmeldungen inspiriert, ersetzten sie Shakespeares verfeindete Familien Montague und Capulet durch zwei jugendliche Straßengangs, die alteingesessenen Jets und die sich aus puertoricanischen Einwanderern rekrutierenden Sharks. Robbins und Bernstein nahmen sich für das Casting sechs Monate Zeit und stellten ein sehr junges Ensemble ohne Stars zusammen; die Darsteller sollten glaubhaft Teenager verkörpern können. Der den Jets zugehörige Tony und Maria, die gerade aus Puerto Rico eingetroffene Schwester des Sharks-Anführers Bernardo, verlieben sich bei einer Tanzveranstaltung auf den ersten Blick ineinander. Dem immer wieder aufflammenden Konflikt zwischen den gegnerischen Lagern zum Trotz halten sie an ihrer Liebe fest. Doch als Tonys bester Freund Riff von Bernardo erstochen wird und Tony Marias Bruder daraufhin im Affekt umbringt, nimmt die Tragödie ihren Lauf: Gerade als sich die getrennten Geliebten wiedergefunden haben, trifft Tony eine tödliche Kugel. In Abweichung zu Shakespeares tragischem Ausgang überlebt die verzweifelte Maria.

Mehr als Laurents' knappe Dialoge trieben Jerome Robbins' atemberaubende Choreographien die Handlung voran. Nie zuvor war die Story eines Musicals so eindringlich mit tänzerischen und musikalischen Mitteln erzählt worden, was manchen Kritiker veranlaßte, von einer »Ballett-Oper« zu sprechen. Hatte der tödlich endende Kampf zwischen Curly und Jud in *Oklahoma!* keinerlei musicalspezifische Umsetzung erfahren, vertonte Bernstein die gewalttätige Auseinandersetzung in *West Side Story* mit *The Rumble*. Seine dramatische Musik setzte Robbins

William Shakespeares *Romeo und Julia* lieferte die Vorlage für **Leonard Bernsteins** Musical *West Side Story*. Arthur Laurents' Buch folgt getreu dem Handlungsaufbau der Tragödie und transportiert ohne aufgesetzte Modernismen die Renaissancetragödie ins New York des 20. Jh. Die klassische Balkonszene wurde auf eine New Yorker Feuerleiter verlegt: **Carol Lawrence** (Maria) und **Larry Kert** (Tony) singen in der Erstaufführung das Duett *Tonight*.

in stilisiertes Tanztheater um, das bedrohlicher wirkte, als es naturalistische Bewegungen vermocht hätten. Statt der gängigen synchronen Massenchoreographie für ein anonymes Ensemble erarbeitete Robbins mit jedem einzelnen Tänzer ein individuelles und charakteristisches Gestenrepertoire. So wie die erste Begegnung Tonys und Marias und das Entstehen ihrer Liebe bei einer Tanzveranstaltung

Die temperamentvollen Tänze der 1961 entstandenen Filmversion von *West Side Story* wurden ebenfalls von **Jerome Robbins** choreographiert.

einen nonverbalen Ausdruck in Musik und Bewegung fand, wird auch Tonys Tod und Marias Schmerz mit Mitteln des Musiktheaters erzählt. Bernstein trug sich lange mit dem Gedanken, eine große Arie für die trauernde Maria zu schreiben: »Mal versuchte ich es hart und zynisch, ein anderes Mal probierte ich es mit einem Rezitativ. Dann wie eine Puccini-Arie. Aber jedesmal gab ich nach fünf oder sechs Takten auf: Es war zu verlogen.« Stattdessen drückt sich Tonys Tod und Marias Schmerz im zeitlich versetzten Verstummen ihrer beider Stimmen während des Finales aus. Ist Gesang oft Ausdruck von durch Sprache nicht mehr vermittelbaren Gefühlen, bedeutet das Nichtmehr-singen-können hier noch eine emotionale Steigerung. Das Orchester muß die Melodie von *Somewhere* im Finale allein zu Ende führen und in die stumme Prozession überleiten, mit der das Stück ausklingt. So einfach manche Songs wie beispielsweise *I Feel Pretty* klingen, so komplexe Strukturen liegen auch diesen Stücken zugrunde.

1943 – 1957

Zudem besteht zwischen den einzelnen so unterschiedlichen Musiknummern ein feingesponnenes harmo-

Der Choreograph **Jerome Robbins** (Mitte) bei der Arbeit an *West Side Story*. Buchstäblich jeder Schritt und jede Geste wurde von Robbins mit den Tänzern individuell entwickelt.

»Das amerikanische musikalische Theater ist einen langen Weg gegangen, auf dem es dies von der Oper, jenes von der Revue, hier etwas von der Operette, dort etwas vom Vaudeville übernommen hat. Aus all dem entstand etwas ganz Neues ... All die verschiedenen Formen kann man mit dem Wort ›Musical‹ bezeichnen, weil ihnen eines gemeinsam ist: Sie gehören einer Kunstart an, die amerikanischen Wurzeln entspringt, die unserer Sprache, unserem Rhythmus, unserem Verhalten, unserer Art zu leben entspricht.«

Leonard Bernstein

nisches Geflecht. Mit Tonys romantischer Verklärung *Maria* und dem jubilierenden Duett *Tonight* der beiden Liebenden gelangen Bernstein populäre Songs von überwältigender emotionaler Wirkung, während *Gee, Officer Krupke* Bernsteins in früheren Musicals gezeigte Begabung für komische Musiknummern bestätigte. Im *Quintet* verschmelzen die haßerfüllten Kampfgesänge der Jets und Sharks mit dem glückstrunkenen *Tonight* von Maria und Tony. Der Einfluß des Jazz prägt auch durch die Instrumentierung die gesamte Partitur und beschränkt sich nicht auf in den zehner und zwanziger Jahren assimilierten Elemente wie Blue Notes, Synkopenrhythmen oder Off-Beat, die seither am Broadway reproduziert wurden. Bernstein griff aktuellste Entwicklungen der Jazzmusik auf und kombinierte sie mit Kompositionstechniken der E-Musik wie der in die Begleitung von *Cool* integrierten Zwölftonreihe.

Die in *West Side Story* gelungene Balance aus tragischem Geschehen und komischen Momenten, realistisch gezeigter Gegenwart und zeitloser künstlerischer Form, sowie die Verschmelzung von Handlung, Musik, Tanz und Dialog sind einzigartig geblieben.

Ein musikalischer Tausendsassa

Der 1918 in Lawrence, Massachusetts, geborene Bernstein, wie Berlin und Gershwin das Kind aus Osteuropa stammender jüdischer Immigranten, etablierte sich Mitte der vierziger Jahre als eine der schillerndsten musikalischen Begabungen des 20. Jh. Am 13. November 1943 wurde er schlagartig berühmt, als er im letzten Moment für den erkrankten Dirigenten Bruno Walter einsprang und ohne eine einzige Probe in legerer Straßenkleidung die New Yorker Philharmoniker leitete. Nur wenige Monate später fand in Pittsburgh die vielbeachtete Uraufführung seiner Sinfonie *Jeremiah* statt, und kurz darauf hatte das Ballett

Jets und Sharks in der *West Side Story* – Inszenierung des Münchener Staatstheaters am Gärtnerplatz 1997.

Fancy Free mit Bernsteins Musik Premiere. Dieses von Jerome Robbins choreographierte Tanz-

On the Town in einer Aufführung der Hochschule der Künste Berlin (1995).

stück handelt von drei Matrosen auf Landgang in New York. Robbins schlug Bernstein vor, aus dem Stoff eine *Musical Comedy* zu entwickeln. Ohne eine einzige musikalische Phrase aus der Ballett-partitur zu übernehmen, komponierte Bernstein neue Songs und schrieb damit binnen eines guten Jahres erneut Musikgeschichte: Am 28. Dezember 1944 hatte sein erstes Musical *On the Town* am Broadway Premiere. Das Libretto von Betty Comden und Adolph Green führt die drei Matrosen Gabey, Chip und Ozzie vor dem Hintergrund des Zweiten Weltkriegs für vierundzwanzig Stunden durch Manhattan. Gabey verliebt sich in das Bild der aktuellen »Miss U-Bahn« Ivy Smith. Seine beiden Freunde wollen ihm bei der Suche nach ihr helfen, geraten aber jeweils an andere Frauen, mit denen sie den Tag verbringen: der eher touristisch interessierte Chip an die emanzipierte Taxifahrerin Hildy, der proletarische Ozzie an die intellektuelle Nymphomanin Claire. Gabey spürt Ivy auf, verliert sie aber wieder aus den Augen. Im Vergnügungspark Coney Island treffen die drei Paare nach einigen Komplikationen wieder zusammen. Doch der eintägige Landurlaub nähert sich dem Ende, die drei Matrosen nehmen Abschied von den Frauen und kehren auf ihr Schiff zurück. *On the Town* spiegelt den damaligen Optimismus angesichts des Ende 1944 absehbaren siegreichen Kriegsendes wider. Bernsteins Musik trägt dieser überschwenglichen Stimmung und der

Die in *On the Town* spürbare ausgelassene Stimmung nach dem gewonnenen Zweiten Weltkrieg gibt das berühmt gewordene Foto *V-Day* von **Alfred Eisenstaedt** wieder, der die Siegesfeiern am New Yorker Times Square dokumentierte.

1943 – 1957

Erst das 1974 produzierte Revival machte *Candide* zu einem Erfolgsstück. **Bernsteins** Musical handelt wie **Voltaires** satirischer Roman von dem Philosophen Pangloss, der stets verkündet, in der »besten aller möglichen Welten« zu leben, und dem einfältigen Candide, der trotz aller Katastrophen und Schicksalsschläge unerschütterlich diese Überzeugung teilt.

West Side Story: Die temperamentvolle, von lateinamerikanischer Musik inspirierte Ensemblenummer *America* trug der puertoricanischen Herkunft der Sharks Rechnung.

rasanten Komödienhandlung Rechnung: Seine Begeisterung, frische und jazzige Up-Tempo-Songs wie Hildys doppeldeutiges *I Can Cook Too* zu schreiben, ist in jeder Phrase spürbar. Neben Balladen wie Gabeys freudigem *Lucky To Be Me* steht das berührende Abschiedsquartett *Some Other Time* und die übersprudelnde Hymne an die Stadt *New York, New York*. Der von *Oklahoma!* betriebenen Verklärung eines ländlichen Amerikas setzte Bernstein eine urbane, jazzige Musik entgegen, wobei auch *On the Town* nicht auf das seit Rodgers' und Hammersteins Meilenstein obligatorische Traumballett verzichtete.

In den folgenden Jahren pendelte Bernstein zwischen Klassik und Unterhaltung, vermittelte via Fernsehen einem jugendlichen Publikum »Freude an der Musik«, dirigierte in den großen Konzertsälen der Welt, komponierte Orchesterwerke und den Operneinakter *Trouble in Tahiti*. 1953 fand er Zeit für seine zweite musikalische Komödie *Wonderful Town*, eine weitere Hommage an die Weltstadt New York und erneut mit einem Libretto von Comden und Green. Zwei gegensätzliche Schwestern vom Lande, die selbstbewußte Ruth und die verträumte Eileen, finden nach anfänglichen Schwierigkeiten eine Wohnung, Jobs und die zu ihnen passenden Männer. Der Komödie blieb Bernstein auch 1956 mit *Candide* treu. Der Stoff basierte allerdings auf dem Roman des französischen Philosophen der Aufklärung, Voltaire. Mit der Dramatikerin Lilian Hellman als Librettistin und dem Dichter John Latouche als Songtexter fand ein intellektuell hochkarätiges Team zusammen. Bernstein kombinierte virtuos Walzer, Tangos, Mazurkas und Serenaden mit jazzigen Melodien und schuf so die außergewöhnlichste Partitur, die bis dahin am Broadway zu hören war. Das überfrachtete Buch kam jedoch dem Unterhaltungsbedürfnis des Publikums nicht entgegen, und

Candide wurde nach nur 73 Vorstellungen abgesetzt. Ein knappes Jahr später stellte sich mit *West Side Story* der Erfolg ein, der *Candide* verwehrt geblieben war. Dabei wurde das Stück seinerzeit von Kritik und Publikum zwar überwiegend wohlwollend aufgenommen, doch kaum jemand sah in *West Side Story* das überragende Meisterwerk des Genres. Die 732 Vorstellungen en suite wurden durch die Laufzeiten von *The Sound of Music, My Fair Lady* oder Meredith Willsons *The Music Man* weit übertroffen. Willsons musikalische Komödie erhielt die Auszeichnung als bestes Musical der Saison, nicht *West Side Story*. Aber war bis dahin der sofortige kommerzielle Erfolg am Broadway das einzige maßgebliche Kriterium für den Stellenwert eines Stückes, wurde das Kunstprodukt Musical nun auch an der Wertschätzung eines internationalen Publikums über Jahre und Jahrzehnte hinweg gemessen. Damit war auch der Weg frei für die Rehabilitierung von bei ihrer Erstaufführung verkannten und gescheiterten Werken.

A New Musical Comedy

Leonard Bernstein bei einer musikalischen Probe zu *West Side Story*.

The Music Man (Plakat) – **Meredith Willsons** sanfte Satire auf die amerikanischen Kleinstädter handelt von einem liebenswürdigen Hochstapler, der die ländliche Bevölkerung von Iowa überredet, Jugendorchester zu gründen. Auf diese Weise vermittelt der selbsternannte »Musikprofessor« den Menschen im Mittelwesten Freude an der Musik. Der vom Rundfunk kommende Willson war bereits 55 Jahre alt, als er mit *The Music Man* sein Broadwaydebut gab. Das Sujet bot dem Komponisten und Librettisten in Personalunion Gelegenheit, schwungvolle Märsche à la John Philip Sousa und folkloristische Balladen zu schreiben. – Die deutsche Erstaufführung von *The Music Man* 1963 war eine der ersten umjubelten Inszenierungen von Peter Zadek am Bremer Theater.

1943 – 1957

1957 2. Indochina-Krieg
1957 Sputnik im Weltall
1961 Bau der Berliner Mauer
1961 John F. Kennedy wird US-Präsident
1962 Kubakrise
1963 John F. Kennedy wird ermordet
1964 Beatles dominieren US-Hitparaden
1964 »Bürgerrechtsgesetz« zur Gleichstellung schwarzer US-Bürger
1965 Rolling Stones: *Satisfaction*
1965/66 Kulturrevolution in China
1967 Beginn der Studentenproteste
1967 Beatles: *Sgt. Pepper*
1967 3. Israel.-arab. Krieg
1967 Che Guevera in Bolivien getötet
1968 Warschauer-Pakt-Truppen beenden »Prager Frühling«
1969 Erste Mondlandung
1969 Willy Brandt wird Bundeskanzler
1969 Richard Nixon wird US-Präsident
1970 Warschauer Vertrag
1970–1973 Chile: Salvador Allende Präsident
1970 Trennung der Beatles
1971 Erich Honecker wird 1. Sekretär des ZK
1973 KSZE-Konferenz in Helsinki eröffnet
1973 Watergate-Affäre
1975 Spanien: Tod Francos
1975 Fall von Saigon; Ende des Vietnamkriegs
1976 Tod Mao Tse Tungs
1977 Sex Pistols: *Anarchy in the UK*

1957 – 1978

Getrennte Wege: Musical und Popkultur

Das Musical hatte sich binnen 40 Jahren von einer grobgestrickten Form des Unterhaltungstheaters und der zweitrangigen Nachahmung europäischer Werke zu einer authentischen amerikanischen Kunstform aufgeschwungen. Leonard Bernstein hatte dem Genre neue Wege aufgezeigt. Doch während das Musical mit *My Fair Lady* und *West Side Story* einen künstlerischen Höhenflug erlebte, vollzog sich zunächst kaum bemerkt ein Bruch, dessen Folgen bis in die Gegenwart reichen.

Seit dem Ende des Ersten Weltkriegs waren amerikanisches Musiktheater und Schlagerindustrie eng miteinander verbunden. Die erfolgreichsten Komponisten populärer Musik hatten sich früher oder später auch am Broadway versucht. Kaum daß der Jazz von New Orleans aus über Chicago in alle Welt verbreitet wurde, erklangen bereits die ersten Blue Notes und synkopierten Rhythmen am Broadway. Als jedoch Mitte der fünfziger Jahre der Rock 'n' Roll aufkam und binnen kurzem die Songs von Elvis Presley, Jerry Lee Lewis oder Little Richard die Hitparaden beherrschten, blieb das amerikanische Musiktheater, das früher immer auf der Höhe seiner Zeit gewesen war, merkwürdig indolent. Hatten die ehrgeizigen, knapp 20jährigen weißen Komponisten nach dem Ersten Weltkrieg die von schwarzen Autodidakten kreierten Jazzklänge begierig aufgenommen, verachteten die professionellen Tonsetzer des Broadways die vitalen, aber rohen Rockrhythmen, die ihren gestiegenen musikalischen Ansprüchen nicht genügten. Gleichzeitig distanzierte sich die dem Rock 'n' Roll zugeneigte Jugendkultur von den Bühnenmusiken, die meist von Komponisten jenseits der fünfzig stammten. Zur Geringschätzung der als altmodisch empfundenen Musicalklänge trug sicher auch die zu jener Zeit aufkommende Gewohnheit bei, Kunden von Warenhäusern, Gaststätten und

Geschäften mit Hintergrundmusik zu berieseln. Die Arrangeure dieser *muzak* griffen häufig auf bekannte Melodien Kerns, Porters oder Berlins zurück, die sie zu einem undifferenzierten Klangbrei verschmolzen. Kein Wunder, daß nachfolgende musikalische Begabungen sich lieber an Vorbildern wie Chuck Berry und Buddy Holly orientierten. Zu einer anderen Zeit hätten Songschreiber wie Paul Simon, Brian Wilson oder Paul McCartney mit ihrem spezifischen Talent vielleicht zum Musical gefunden. So tat sich ein Generationskonflikt auf: Während sich das jugendliche Publikum großteils vom Musical ab- und der Rockmusik zuwandte, bediente der Broadway ein zunehmend älteres Publikum. 1964 eroberten britische Beatbands schlagartig die amerikanischen Hitparaden. Noch setzte sich bei der Grammyverleihung für den besten Song des Jahres Jerry Hermans Titelmelodie seines Musicals *Hello, Dolly!*

gegen *A Hard Day's Night* von den Beatles durch. Doch das rapide Auseinanderdriften von Popkultur und Musical war unüberhörbar.

Daran änderte auch der Anfang der sechziger Jahre stattfindende Generationswechsel unter den Theaterkomponisten nichts. Leonard Bernstein widmete sich seinen zahlreichen Tätigkeiten auf dem klassischen Sektor. Cole Porter hatte sich zurückgezogen, Irving Berlins letztes Musical, das John F. Kennedy gewidmete *Mr. President* (1962), war ein Mißerfolg gewesen. Richard Rodgers fand mit keinem neuen Songtexter zu einer ähnlich erfolgsträchtigen Zusammenarbeit wie mit Lorenz Hart oder Oscar Hammerstein. Frederick Loewe gab das Komponieren ganz auf, während Frank Loesser nach *How To Succeed in Business ...* kein großer Wurf mehr glückte. In ihre Fußstapfen trat eine neue Generation von

Charles Strouse war 1960 mit *Bye, Bye, Birdie* der erste und lange Zeit einzige Broadwaykomponist, der – wenn auch mit ironischem Gestus – Rock 'n' Roll-Rhythmen aufgriff. Die Geschichte um das rockende Teenageridol Conrad Birdie, der zum Militärdienst einberufen wird und sich mit einem großen Fernsehauftritt von seinen kreischenden Fans verabschiedet, mokierte sich über den Elvis-Presley-Kult.

1957 – 1978

Promises, Promises (1968) handelt von einem ehrgeizigen Versicherungsmitarbeiter, der sich bei seinen Vorgesetzten beliebt macht, indem er ihnen sein Apartment für ihre sexuellen Eskapaden zur Verfügung stellt. – **Burt Bacharach** war mit seinen eingängigen Popsongs einer der wenigen Schlagerkomponisten, die seit den fünfziger Jahren überhaupt noch an den Broadway fanden. Der musikalische Perfektionist zog jedoch das Aufnahmestudio den Unwägbarkeiten der Bühne vor; die Adaption von **Billy Wilders** berührender Filmkomödie *The Apartment* blieb Bacharachs einziges Musical.

Komponisten. Doch nur wenige von ihnen wie John Kander oder Cy Coleman konnten sich dauerhaft durchsetzen. Einige wie Burt Bacharach beließen es bei einer kurzen Stippvisite am Broadway, andere wie Meredith Willson oder Mitch Leigh erlebten nach fulminantem Einstand einen jähen Karriereknick. Selbst die versiertesten Komponisten der neuen Generation zeigten, mit Ausnahme von Stephen Sondheim, wenig Interesse, dem Genre neue Horizonte zu eröffnen.

Stilvielfalt und Stagnation

Während das Kino, die Musik, die Bildende Kunst und das Sprechtheater in den sechziger Jahren nach neuen, zum Teil radikalen Formen und Sichtweisen suchten, fand die Aufbruchstimmung der Epoche am Broadway keinen Widerhall. Kaum ein Musical brachte Stimmung und Konflikte der Zeit auf die Bühne. Das populäre Musiktheater genügte sich selbst, variierte und reproduzierte die in den vorangegangenen Dekaden gefundenen Sujets und Stile. Dabei sah das Broadwaypublikum eine Reihe ausgezeichneter Produktionen, die an die großen Leistungen der Vergangenheit anknüpften. Stilvolle Inszenierungen, einfallsreiche Ausstattungen und gut konstruierte Libretti überdeckten die inhaltliche und musikalische Stagnation. Abstrahierte Räume und suggestive Lichtgestaltung ersetzten mehr und mehr die bis dahin meist naturalistischen Bühnenbilder. *Musical Comedies* erfreuten sich nach wie vor großer Beliebtheit. Produktionen wie das realistische Drama *Golden Boy* oder die ernsthafte Beschäftigung mit dem heraufdämmernden Nationalsozialismus in *Cabaret* belegten die Vielseitigkeit des Musicals und seiner Sujets. Einige der wenigen neuen musikalischen Impulse waren dem folkloristischen Milieu von Cervantes Spanien in *Man of La Mancha* oder dem jiddischen Schtetl aus *Fiddler on the Roof* zu verdanken.

Die Regisseure: Vom *Staging* zum *Directing*

Immer häufiger wurden Produktionen mit den Namen von Regisseuren in Verbindung gebracht. George Abbott, Jerome Robbins, Gower Champion, Bob Fosse, Harold Prince und Michael Bennett verhalfen auch schwächeren Werken zu langen Laufzeiten und galten als zuverlässige Garanten für Kassenschlager. Im Gegensatz zum europäischen und vor allem deutschen Regietheater hatte die Funktion des Regisseurs am Broadway bis in die fünfziger Jahre hinein lediglich darin bestanden, das Stück mit den Darstellern einzustudieren und adäquat auf die Bühne zu bringen. Doch mit der Aufwertung des Musicals zum »Gesamtkunstwerk« gewannen die Regisseure an Einfluß: Aus dem *Staging* (Auf die Bühne bringen) wurde *Directing* (Inszenieren). Das Konzept der Integration verlangte nach einer künstlerisch verantwortlichen Persönlichkeit, die die unterschiedlichen theatralischen Sprachen bündeln und der ganzen Produktion einen einheitlichen Stil geben konnte. Immer häufiger regten Regisseure selbst Projekte an, und forderten Komponisten auf, neue Songs zu schreiben. Zwar hatte weiterhin der Produzent, auf dessen Gehaltsliste sie standen, das letzte

Der Regisseur und Choreograph **Bob Fosse** mit **Shirley MacLaine** bei der Probenarbeit zur Verfilmung von *Sweet Charity*.

1957 – 1978

Wort, doch einige Regisseure begannen selbst zu produzieren und damit die Fäden in den eigenen Händen zu halten. Viele namhafte Regisseure waren ehemalige Choreographen, die der zunehmenden Bedeutung des Tanzes entsprechend ins Regiefach überwechselten.

Die Musicals der sechziger Jahre

Allegorisches Kammerspiel: *The Fantasticks*

Am 3. Mai 1960 fand im off Broadway gelegenen Sullivan Street Playhouse die Premiere eines Musicals statt, das mit wenigen Protagonisten, fünf Musikern und fast ohne Dekors auskam. Nach durchwachsenen Kritiken und mäßigem Zuschauerzuspruch wollte der Produzent das Stück schon nach einer Woche absetzen. Doch dann zogen dank Mundpropaganda die Zuschauerzahlen an, und über 35 Jahre später läuft das allegorische Kammerspiel *The Fantasticks* immer noch im selben Haus. Zudem ist das auf Edmond Rostands Komödie *Les Romantiques* – vom selben Autor stammt auch *Cyrano de Bergerac* – basierende Stück mit mehr als 11.000 Produktionen allein in den USA das meistinszenierte Stück der Musicalgeschichte. Ein Erzähler stellt die Figuren vor, appelliert angesichts der bewußt kargen Ausstattung an die Phantasie der Zuschauer und schlüpft ab und an in die eine oder andere Rolle, um die Handlung voranzutreiben.

Seit ihrer gemeinsamen Studienzeit an der Universität von Texas arbeiteten Schmidt und Jones zusammen: Tom Jones schrieb die Texte, und das musikalische Naturtalent Harvey Schmidt komponierte, obwohl des Notenlesens unkundig, die Songs, darunter Balladen von ganz eigenem melodischen Reiz wie *Much More* und *Try to Remember*. Der Produzent David Merrick engagierte das Duo an den Broadway, wo *110 in the Shade* 1963 herauskam. Richard Nashs Adaption seines Bühnenstücks *The Rainmaker* erzählt die Liebesgeschichte zwischen der einsamen Farmerstochter Lizzie und dem »Regenmacher« Bill Starbuck,

---

The Fantasticks variiert das Romeo-und-Julia-Motiv unter komödiantischen Vorzeichen: Zwei Nachbarn wollen ihren beiden Kindern Luisa und Matt zu gemeinsamem Eheglück verhelfen. Sie täuschen einen Streit vor und errichten eine Mauer zwischen ihren Grundstücken. Zudem stiften die Väter den Erzähler an, eine Entführung Luisas vorzutäuschen. Matt schreitet ein und beeindruckt Luisa mit ihrer fingierten Rettung derart, daß ihre Heirat beschlossene Sache ist. Nach anfänglichem Eheglück schleicht sich Mißtrauen zwischen die Liebenden ein, als sie von der Intrige ihrer Väter erfahren. Doch nach einer Zeit der Trennung und der Versuchungen durch andere finden Luisa und Matt wieder zueinander. Zur Urbesetzung von *The Fantasticks* gehörte auch **Jerry Orbach**, der mit der Rolle des Erzählers eine große Broadwaykarriere begann.

der während einer Trocken-
periode von der texanischen
Bevölkerung wie der Messias
empfangen wird. 1966 ließen
Schmidt und Jones mit dem
Zweipersonenstück *I Do, I Do*
ein weiteres Kammermusical
folgen. Die mit der Hochzeits-
nacht beginnende Ehekomödie
um ein gemeinsam alt werden-

des Paar und ihr Himmelbett, das sie am Ende ihren
frischverliebten Nachmietern überlassen, belegte
Harvey Schmidts Geschick für intime und sensible
musikalische Gestaltung. Auf dieses Talent mußte
der Broadway aber fortan verzichten. Das Duo
zog sich nach dem Erfolg von *I Do, I Do* zurück,
um in ihrem Portfolio Studio genannten Labor
nach experimentelleren Musiktheaterformen zu
suchen. Ergebnisse dieser Arbeit erblickten nur
selten das Licht der Öffentlichkeit, und ein mehr-
mals angekündigtes Comeback im Unterhaltungstheater blieb aus.

Das mit **Robert Preston** und
Mary Martin prominent be-
setzte Zweipersonenstück
I Do, I Do wurde nicht in
einem Studiotheater, sondern
auf einer der großen Broadwaybühnen gespielt. Die Darsteller vermochten zusammen
mit dem Bühnenbild **Oliver
Smith'** den Raum zu füllen.

Zeitlose Musik: *Hello, Dolly!*

Mit experimentellen Theaterformen hatte niemand weniger im Sinn als der 1932 in New York
geborene Jerry Herman. Sein Interesse galt vorwiegend dem Komponieren schöner und eingängiger Melodien; keiner distanzierte sich so vehe-
ment von aktuellen Trends der populären Musik
wie er. Seine Vorbilder fand der Traditionalist in
den glamourösen Partituren und Stoffen der
Vergangenheit. Das realistische Gegenwartsstück
Milk and Honey (1961) kam dieser Vorliebe für
zeitlose, an Berlin und Loewe erinnernde Musik
noch nicht entgegen: Die in Israel angesiedelte
Handlung schildert die Liebesgeschichte zweier
älterer amerikanischer Touristen vor dem Hintergrund des im Entstehen begriffenen jüdischen
Staates. Mit der Gesellschaftskomödie *Hello,*

1957 – 1978

Hello, Dolly! war ursprünglich als Starvehikel für Ethel Merman vorgesehen, die jedoch verzichtete. An ihrer Stelle triumphierte die mit Jule Stynes *Gentlemen Prefer Blondes* zu Theaterruhm gelangte **Carol Channing**. Während der Laufzeit von *Hello, Dolly!* übernahmen Stars wie Ginger Rogers und Betty Grable die weibliche Hauptrolle. Um den Rekord von *My Fair Lady* zu brechen und neue Publikumsschichten zu erreichen, tauschte der Produzent David Merrick das Ensemble komplett gegen eine schwarze Besetzung um Pearl Bailey und Cab Calloway aus. Sechs Jahre nach der Premiere spielte doch noch Ethel Merman den für sie vorgesehenen Part.

Angela Lansbury spielte 1966 am Broadway die Titelrolle in **Jerry Hermans** *Mame*.

Dolly! fand Herman 1964 zu seinem Stil. Der Titelsong stand bereits vor der New Yorker Premiere in Louis Armstrongs Interpretation in den Charts. *Hello, Dolly!* basiert auf Thornton Wilders Schauspiel *The Matchmaker*, einer Überarbeitung seines früheren Stückes *The Merchant of Yonkers*. Dieses beruht wiederum auf *Einen Jux will er sich machen* (1842) des Wiener Volkstheaterdichters und -komikers Johann Nepomuk Nestroy, der mit seinen Possen zu den Pionieren des musikalischen Unterhaltungstheaters zählt. Nestroy seinerseits entlehnte den Stoff einer englischen Farce mit dem Titel *A Day Well Spent*. So schlug *Hello, Dolly!* einen Bogen zurück zu den Wurzeln des Musicals. Im Mittelpunkt des Geschehens steht die verwitwete Heiratsvermittlerin Dolly Levi, die im Auftrag des reichen Kaufmanns Horace Vandergelder diesen mit der Modistin Irene Molloy verkuppeln soll. Dolly, die selbst Mrs. Vandergelder werden möchte, erreicht ihr Ziel durch eine Reihe geschickt eingefädelter Intrigen und stiftet en passant auch noch eine Beziehung zwischen Irene und Vandergelders Angestellten Cornelius.

Mit dem thematisch eng verwandten *Mame* gelang Jerry Herman 1966 ein weiterer Erfolg. Die Komödie um den lebenslustigen ehemaligen Showstar Mame, die ihren verwaisten Neffen gegen ihre Überzeugung in konservativem Geiste aufziehen soll, spielt in den zwanziger und  dreißiger Jahren. Dies erlaubte Herman, romantische Melodien und Tänze im glamourösen Stil jener Zeit zu komponieren. Die Mißerfolge von *Dear World* (1969, nach Giraudoux' Drama *Die Irre von Chaillot*) und *Mack and Mabel* (1974) sowie ein wegen der Melodie von *Hello, Dolly!*

gegen ihn angestrengter Plagiatsprozeß zermürbten Jerry Herman jedoch. Dabei gilt vor allem *Mack and Mabel*, die Liebesgeschichte zwischen dem Filmpionier und Erfinder der Slapstickkomödie Mack Sennett und seinem Star Mabel Normand, als verkanntes Meisterwerk. Viele hatten

den Komponisten schon abgeschrieben, als ihm 1983 mit *La Cage Aux Folles* ein überraschendes Comeback gelang. Das Buch zur Komödie um den schwulen Nachtclubbesitzer Georges, der mit dem Travestiestar seines Etablissements Albin in einer langjährigen eheähnlichen Beziehung lebt, schrieb der Schauspieler Harvey Fierstein. Ein Jahr zuvor hatte Fierstein mit dem mehrfach preisgekrönten Schauspiel *Torch Song Trilogy* und der unverblümten Darstellung von Homosexualität am Broadway für Aufsehen gesorgt.

Die Herren »Damen« des Nachtclubs erwarten ihr Publikum. – *La Cage Aux Folles*, die gelungene Travestie einer ansonsten konventionellen *Musical Comedy* in ein Plädoyer für Toleranz gegenüber anderen Lebensweisen, bewies **Jerry Hermans** ungebrochene Begabung für eingängige Melodien und schmissige Shownummern. Der Song *I Am What I Am* wurde zu einer Hymne der Schwulen- und Lesbenbewegung.

Folklore und Drama: *Fiddler on the Roof*

Der Komponist Jerry Bock und sein Songtexter Sheldon Harnick hatten sich bereits mit *Fiorello!*, der sympathisierenden Biographie des populären New Yorker Bürgermeisters Fiorello La Guardia, und ihrer romantischen Komödie *She Loves Me* einen Namen gemacht, als ihnen mit dem Librettisten Joseph Stein 1964 der große Coup gelang: Mit *Fiddler on the Roof* beschworen sie die von Sholem Alejchem in seinen Erzählungen um den Milchmann Tevje geschilderte Welt des jiddischen, osteuropäischen Schtetls herauf. Tevje lebt mit Frau und fünf Töchtern in dem ukrainischen Dorf Anatevka zur Zeit des Zaren. Ständig von antisemitischen Pogromen bedroht, gilt seine Sorge doch vor allem dem Lebensglück seiner Töchter. Diese widersetzen sich allerdings den Plänen ihres Vaters: Tzeitel zieht einen armen Schneider dem von Tevje vorgesehenen wohlhabenden Flescher vor, Hodel liebt einen revolutionären

Fiorello! (1959) von **Jerry Bock** und **Sheldon Harnick** war das dritte Musical, das mit dem Pulitzer-Preis als bestes Drama des Jahres ausgezeichnet wurde.

1957 – 1978

Der Titel *Fiddler on the Roof* bezieht sich auf ein in **Marc Chagalls** Gemälden immer wiederkehrendes Motiv: Der Geiger auf dem Dach, der versucht, seinem Instrument ein paar hübsche Klänge zu entlocken, ohne sich dabei das Genick zu brechen, steht als Sinnbild für die Armut und Antisemitismus trotzenden jüdischen Gemeinschaften Osteuropas.

Studenten, dem sie in die Verbannung nach Sibirien folgt, und Chava wird vom orthodoxen Tevje verstoßen, als sie einen nichtgläubigen Russen heiratet. Das Stück endet mit der vom Zaren angeordneten Vertreibung der Juden aus ihrer Heimat. Tevje und seine Frau Golde hoffen auf eine bessere Zukunft mit ihren beiden jüngeren Töchtern in Amerika. So wie Boris Aronsons Dekors von den heiteren Schtetl-Bildern Marc Chagalls inspiriert wurden, ließ sich Jerry Bock bei Songs wie *If I Were a Rich Man* oder der Abschiedsballade Hodels *Far from the Home I Love* von chassidischen Volksweisen anregen. Die Mischung aus Drama und Sentiment, jiddischer Folklore und melancholischem Humor sprach entgegen allen Prognosen ein breites Publikum an: *Fiddler on the Roof* lief länger als je eine Theaterproduktion zuvor am Broadway. Bei der Arbeit an *The Rothschilds* (1970), der historisch nicht ganz getreuen Biographie des Frankfurter Bankiers Meyer Amschel Rothschild, überwarfen sich Bock und Harnick und beendeten ihre Partnerschaft.

Harter Realismus: *Golden Boy*

Charles Strouse und Lee Adams schrieben 1964 die Musik zu *Golden Boy*, einem dramatischen Musical um Aufstieg und Fall eines Boxers. Im

In Deutschland unter dem Titel *Anatevka* bekannt, stand *Fiddler on the Roof* 1993 auch auf dem Spielplan des Berliner Metropol-Theaters.

Gegensatz zu Clifford Odets gleichnamigem Schauspiel, das als Vorlage diente, ist der Titelheld des Musicals ein Schwarzer, voller Ehrgeiz, dem Ghetto zu entkommen, voller Wut über ihm widerfahrende rassistische Diskriminierung. Der Kampf, der ihn

zum Sporthelden machen soll, ist sein letzter: Sein Gegner stirbt infolge harter Treffer, er selbst kommt bei einem Autounfall ums Leben. Die choreographische Umsetzung des Boxkampfes gehörte neben dem harten Realismus in Dialogen und Darstellung zu den beeindruckendsten Qualitäten der

Dramatischer Höhepunkt von Golden Boy war der tödlich endende Boxkampf. Szenenfoto der New Yorker Erstaufführung.

Produktion. Gefeiert wurde auch der Hauptdarsteller Sammy Davis jr. für seine energievolle Darstellung des »Goldjungen«.

Der unmögliche Traum: *Man of La Mancha*

Die Zeitungsente, daß der Fernsehautor Dale Wasserman für eine Adaption von *Don Quixote* in Spanien Recherchen betreibe, machten diesen erst auf das Sujet aufmerksam. Erstes Ergebnis seiner Beschäftigung mit Miguel de Cervantes' Anfang des 17. Jh. entstandenen Romanen war ein Fernsehfilm. Der von dem Stoff begeisterte Mitch Leigh überredete Wasserman, statt einer geplanten Schauspielfassung lieber ein Musical auf die Bühne zu bringen. Leigh hatte in Yale unter anderem bei Paul Hindemith Musik studiert und verdiente als Komponist von Werbespot-Jingles so gut, daß er gelegentlich unentgeltlich Schauspielmusik schrieb. Für seine Partitur zu *Man of La Mancha* ließ er sich von Flamencoklängen, Bolero-Rhythmen und anderen Formen spanischer Folklore inspirieren. Das spektakulär

Die Adaption des Filmklassikers *All About Eve*, die mit Lauren Bacall in der Rolle als alternder Diva 1970 unter dem Titel *Applause* am Broadway herauskam, war ein weiterer Erfolg des Teams **Strouse** und **Adams**. Der wie Bernstein über eine ausgezeichnete musikalische Ausbildung verfügende Charles Strouse hatte sinfonische Werke und Kammermusik komponiert. Für den Broadway begnügte er sich meist mit wirkungsvollen Bühnensongs. Mit *Annie* (1977), der sentimentalen, an Dickens' *Oliver Twist* erinnernden Geschichte um ein Waisenkind, das von einem netten Multimillionär und Parteigänger Roosevelts adoptiert wird, gelang ihm 1977 ohne Lee Adams sein größter Kassenschlager.

1957 – 1978

Richard Kiley (links) als *Man of La Mancha*. Eine Rahmenhandlung zeigt den Dichter Cervantes in den Verliesen der spanischen Inquisition. Er und sein Diener spielen ihren Mitgefangenen die Geschichte des Ritters von der traurigen Gestalt vor: Ein verwirrter alter Mann hält sich für Don Quixote und die Gelegenheitsprostituierte Aldonza für eine untadelige Prinzessin namens Dulcinea. Ihr zu Ehren führt er mit seinem Knappen Sancho Pansa im Gefolge Windmühlenflügelkämpfe gegen imaginäre Gegner. Aldonza versucht ihm ihre wahre Identität drastisch vor Augen zu führen, doch er besteht darauf, den unmöglichen Traum zu träumen, für das Unerreichbare zu kämpfen. Als er endlich seine klägliche Realität erkennt, stirbt er. Doch die geläuterte Aldonza hält seine Utopie am Leben.

zu beiden Seiten des Bühnenbildes aufgebaute Orchester intonierte nicht nur die einzelnen Musiknummern, sondern ermöglichte durch die, den Dialogen unterlegte Musik fließende Übergänge zwischen Szene und Song. Mit dem Erfolg von *Man of La Mancha* wurde 1965 auch für den Komponisten ein unmöglicher Traum wahr: Der Stoff galt als so ausgefallen und die künstlerisch Verantwortlichen als so unbekannt, daß die Produktion zunächst off Broadway herauskam. Mit *The Impossible Dream*, Sancho Pansas treuherziger Sympathiebekundung *I Really Like Him* oder dem wütenden und verzweifelten Lied der *Aldonza* schuf Mitch Leigh kraftvolle und originelle Musik, die zu großen Erwartungen Anlaß gab. Doch Leigh wandte sich nach zwei totalen Mißerfolgen wieder vom Musiktheater ab.

Comedy und Jazz: Neil Simon und Cy Coleman

Der Spezialist für Boulevardkomödien Neil Simon schrieb fünf Musical-Textbücher, die mit pointierten Dialogen und gut geölter Komödiendramaturgie neue Maßstäbe setzten. Nach den von Cy Coleman vertonten Stücken *Little Me* (1962) und *Sweet Charity* (1966) komponierte Burt Bacharach die Songs zu *Promises, Promises* (1968), einer Adaption von Billy Wilders preisgekröntem Film *Das Apartment*. Simons Zweipersonenstück *They're Playing Our Song* (1979) und *The Goodbye Girl* (1993), beide mit der Musik des *Chorus Line*-Komponisten Marvin Hamlisch, waren Simons bislang letzte Ausflüge ins Musical.

Den 1929 in New York geborenen ehemaligen Konzertpianisten und Jazzmusiker Cy Coleman zog zunächst nichts zum Theater. Einige Hitparadenerfolge wie sein für Frank Sinatra geschriebener Song *Witchcraft* trugen ihm jedoch den Auftrag zu seinem ersten Musical *Wildcat* ein. 1962 komponierte er die Songs zu Neil Simons irrwitziger Farce *Little Me*. Die legendäre

1957 – 1978

Diva Belle Poitrine berichtet mit geheuchelter Bescheidenheit von ihrem Aufstieg aus ärmlichen Verhältnissen zu Ruhm und Reichtum und den Männern ihres Lebens. Diese wurden alle von dem Fernsehkomiker Sid Caesar verkörpert, dem der Song *Boom-Boom* Gele-

genheit zu einer hinreißenden Maurice-Chevalier-Parodie bot. Von der Kritik hochgelobt, war die Publikumsresonanz trotz Colemans schwungvoller, jazzinspirierter Musik enttäuschend. Mehr Glück hatten Neil Simon und Cy Coleman 1966 mit Buch und Songs zu *Sweet Charity*. Die tragikomische Geschichte der treuherzigen Animierdame Charity, die trotz ihrer desillusionierenden Arbeit und immer wieder unglücklich endender Affären unbeirrt an die große Liebe glaubt, geht auf Federico Fellinis Film *Die Nächte der Cabiria* zurück. Es dauerte elf Jahre, bis Coleman mit *I Love My Wife* einen weiteren Erfolg verzeichnen konnte: Zwei Ehepaare beschließen unter dem Eindruck der sexuellen Revolution, die mittlerweile auch ihre Kleinstadt erreicht hat, die Partner zu tauschen. Doch bevor es wirklich ernst wird, erkennen die Männer, daß sie ihre Frauen lieben.

Sweet Charity 1996 in einer Aufführung des Staatstheaters Kassel: Die an Bernsteins *America* erinnernde dynamische Ensemblenummer *There's Gotta Be Something Better Than This* verrät ebenso wie **Cy Colemans** bekanntester Song *Big Spender* die Jazz-Prägung des Komponisten.

Zeitbilder: Von *Cabaret* bis *Chicago*

Hatte *Golden Boy* einen realistisch erzählten Gegenwartsstoff behandelt, bot *Cabaret* 1966

ein Zeitbild der im Niedergang begriffenen Weimarer Republik und des aufkommenden Nationalsozialismus. Basierend auf den autobiographischen Erinnerungen des englischen Schriftstellers Christopher Isherwood steht im

1957 – 1978

Cabaret: **Liza Minelli** als Darstellerin der Sally Bowes in **Bob Fosses** 1972 entstandener Verfilmung, die ihr einen Oscar eintrug. Am Broadway hatte die Britin Jill Haworth den Vorzug erhalten, weil im Stück Sally Bowles eine Engländerin sein sollte.

George Grosz' Bilder aus der Weimarer Republik inspirierten die Ausstattung von *Cabaret* – Abbildung aus der Mappe *Ecce Homo*.

1957 – 1978

Anthony Quinn übernahm beim erfolgreicheren Revival von *Zorba* 1983 den ihm angestammten Part des weisen Lebenskünstlers Alexis Sorbas, den er schon auf der Leinwand verkörpert hatte.

Mittelpunkt die Affäre eines jungen Romanciers mit der Tingel-Tangel-Sängerin Sally Bowles, die im leicht anrüchigen Berliner Kit-Kat-Club auftritt. Eine Nebenhandlung erzählt von der Pensionswirtin Fräulein Schneider, die angesichts der drohenden faschistischen Machtübernahme den Heiratsantrag des jüdischen Obsthändlers Schultz zurückweist. Auch Sallys und Chris' Beziehung scheitert, als sie ein Kind, das sie von ihm erwartet, abtreiben läßt. In Joe Masteroffs vorzüglichem Buch gab es ein paar Veränderungen gegenüber der Vorlage: Aus dem bisexuellen Briten Cliff wurde ein heterosexueller Amerikaner und aus Sally eine Engländerin. Der Produzent und Regisseur Harold Prince betraute den Komponisten John Kander und den Songtexter Fred Ebb mit der Musik. Das Gespann hatte ein Jahr zuvor gemeinsam mit Liza Minelli seine Broadwaylaufbahn mit *Flora, the Red Menace*, die Geschichte linker Aktivisten im Amerika der dreißiger Jahre, begonnen. John Kanders Geschick, seine musikalischen Mittel dem Charakter des Stückes und der Figuren anzupassen, ließ ihn zu einem der versiertesten Theaterkomponisten seiner Generation werden. Für Showsongs wie *Money, Money*, die im Kit-Kat-Club von Sally und dem von Joel Grey verkörperten androgynen Conferencier vorgetragen werden, studierte er Kurt Weills vor 1933 in Deutschland entstandene Kompositionen. Im Lied eines jungen Nazis *Tomorrow Belongs To Me* klingen sentimentale deutsche Volksweisen und Studentenlieder an. Authentizität erhielt die Produktion auch durch die Besetzung des Fräulein Schneiders mit Lotte Lenya. Weills Witwe war als Mitwirkende der *Dreigroschenoper*-Urproduktion eine gefragte Zeitzeugin.

Der nostalgischen Familienkomödie *The Happy
Time* (1967) ließen Kander und Ebb und der
Librettist von *Fiddler on the Roof* Joseph Stein
eine Musicalversion des griechischen Films *Alexis
Sorbas* folgen. Mit Sirtakiklängen lag *Zorba*
(1968) im Trend zu folkloristischen Stoffen.
Chicago führte Kander und Ebb 1975 zu dem
sarkastischen Tonfall und zwielichtigen Ambiente
von *Cabaret* zurück. Der Regisseur und Choreo-
graph Bob Fosse wollte bereits Mitte der fünfzi-
ger Jahre Maurine Watkins' Schauspiel für die
Musicalbühne adaptieren. Knapp zwanzig Jahre
später inszenierte er eines der düstersten und
sarkastischsten Stücke der Broadwaygeschichte.
Hinter ihm lagen langwierige Verhandlungen mit
der Autorin der Vorlage und ihrer Mutter, die
Heirat mit und Trennung von seinem designierten
Star Gwen Verdon, zwei Herzattacken und eine
Bypass-Operation – Erfahrungen, die er in seinem
Spielfilm *All That Jazz* verarbeitete. Die brecht-

Chicago – **Judy Winter**
und **Ernst Stankovski** in
einer Wiener Produktion.

sche Moritat um
die Mörderin
ihres Liebhabers
Roxie Hart, die
im Chicago der
zwanziger
Jahre dank der
Umtriebe ihres
windigen
Rechtsanwaltes
nicht nur freigesprochen wird, sondern zum
Medienstar avanciert, präsentierte Fosse im Stile
einer Vaudeville-Nummernrevue. John Kanders
am Chicago-Jazz der zwanziger Jahre orientierte
Musik und Fred Ebbs Verse nahmen den sarkastischen Gestus in Songs wie *All That Jazz* oder
Razzle-Dazzle auf. Mit ihrer Emanzipations-
komödie *Women of the Year* (1981) landete das
Duo Kander und Ebb einen weiteren Erfolg.
1997 fand die Broadwaypremiere von Kanders

Chita Rivera in der Londoner
Produktion von **Kander** und
Ebbs *Kiss of the Spiderwoman*. Das dramatische Kammerspiel von 1992 spielt im
Gefängnis eines lateinameri-
kanischen Militärregimes. Ein
Revolutionär wird durch
seinen Zellengenossen, einen
schwulen Schaufensterdeko-
rateur, mit anderen
Weltsicht und Lebensweise
konfrontiert. Die »Spinnen-
frau« Aurora ist ein Produkt
der lebhaften Phantasie des
Schaufensterdekorateurs
Molina, die Erinnerung an ein
Filmidol seiner Kindheit. Die
Geschichte einer sich langsam entwickelnden, tragisch
endenden Freundschaft
basiert auf einem gleichnamigen Schauspiel und dem
Roman von Manuel Puig.

1957 – 1978

und Ebbs bisher letztem Werk *Steel Pier* statt, in dessen Mittelpunkt ein Marathontanzturnier steht.

Rock over Broadway

Das Zeitalter des Wassermanns: *Hair*

Im Gegensatz zu den eher traditionellen Musicals, der sechziger Jahre stand *Hair*, das am 29. April des legendären Jahres 1968 seine skandalumwitterte Broadwaypremiere feierte. In den Elfenbeinturm, zu dem sich das amerikanische Unterhaltungstheater zu entwickeln drohte, drangen nicht nur die elektrisch verstärkten Rockklänge, sondern auch Wirklichkeit und Konflikte des bewegten Jahrzehntes ein. Songs über Drogenkonsum und Rassendiskriminierung, freie Liebe und unkonventionelle Sexualpraktiken, den Vietnamkrieg und Umweltverschmutzung sorgten für wohlige Empörung unter zahlreich erschienenen Voyeuren und für echte Begeisterung bei einer großen Fangemeinde. Das als »American Tribal Love Rock Musical« angekündigte Stück hatte seine

Obwohl *Hair* wie kaum ein anderes Musical Ausdruck seiner Zeit und des damit verbundenen Lebensgefühls ist, haben **Galt MacDermots** einfache, charmante Balladen wie *Frank Mills* oder *Easy To Be Hard* und mitreißende Up-Tempo-Songs wie *I Got Life* eine verblüffende Frische bewahrt. – Szenenfoto aus einer Inszenierung der Städtischen Bühnen Lübeck 1997.

Uraufführung ein halbes Jahr zuvor im Rahmen von Joseph Papps New York Shakespeare Festival gehabt. Zwei arbeitslose Schauspieler namens Gerome Ragni und James Rado hatten eine lose Folge von Szenen um den zur Armee eingezogenen Claude geschrieben, der zum Kampfeinsatz nach Vietnam geschickt werden soll. Die letzten Tage und Stunden vor Antritt seines Wehrdienstes verbringt er mit einer Gruppe von Hippies um den charismatischen Wortführer Berger. Der kanadische Diplomatensohn Galt MacDermot vertonte Ragnis und Rados Texte, die von der Sehnsucht nach Liebe, der Hoffnung auf das »Zeitalter des Wassermanns« oder den Vorzügen langer Haare handelten. Ein von der Aufführung begeisterter Unternehmer brachte das Stück nach dem Erwerb der

Rechte in einer Diskothek namens Cheetah neu heraus und ließ es dann von dem aus der experimentellen Theaterszene stammenden Regisseur Tom O'Horgan für eine Broadway-aufführung überarbeiten. Dieser krempelte *Hair* vollkommen um, reduzierte die rudimentäre Hand-

Die Sketche und Songs von *Oh, Calcutta!* (1969) behandelten zum Entsetzen mancher Kritiker offen Themen wie Onanie oder Fetischismus und präsentierten dem freudig schockierten Publikum das nackte Ensemble.

lung auf ein Minimum und veranlaßte das Trio MacDermot/Ragni/Rado, neue Songs mit Titeln wie *Sodomy* oder *Hashish* zu schreiben. O'Horgan gerierte sich als Bürgerschreck, ließ das Ensemble am Ende des ersten Aktes nackt im Halbdunkel agieren und das Publikum in das Finale *Let the Sunshine In* mit einbeziehen. Durch wohlkalkulierte Provokationen führte er den aufrichtigen Protest gegen das Estblishment zum kommerziellen Erfolg.

Die sexuelle Revolution machte auch vor dem Broadway nicht halt: Für das berühmt-berüchtigte *Oh, Calcutta!* bat der englische Theaterkritiker Kenneth Tynan so unterschiedliche Autoren wie Samuel Beckett, John Lennon oder Sam Shepard Sketche beizusteuern. Viele der an der Produktion Beteiligten entstammten der experimentellen New Yorker Theaterszene. Die erotische Unterhaltungsrevue mit Songs von Robert Dennis, Peter Schickele und Stanley Walden erzielte die bis heute drittlängste Laufzeit der Broadwaygeschichte und etablierte sich als Touristenattraktion.

Rockopern

Hair erweiterte die Stilvielfalt des Musicals um das Rockidiom und begründete eine Entwicklungslinie, die bis zu Jonathan Larsons *Rent* (1996) reicht. Der anfangs so rudimentäre und simple Rock 'n' Roll hatte in den sechziger Jahren komplexere Formen hervorgebracht. 1967 lösten die Beatles mit ihrer in monatelanger Tonstudioarbeit entstandenen LP *Sergeant Pepper's Lonely Hearts Club Band* einen Trend weg von einfachen Songs

Tommy im hessischen Offenbach: Am Broadway wurde die Geschichte um einen blinden und taubstummen Jungen, der sich im Nachkriegsengland als begnadeter Flipperspieler entpuppt und schließlich auf wundersame Weise geheilt wird, ein Renner. Im Londoner West End und in Deutschland stieß die spektakuläre und durchkomponierte Show 1996 trotz bekannter Hits wie *Pinball Wizard* oder *Acid Queen* auf wenig Publikumsinteresse.

1957 – 1978

125

Die Geschichte von **Stephen Schwartz'** *Godspell* (1971) wurde in der Off-Broadway-Produktion mit Mitteln des Clownstheaters dargestellt.

Stephen Schwartz hatte in seiner Pittsburgher Studienzeit mit *Pippin* bereits ein Musical komponiert, das nach dem Erfolg von *Godspell* 1972 zur Aufführung kam. Pippin, der naive Sohn Karls des Großen, versucht vergeblich, als Krieger, Liebhaber und Kämpfer für soziale Gerechtigkeit den Sinn des Lebens zu finden. Erst der Rückzug in ein bürgerliches Eheleben macht Pippin glücklich. **Bob Fosse** verhalf als Regisseur und Choreograph dem von Commedia dell'Arte und mittelalterlichen Bänkelgesängen inspirierten Rockspektakel zu einer langen Laufzeit am Broadway.

1957 – 1978

hin zu live kaum reproduzierbaren Klangwelten und zum Konzeptalbum aus.

The Who um ihren kreativen Kopf Pete Townsend veröffentlichten 1969 ihr als »Rockoper« tituliertes Werk *Tommy*, das 25 Jahre später als Musical wiedererweckt wurde.

Der *Hair*-Komponist Galt MacDermot verzeichnete nur noch einen nennenswerten Erfolg mit seinen Rocksongs zu Shakespeares Komödie *Two Gentlemen of Verona* 1971; für das Lied *Who Is Silvia?* griff er auf die originalen Verse des Dramatikers zurück. Shakespeare hatte bereits im Jahr des *Hair*-Triumphes als Inspirationsquelle für die von Hal Hester und Danny Apolinar vertonte Off-Broadway-Produktion *Your Own Thing* gedient. Mit verstärkten Gitarrenklängen und einer Multimediashow wurde seine Komödie *Was Ihr wollt* ins New Yorker East Village der Gegenwart übertragen. 1971 kamen in New York zwei Rockmusicals über die letzten sieben Tage im Leben Jesus Christus heraus. Die Musik zu *Godspell* stammte von einem jungen Komponisten namens Stephen Schwartz. Der Autor und Regisseur John-Michael Tebelak beabsichtigte eine positive, ein junges Publikum ansprechende Darstellung der Ereignisse um Kreuzigung und Auferstehung von Jesus Christus.

Zehn Schauspieler erzählten und spielten zu Schwartz' Gospel-Rock-Songs in wechselnden Rollen die biblische Geschichte um Kreuzigung und Erlösung Christi nach. Der wie ein Zirkusclown geschminkte Jesus-Darsteller trug das Superman-Emblem auf seiner Brust. Mit solch bewußt einfachen

und komödiantischen Mitteln erzielte *Godspell*
eine erheblich längere Laufzeit als die von Tom
O'Horgan inszenierte thematisch verwandte
Popoper der beiden Briten Andrew Lloyd Webber
und Tim Rice, *Jesus Christ Superstar*.

Kult-Musicals

Im Gefolge der Rockopern entstanden eine Reihe
von Stücken, die liebevoll Klischees und Mythen
zweitklassiger Hollywoodfilme oder – wie *Grease*
– der Rock 'n' Roll-Ära zitieren und persiflieren.
Ohne allzu große musikalische Ambitionen an
den Tag zu legen, errangen einige originelle und
erfrischende Werke Kultstatus und gewannen
dem Musical ein junges Publikum zurück.

Grease dauerte bei seiner Erstaufführung in einem
Chicagoer Straßenbahndepot fünf Stunden. Ein
Produzentenpaar sicherte sich die Aufführungs-

Die gutgelaunte Rock 'n' Roll-
Show *Grease* gehört in den
neunziger Jahren zu den
meistgespielten Musicals –
Szenenfoto der Londoner
Produktion.

rechte, veran-
laßte die für
Musik, Buch
und Song-
texte zustän-
digen Jim

The Rocky Horror Show
in einer Inszenierung des
Schauspiel Leipzig, Spielzeit
1996/97.

Jacobs und Warren Casey zu notwendigen
Kürzungen und brachte das Musical 1972 in New
York heraus. Am Broadway war *Grease* im Zuge
einer Nostalgiewelle ein grandioser Erfolg.

Die Liebesgeschichte zwischen Sandy und
Danny beschwört schwärmerische Erinnerungen
an die High-School-Zeit der fünfziger Jahre
herauf, an James Dean und Rock 'n' Roll, Pettycoat
und Pomade. Eine 1978 entstandene Verfilmung
mit John Travolta und Olivia Newton-John machte
Grease auch in Deutschland bekannt, wo es seit-
dem zu den populärsten Bühnenproduktionen
gehört.

Die von Richard O'Brien geschriebene und
vertonte *Rocky Horror Show* verdankt ebenfalls
einer 1975 entstandenen Filmversion seine welt-

1957 – 1978

Das Plakat der New Yorker Originalproduktion von **Alan Menkens** *Little Shop of Horrors*.

Disney's *The Beauty and the Beast*, die Bühnenversion des von den Walt Disney Studios produzierten Zeichentrickfilms in einer Aufführung des Wiener Raimund-Theaters 1995. **Alan Menken** komponierte die Musik, **Tim Rice** und **Howard Ashman** schrieben das Libretto.

weite Fangemeinde. Geschminkt und kostümiert wie die bizarren Figuren des Rockspektakels begleiten treue Zuschauer Film- und Theateraufführungen mit ihren Aktionen und Kommentaren. Die Parodie auf Hollywood-Billigproduktionen war 1973 in einer Londoner Spielstätte mit gerade sechzig Plätzen herausgekommen. *The Rocky Horror (Picture)Show* variiert geschickt aus Science-Fiction- und Horrorfilmen zusammengeklaubte Motive und konfrontiert ein frisch verliebtes, noch ein wenig gehemmtes Paar mit den bizarren Bewohnern eines abgelegenen Schlosses. Der transsexuelle transsylvanische Transvestit Frank'n'furter verführt sowohl Brad als auch Janet, erschafft sich mit dem künstlichen Menschen Rocky ein Lustobjekt und tischt seinen Gästen den von ihm erschlagenen Rocker Eddie auf. Schließlich wird er aber vom buckligen Diener Riff-Raff entmachtet.

Little Shop of Horrors mit der Musik von Alan Menken kam 1982 in einem Off-Broadway Theater heraus und basiert auf Roger Cormans 1960 entstandenen gleichnamigen B-Picture. Wie der Film handelt das Musical von der Liebe des schüchternen Seymour zu der mit einem sadistischen Zahnarzt liierten Blumenverkäuferin Audrey. Seymours weitere Zuneigung gilt der von ihm gezüchteten fleischfressenden Pflanze Audrey II, deren immer zügelloserer Appetit mehrere Opfer fordert. Die Songs der Mädchenbands der frühen sechziger Jahre wie den Shirelles standen bei Alan Menkens Musik Pate. Ihm gelang es im Gegensatz zu anderen Komponisten und Autoren von Kultmusicals, an seinen Erfolg anzuknüpfen. Er schrieb die Musik für Walt Disneys Filmmusicals *The Beauty and the Beast* und *The Hunchback of Notre Dame*.

Dan Goggins langlebige Off-Broadway-Komödie *Nunsense* (1985) handelt von fünf Nonnen, die als einzige ihres Ordens einer töd-

lichen Lebensmittelvergiftung entgangen sind. Um
die erheblichen Bestattungskosten für ihre Schwestern aufbringen zu können, veranstalten die
Überlebenden eine Benefizgala, bei der sich alle
fünf als ausgesprochene Showtalente entpuppen.
Mit zwei Fortsetzungen versuchte Goggin an den
Erfolg seines skurrilen Werkes anzuknüpfen.

Die siebziger Jahre

Krise am Broadway
Hair löste trotz seines Erfolges keine Revolution
aus. So wie die Aufbruchstimmung des Jahres
1968 bald großer Ernüchterung wich, blieb auch
dem amerikanischen Musiktheater eine umfassende Erneuerung versagt. Im Gegenteil: Anfang der
siebziger Jahre erlebte der Broadway seine bis
dahin größte Krise, denn der Mangel an nach-
rückenden Talenten wurde nun schmerzhaft spürbar. Obwohl *Hair* einige Nachahmer fand, blieben

Chicago gehört zu den wenigen großen Werken der siebziger Jahre: **Barney Martin**
singt als schwächlicher
Ehemann der Mörderin Roxie
Hart mit *Mister Cellophane*
einen der bekanntesten Songs
des Stückes. Das Musical von
John Kander und **Fred Ebb**
erlebte 1997 ein umjubeltes
Revival am Broadway.

die bekannten Rockkomponisten dem Musical
weiterhin fern. Von der Generation der sechziger
Jahre konnten nur Kander/ Ebb und Cy Coleman
aktuelle Erfolge verzeichnen. Harvey Schmidt,
Mitch Leigh und Jerry Bock hatten sich zurückgezogen, Jerry Hermans Projekte scheiterten an
Kritik und Kasse. Gestiegene Produktionskosten er-
schwerten es den Produzenten zunehmend, die
benötigten finanziellen Mittel aufzubringen.
Anstelle der vielen privaten Geldgeber früherer
Zeiten traten größere Unternehmen, vor allem die

Mit der pessimistischen Gesellschaftskomödie *Company*
begann der Komponist
Stephen Sondheim 1970
eine Reihe von formal und
inhaltlich außergewöhnlichen
Werken.

1957 – 1978

großen Filmkonzerne. Trotz der Krise etablieren sich zwei sehr unterschiedliche Komponisten, die seither dem Musical ihren Stempel aufdrücken: Der Brite Andrew Lloyd Webber und der Amerikaner Stephen Sondheim. Neben ihren Werken gehören Kanders und Ebbs *Chicago* und die von Michael Bennett konzipierte und von Marvin Hamlisch vertonte *A Chorus Line* zu den Lichtblicken dieses Jahrzehnts.

Einblick ins Metier: *A Chorus Line*

Am 18. Januar 1974 gegen Mitternacht trafen

sich in einem New Yorker Tanzstudio auf Einladung Michael Bennetts achtzehn Ensembletänzer, um von ihrem Beruf, ihren Erfahrungen, Hoffnungen und Frustrationen zu berichten. Aus den dabei mitgeschnittenen Tonbandaufnahmen entwickelte Bennett mit den Autoren James

Der Initiator von *A Chorus Line* **Michael Bennett** bei einer wirklichen Audition zu **Bacharachs** *Promises, Promises.*

Kirkwood und Nicholas Dante den Stoff zu einem Musical. Der Anfang der siebziger Jahre nicht zu übersehende Niedergang des Broadwaymusicals und seine Empörung über die schlechte Arbeitsmarktsituation für Bühnentänzer bewegten den Regisseur und Choreographen Bennett, die sonst anonymen Ensemblemitglieder ins Rampenlicht zu rücken: »Jeder von ihnen ist etwas Besonderes, und ich wollte sie und das Publikum dies wissen lassen«, erläuterte Bennett seine Zielsetzung. Statt auf konventionellem Weg Buch und Musik schreiben zu lassen und dem Werk bei einer Serie von Voraufführungen in der Provinz den letzten Schliff zu geben, entstand *A Chorus Line* im Verlauf zweier Arbeitsphasen. Wie schon für *Hair* leistete Joseph Papps New York Shakespeare Festival dabei Geburtshilfe. Immer neue Szenen wurden geschrieben, mit den Darstellern erarbeitet und erweitert, geändert oder verworfen. Hinzu kamen der Filmkomponist Marvin Hamlisch und der Texter Ed Kleban, die die persönlichen Berichte in Musiknummern umsetzten. Der Oscarpreisträger Hamlisch akzeptierte trotz Abratens seines Agenten wie alle Beteiligten das bescheidene Salär von 100 Dollar pro Woche. Eine erste viereinhalbstündige Fassung wurde in Form gebracht und auf zwei Stunden gekürzt. Drei Monate nach der Uraufführung im April 1975 wechselte *A Chorus Line* an den Broadway über, wo die Show bis 1990 zu sehen war. Zum einen Hommage an die zahllosen Ensembletänzer, die als kleine Rädchen die Theatermaschinerie am Laufen halten, zum anderen unsentimentale und authentische Darstellung des schonungslosen Auslesesystems am Broadway, erhielt *A Chorus Line* zahlreiche Auszeichnungen, darunter auch den Pulitzer-Preis. Die Audition für eine Revue bildet den Rahmen der Handlung: Der Choreograph Zach testet nicht nur die tänzerischen Fähigkeiten der achtzehn verbliebenen Bewerber, sondern läßt sie auch über persönlichste Dinge sprechen, obwohl die Glücklichen, die einen Job bekommen, nur Teil eines gesichtslosen Ensembles sein werden. In Analogie zu der nächtlichen Diskussion, mit der die Entstehungsgeschichte von *A Chorus Line* begann, werden Persönlichkeiten, Schicksale, Träume und Ängste sichtbar. Der schwule Paul erzählt von seinem Stolz und seiner Scham über den ersten Job in einer Travestieshow, die Puertoricanerin Diana berichtet in *Nothing* von ihren Problemen beim Schauspielunterricht. Val heitert ihre Mitbewerber auf, als sie in *Dance 10, Look 3* (besser bekannt unter dem Titel *Tits & Ass*) die Vorzüge des Silikons preist, dank dem ihr Aussehen bei Auditions mittlerweile genauso hoch bewertet wird

A Chorus Line endet mit der einzigen Ensemblenummer *One*, mit der die Probe zur Aufführung wird.

A Chorus Line: Die Bewerber um einen der begehrten Jobs versuchen sich ins rechte Licht zu setzen. – Szenenfoto einer Produktion von Wolfgang Boksch Concerts.

1957 – 1978

wie ihr tänzerisches Können. Unter den Bewerbern ist auch Cassie, eine ehemalige Geliebte des Regisseurs Zach. Dieser lehnt die Solotänzerin als zu gut für den Chorus ab, doch Cassie ist sich angesichts drohender Arbeitslosigkeit nicht zu schade dafür. Mit ihrem emotionalen Appell *Music in the Mirror (Let Me Dance for You)* lockt sie den sich unnahbar gebenden Zach aus der Reserve. Insider meinten in der Figur Zachs ein Selbstportrait Michael Bennetts zu erkennen. Auch die von Richard Attenborough inszenierte Verfilmung fand 1985 ein großes Publikum.

Autobiographische Musicals

Die siebziger Jahre sahen eine ganze Reihe weiterer Musicals, denen autobiographische Stoffe

zugrunde liegen. Marvin Hamlisch und die Texterin Carole Bayer Sager verarbeiteten z.B. ihre eigene stürmische Liebes- und Arbeitsbeziehung in den Songs zu Neil Simons musikalischer Boulevardkomödie *They're Playing Our Song* (1979). Von je

Harald Juhnke und **Gaby Gasser** in einer Aufführung von *They're Playing Our Song* der Komödie am Kurfürstendamm Berlin.

drei Backgroundsängern abgesehen, die unterschiedliche Facetten der beiden Protagonisten verkörpern, kam das Stück mit zwei Personen aus.

Auch das von Gretchen Cryer geschriebene und von Nancy Ford vertonte *I'm Getting My Act Together and Taking It on the Road* (1978) wies unverkennbare autobiographische Züge auf. Die auf die vierzig zugehende Sängerin Heather stellt ihrem Freund und Manager ein sehr persönliches Soloprogramm vor, das Ausdruck ihres Strebens nach Unabhängigkeit als Frau wie als Entertainerin ist. Ihre Weigerung, sich weiter nebulösen Marktgesetzen zu unterwerfen führt zur Trenung von Joe. Heather wird auch ohne seine Unterstützung mit ihrem Programm auftreten.

Andrew Lloyd Webber und Stephen Sondheim

Webber und Rice: Biblische Stoffe

Als 1970 eine Schallplatte mit dem Titel *Jesus Christ Superstar* erschien, konnte niemand ahnen,

daß der damals 22jährige englische Komponist Andrew Lloyd Webber zur beherrschenden Persönlichkeit des Musicals aufsteigen sollte. Wie der nur wenig ältere Songtexter Tim Rice gehörte er einer Generation an, die mit Rockmusik groß geworden war. Als Sohn eines Kirchenmusikers und Professors für Komposition und Harmonielehre entstammte der am 22. März 1948 in London geborene Webber einem musikalischen Haushalt. Eine Zeitschrift für Musiklehrer veröffentlichte 1959 erste Kompositionen des gerade 11jährigen. Zum einen aufgewachsen mit Bill Haley und den Everly Brothers, zum anderen vertraut mit Prokofjew und Puccini, begeisterte sich Webber auch für Musicalaufführungen, die er im Londoner West End zu sehen bekam. Im Gegensatz zu Webber konnte der am 13. November 1944 geborene Tim Rice dem Musical zunächst nicht viel abgewinnen; sein Interesse galt der Popmusik. Nachdem er sich als Sänger und Komponist versucht hatte, verlegte er sich auf das Schreiben von Liedtexten. In den folgenden Jahren entstanden ein paar wenig beachtete Schallplattenaufnahmen mit Songs von Webber und Rice sowie das nie zur Aufführung gelangte Musical *The Likes of Us* über einen englischen Sozialreformer des 19. Jh. Das zunächst unspektakuläre Angebot des Chorleiters einer Schule, zu deren Jahresab-

Die Bibel lieferte die Vorlage zu **Andrew Lloyd Webbers** ersten Musicals. Für *Joseph and the Amazing Technicolor Dreamcoat* griff Webber auf das 1. Buch Mose zurück, in dem von Joseph berichtet wird, den seine elf Brüder – aus Neid auf den ihm vom Vater verliehenen bunten Mantel – in die Sklaverei nach Ägypten verkaufen. Dort steigt er dank seiner hellseherischen Fähigkeiten zum Berater des Pharao auf – Abbildung aus der Koberger Bibel von 1483.

Seit Dezember 1996 läuft das Erstlingswerk von **Webber** und **Rice** *Joseph ...* im Essener Collosseum. Die Aufführung basiert auf der Broadwayproduktion von 1982.

1957 – 1978

schlußfeier ein kurzes Musikstück mit religiöser Thematik zu schreiben, sollte weitreichende

Folgen haben. Webber und Rice schufen unter Einbeziehung von Rockelementen, Country & Western-Klängen und Calypsorhythmen ein 15minütiges Oratorium. Das am 1. März 1968 uraufgeführte Werk wurde von Schülern und Eltern beklatscht, wäre aber womöglich dem Vergessen anheim gefallen, hätte nicht Andrew Lloyd Webbers Vater zwei Monate später in der von ihm betreuten Kirche eine weitere Aufführung organi-

Jesus Christ Superstar: Vom Konzeptalbum – Cover der Erstausgabe ...

siert. Der als Vater eines Chormitgliedes zufällig anwesende Musikkritiker der Sunday Times verfaßte spontan eine begeisterte Kritik, die weitere Aufführungen nach sich zog. Durch ständig neu hinzugefügtes Material entwickelte sich aus dem kurzen Oratorium nach und nach das abendfüllende Musical *Joseph and the Amazing Technicolor Dreamcoat*. 1976 fand in New York die erste Vorstellung des komplettierten Werkes statt.

Vom Plattenstudio auf die Bühne

Religiöse Themen und Fragestellungen erfreuten sich um 1970 großer Beliebtheit: Aufgeschlossene Kirchenvertreter versuchten mit Gospel- und Rockmessen die junge Generation zu erreichen. Der Dekan der Londoner St. Paul's Cathedral schlug Webber und Rice vor, das Neue Testament zur Grundlage eines in seiner Kirche aufzuführenden Stückes zu machen. Ende 1969 erschien als Vorbote eine Single mit dem Titel *Jesus Christ Superstar*. Um etwaigen Vorwürfen der Blasphemie zu begegnen, war auf dem Cover ein Geleitwort des Dekans abgedruckt. Die Falschmeldung, daß John Lennon in der Kathedrale als Jesus auftreten sollte, ließ trotz sofortiger Dementi die geplante Aufführung platzen: Lennon hatte 1966 mit der flapsigen Bemerkung, die Beatles seien populärer als Jesus, Christen in aller Welt gegen sich aufgebracht. Zudem kam die Single nicht über die unteren Regionen der Hitparaden hinaus. Das Projekt *Jesus Christ Superstar* hing an einem seidenen Faden, als überragende Plattenverkäufe aus den Niederlanden und Brasilien gemeldet wurden. Das daraufhin produzierte Doppelalbum verkaufte sich vor allem in den USA ausgezeichnet. Tim Rice' eloquente Texte sind von ungekünstelter, prosaischer Direktheit, und trotz Webbers Rockinstrumentierung trifft das Attribut »Rockoper« nur teilweise zu: Die durchkomponierte Partitur ist eine bunte Stilmelange aus Showsongs, Folk-Balladen, zeitgenössischer E-Musik, gregorianischen Gesängen und Rock, die darüber hinaus seine Vertrautheit mit klassischer Musik belegt. Tom O'Horgan, der das Stück *Hair* zu einer Songcollage umgestaltet hatte, wurde beauftragt, aus dem Konzeptalbum *Jesus Christ Superstar* eine Theaterfassung für den Broadway zu entwickeln. Die am 12. Oktober 1971 herausgebrachte Produktion bestätigte O'Horgans Ruf als Regie-Berserker. Die Kritik warf dem Regisseur, der sich vertraglich die alleinige künstlerische Entscheidungsgewalt hatte zusichern lassen, Effekthascherei und Geschmacklosigkeit vor. Sein rasant und opulent inszenierter, mit homoerotischen Andeutungen gespickter Bilderbogen rief nicht nur ästhetische Einwände hervor. Neben Protesten von in ihren religiösen Gefühlen verletzten Christen meldete sich das American Jewish Committee zu Wort, das der Inszenierung und Rice' Libretto antisemitische Tendenzen unterstellte. Obwohl einige Kritiker auch an Webbers Musik und Rice' Libretto kaum ein gutes Haar gelassen hatten, schrieb die Produktion nach knapp zwei Jahren Laufzeit schwarze Zahlen.

... zur Broadwayproduktion: **Tom O'Horgans** skandalumwitterte New Yorker Inszenierung setzte auf spektakuläre Bilder und aufwendige Ausstattung. **Andrew Lloyd Webber** war mit O'Horgans Interpretation nicht glücklich gewesen; der Konflikt war zeitweilig so weit eskaliert, daß der Regisseur den Komponisten von den Proben ausgeschlossen hatte. Die im August 1972 herausgebrachte Londoner Erstaufführung entsprach eher Webbers Vorstellungen und lief im West End acht Jahre lang.

1957 – 1978

Jesus Christ Superstar war lange Zeit das einzige verfilmte Musical von **Andrew Lloyd Webber**. Nach Alan Parkers Leinwandversion von *Evita* ist auch eine Adaption von *Cats* geplant – als Zeichentrickfilm.

Zwanzig Jahre nach ihrem gemeinsamen Mißerfolg mit *Jeeves* brachten **Ayckbourne** und **Webber** das Stück unter dem Titel *By Jeeves* in dem vom Autoren betriebenen Theater in Scarborough neu heraus. Statt auf opulente Ausstattung und überwältigende Spezialeffekte zu setzen, vertrauten Ayckbourne und Webber auf die virtuose Handhabung einfachster Theatermittel: Da wird schon mal aus zwei Kisten und einem Sofa ein Auto erstellt, da intoniert eine fünfköpfige Band Webbers liebenswürdige Songs im Stil der guten alten Zeit, da wechseln die Darsteller des charmanten, nicht allzu cleveren Dandys Bertie Wooster und des perfektes britisches Understatement verkörpernden Butlers Jeeves nonchalant die Spielebenen.

Von *Jesus Christ Superstar* zu *Evita*

Jesus Christ Superstar machte Webber und Rice zu Millionären. Über ihr nächstes Projekt waren sich beide uneins: Während Webber eine Bühnenadaption von P.G. Wodehouses sehr britischen Humoresken um den unerschütterlichen Butler Jeeves favorisierte, beschäftigte sich Rice lieber mit der Biographie der legendären argentinischen Präsidentengattin Eva Perón. Webber arbeitete daher mit Alan Ayckbourne zusammen, dem Autoren intelligenter Boulevardkomödien. *Jeeves* (1975) war Webbers erstes unmittelbar für das Theater entstandene Musical, das erste mit gesprochenen Dialogen und für lange Zeit sein einziger Mißerfolg. Webbers Biograph Michael Walsh resümierte, die musikalische Komödie *Jeeves* habe zwar so lang wie *Tristan und Isolde* gedauert, sei aber nur halb so amüsant gewesen. Das Stück hielt sich nur zwei Wochen auf dem Spielplan. In der Zwischenzeit hatte Rice ein Libretto zu *Evita* verfaßt, das wie *Jesus Christ Superstar* ohne Dialoge auskam. Andrew Lloyd Webber

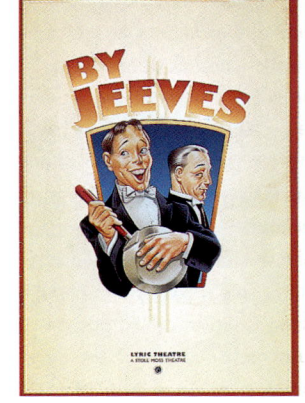

kehrte zu seinem langjährigen Partner und zu ihrer bewährten Methode zurück, zunächst eine Schallplattenaufnahme zu produzieren und sich dann um eine theatralische Umsetzung zu kümmern. Mit *Evita* beginnt 1978 nicht nur Webbers außergewöhnliche Erfolgsserie, sondern zugleich die weltweite Vermarktung großer Musicalproduktionen, die der uneingeschränkten Vorherrschaft des Broadways allmählich ein Ende setzte.

Stephen Sondheim

Ist Andrew Lloyd Webber der erfolgreichste Musicalkomponist aller Zeiten, so gilt der Amerikaner Sondheim als innovativster Kopf des unterhaltenden Musiktheaters. Nahezu im Alleingang und immer wieder kommerzielle Einbrüche riskierend, erschloß Stephen Sondheim dem Musical thematisch wie musikalisch neue Dimensionen. Der einer wohlhabenden Familie entstammende Sondheim studierte Musik am Williams College in Massachusetts und wurde bei seinen ersten Gehversuchen in der Showbranche von Oscar Hammerstein unterstützt. Der Produzent Harold Prince gab dem Songtexter von Bernsteins *West Side Story* und Stynes *Gypsy* 1962 die Chance, sich als Komponist zu profilieren. Auf den Komödien des römischen Dichters Plautus basierend, schuf Sondheim mit den Autoren Burt Shevelove und Larry Gelbart eine temporeiche Farce: *A Funny Thing Happened on the Way to the Forum* handelt von dem gewitzten Sklaven Pseudolus, der durch geschicktes Lavieren und Intrigieren gegen alle Widerstände seine Freiheit erlangt, indem er seinen geistig minderbemittelten Herren mit dessen Angebeteten zusammenbringt. *A Funny Thing ...* zieht eine Verbindungslinie von Plautus' antiken römischen Komödien zur amerikanischen Burleske des 20. Jh. Um das Publikum auf die folgende turbulente Posse einzustimmen, komponierte Sondheim noch während der Try-Outs das von Jerome Robbins choreographierte Opening *Comedy Tonight*, das zur bekanntesten Musiknummer des Stückes wurde. *A Funny Thing ...* folgte mit *Anyone Can Whistle* 1964 ein deprimierender Rückschlag. Sondheim, der verkündet hatte, auch einen Flop in Kauf zu nehmen, wenn er dafür etwas Neues ausprobiert habe, schien

Stephen Sondheim vor der Kulisse von *Sunday in the Park with George.*

Ilja Richter als pfiffiger Sklave Pseudolus in einer Berliner Aufführung von *A Funny Thing Happened...* mit dem Titel *Zustände wie im alten Rom –* Theater des Westens 1997.

1957 – 1978

Company: Zwischen zwei Geburtstagspartys für den Mittdreißiger Bobby spannt sich eine lose Szenenfolge, die sich zu einem pessimistischen Gesellschaftsbild zusammenfügt.

Zu *Follies* wurde **Harold Prince** von einem Photo angeregt, daß die einstige Stummfilmdiva **Gloria Swanson** in der Ruine eines alten Broadwaytheaters zeigt.

Follies war auf dem Höhepunkt einer Nostalgiewelle, die unter anderem Vincent Youmans' *No, No, Nanette* zu frischem Ruhm verhalf, alles andere als eine liebevolle Beschwörung der

das Schicksal anderer Komponisten seiner Generation zu teilen, die nach einem Mißerfolg in der Versenkung verschwanden. Erst sechs Jahre später kam ein neues von ihm vertontes Musical heraus.

Musicals für Erwachsene

Company (1970) war der Auftakt einer Trilogie von Gesellschaftskomödien, die in enger Zusammenarbeit mit dem Regisseur und Produzenten Harold Prince entstanden. Mit *Company* verabschiedeten sie sich von der konventionellen Dramaturgie der *Musical Comedy*: Ausgangspunkt war eine Folge von elf Einaktern, die der Schauspieler George Furth geschrieben hatte; aus vieren entwickelte er mit Sondheim und Prince den Musicalstoff. Unter Verzicht auf eine durchgehende Handlung zeigt *Company* Momentaufnahmen aus dem Leben der oberen Mittelschicht Manhattans, die an Woody Allens Filme und die von ihm portraitierten Stadtneurotiker erinnern. Der Junggeselle Bobby beobachtet voller Skepsis fünf befreundete

Paare, deren Beziehungen ihn nicht gerade ermutigen, eine feste Beziehung einzugehen. Entfremdung, Alkoholproblemen, Untreue und hilflosen Ritualen zur Bewahrung ewiger Jugend steht Bobbys durch Ironie kaschierte Bindungsangst und -unfähigkeit gegenüber. Hinter der Komödienfassade, der Eleganz von Sondheims Texten und seiner virtuos eingesetzten, rhythmisch geprägten Musik scheint eine ernüchternde Sicht auf Mann-Frau-Beziehungen durch.

Das Thema des Alterns und der Erinnerung, das schon in *Company* anklang, steht im Zentrum von *Follies*, das Sondheim und Prince nur ein Jahr später auf die Bühne brachten. Im Gegensatz zu *Company* war die aufwendige Produktion *Follies* trotz zahlreicher Auszeichnungen und einer beachtlichen Laufzeit ein finanzieller Fehlschlag. Der künstlerischen Wertschätzung des Werkes tat dies

keinen Abbruch. Die Zusammenkunft ehemaliger weiblicher Revuestars des fiktiven, an Florenz Ziegfeld erinnernden Produzenten Dimitri Weisman nahmen Prince und Sondheim zum Anlaß einer differenzierten Studie über Vergänglichkeit und das Verhältnis von Theaterillusion und Lebensrealität. Sondheim und Prince konfrontierten die gealterten Showgirls von einst mit ihren jugendlichen Ebenbildern, mit ihren Hoffnungen und Plänen und dem, was daraus geworden ist. Dazu schrieb Sondheim eine verführerische Musik. Die Reminiszenzen an die großen Revuen nutzte er zu Hommagen an Irving Berlin und Cole Porter. Mit seiner Gershwin-Persiflage *Losing My Mind* gelang ihm ein Song von bei ihm ungewohnter Emotionalität.

Ihre Trilogie der Gesellschaftskomödien schlossen Sondheim und Prince 1973 mit der Adaption des Ingmar-Bergman-Films *Das Lächeln einer Sommernacht* (1955) ab. Mit *A Little Night Music* erfüllte sich Sondheim den Wunsch, ein komplettes Musical im 3/4-Takt zu schreiben. Seine Walzer, Polonaisen, Menuette und Barcarolen lassen keinerlei Monotonie aufkommen und entsprechen dem historischen europäischen Ambiente des Stoffes, ohne in Nostalgie zu verfallen. Die Ballade *Send in the Clowns* wurde in Interpretationen von Judy Collins, Frank Sinatra und Barbra Streisand zu Sondheims bekanntester Komposition. Nach der schonungslosen Darstellung verlorener Illusionen in *Follies* warf *A Little Night Music* einen milderen Blick auf die Gesellschaft. Der Kritiker Clive Barnes würdigte Sondheims und Prince' Arbeit als Musical für Erwachsene.

Anstelle einer Ouvertüre führen fünf Lieder-Sänger wie ein antiker Chor in Handlung und Personen von **Sondheims** *A Little Night Music* ein. Das Stück *A Little Night Music* spielt im Schweden der Jahrhundertwende: Die nicht mehr ganz junge Schauspielerin Désirée Armfeldt trifft einen ehemaligen Geliebten, den Rechtsanwalt Frederick Egerman, wieder. Beide fühlen sich erneut zueinander hingezogen, doch Désirées Affäre mit einem verheirateten Offizier und Armfeldts Ehe mit einer 18jährigen stehen dem entgegen. Fredericks Sohn ist in seine gleichaltrige Stiefmutter verliebt, während die Offiziersgattin versucht, Egerman zu verführen. Désirées greiser Mutter gelingt es, im Laufe einer Abendgesellschaft die passenden Paare zusammenzubringen. Während die Liebenden zusammenfinden, verstirbt sie unbemerkt und zufrieden nach einem erfüllten Leben.

1957 – 1978

Pacific Ouvertures schildert aus japanischer Sicht die 1853 durch amerikanische Kanonenbootpolitik erzwungene Öffnung des bis dahin vollständig gegenüber westlichen Einflüssen und Handelsinteressen abgeschotteten Landes. Fast ausschließlich mit asiatischen Darstellern besetzt, orientierte sich die Inszenierung an Formen des traditionellen japanischen Kabukitheaters, was unter anderem bedeutete, das die Frauenrollen von Männern übernommen wurden.

Sweeney Todd in einer Aufführung der Städtischen Bühnen Münster 1996.

Merrily We Roll Along erzählt von drei Freunden, die als Komponist, Songtexter und Autorin von einer gemeinsamen Broadwaykarriere träumen, vom Verlust der Illusionen und Verrat dieser Träume, als sich der Komponist an Hollywood verkauft. **Sondheim** und der Autor **George Furth** rollten die Geschichte von hinten auf, indem sie die Handlung 1980 beginnen und 1954 enden ließen.

Groschenroman, Gemälde und Grimms Märchen

Den thematisch und musikalisch noch unkonventionelleren *Pacific Ouvertures* (1976) versagten große Teile des Publikums die Gefolgschaft. Dagegen war *Sweeney Todd* (1979) erfolgreicher. Die Geschichte geht auf einen Groschenroman und ein darauf basierendes blutrünstiges Schauerdrama aus dem 19. Jh. zurück: Ein Barbier will sich an jenem Richter rächen, der ihn ins Gefängnis und um seine Frau gebracht hat. Wer sich ihm in den Weg stellt, fällt Sweeney Todds Rasiermesser zum Opfer und wird von seiner Komplizin zu Fleischpastete verarbeitet. Die schaurige Groteske versah Sondheim mit seiner ersten durchkomponierten Partitur. Harold Prince' Inszenierung stellte eine Beziehung zwischen Todds mörderi-

schem Treiben und einer durch die Industrielle Revolution verursachten Entmenschlichung des Individuums her.

Das kommerzielle Fiasko von *Merrily We Roll Along* (1982) beendete die langjährige Zusammenarbeit mit Harold Prince. Für seine beiden nächsten Projekte tat sich Sondheim mit dem Autor und Regisseur James Lapine zusammen. *Sunday in the Park with George* (1984) beschreibt den Entstehungsprozeß von Kunstwerken vor dem Hintergrund privater und kreativer Krisen und die Situation des Künstlers im Spannungsfeld zwischen persönlichem Credo und den Anforderungen des Kunstmarktes. Einige Kritiker bemängelten eine intellektuelle Selbstverliebtheit des ambitionierten, mit einem Pulitzer-Preis ausgezeichneten

Werkes. *Into the Woods* (1987) beleuchtet die mythologischen und psychologischen Inhalte

Grimmscher Märchen und plädierte in den materialistischen und selbstsüchtigen achtziger Jahren für mehr Verantwortung gegenüber der Gemeinschaft. Verschiedene Märchenmotive sind miteinander verwoben: Um den von einer bösen Hexe auferlegten Fluch der Kinderlosigkeit zu überwinden, müssen ein Bäcker und seine Frau Aschenputtels Schuh, Rotkäppchens Umhang, Jacks Milchkuh und eine Haarsträhne Rapunzels herbeischaffen. Alles gelingt, alles scheint gut zu werden. Doch das Glück auf dieser Welt ist nicht von Dauer: Tod und Entfremdung einiger Figuren veranlassen die Überlebenden, das Gemeinwohl über den Eigennutz zu stellen.

Georges Seurats pointillistisches Gemälde *Ein Sommernachmittag auf der Insel Grande Jatte* lieferte die Vorlage zu **Sondheims** Musical *Sunday in the Park with George.*

    Assassins (1991) führt eine Reihe historischer Figuren wie John Wilkes Booth, Lee Harvey Oswald oder John Hinckley zusammen, die alle ein Attentat auf einen Präsidenten der Vereinigten Staaten verübt haben. Der revueartige Bilderbogen zeigt eine dunkle Seite des amerikanischen Traums. Sondheim wurde auch hier wieder seine Scheu

Rapunzel läßt in der Broadwayproduktion von *Into the Woods* ihr goldenes Haar herunter.

1957 – 1978

vor Gefühlen und Zynismus zum Vorwurf gemacht; seine Musik sei ein intellektuelles Vergnügen, ansonsten aber konstruiert und kalt. Dieser Herausforderung stellte er sich mit seinem bislang letzten Werk *Passion* (1994), das bar jeder Ironie von der Macht der Leidenschaft handelt: Der Offizier Giorgio steht zwischen zwei Frauen, seiner sinnlichen, verheirateten Geliebten Clara und der häßlichen und kränkelnden Fosca. Deren

obsessive, scheinbar aussichtslose Liebe zu ihm überschattet und zerstört seine Beziehung zu Clara. Obwohl Fosca weiß, daß es bei ihrer Konstitution für sie den Tod bedeuten kann, schläft sie mit dem von ihrer Liebe bezwungenen Giorgio; drei Tage später stirbt sie. Die

Die grimmige Politparabel *Assassins* versah Sondheim mit heiteren Showsongs, schwungvollen Märschen und einer bitterbösen Anti-Nationalhymne. – Szenenfoto der deutschen Erstaufführung in Heilbronn.

Adaption eines Films von Ettore Scola offenbart erneut Sondheims Interesse für und seine Vertrautheit mit europäischer Kultur. Seine Musik und James Lapines Buch halten die Handlung des Einakters in ununterbrochenem Fluß, verschmelzen verschiedene Erzählebenen und Schauplätze. Der Briefwechsel zwischen Giorgio und Clara läßt beide, Schreiber und Empfänger, in einen musikalischen Dialog treten, während die gleichzeitig gespielte Realszene Giorgio im Gespräch mit Fosca zeigt: Diese szenische und musikalische Montagetechnik bietet eine aufregende, über jede realistische Bebilderung und Vertonung hinausgehende Erzählweise.

Sondheims Rang als bedeutendster derzeitig tätiger Musicalkomponist ist unbestritten. Als Songtexter steht er mit Cole Porter und Lorenz Hart auf einer Stufe, wobei seine Verse Inhalten und Charakterisierung stets den Vorzug vor noch

1957 – 1978

so raffinierten und sprachlich gewandten Reimen geben. Auch die musikalische Kompetenz Sondheims, der Ravel, Prokofjev, Copland und Britten zu seinen Vorbildern zählt, steht außer Frage. Seine von Jonathan Tunick arrangierten Orchesterbegleitungen lösen sich von der sonst gängigen starren Bindung an die Gesangsmelodie und entwickeln ein faszinierendes Eigenleben. Dem damit einhergehenden Verzicht auf eingängige Songs kompensiert Sondheim mit kompositorischer Finesse: Durch beharrlich wiederkehrende Begleitmotive verknüpft Sondheim

ganz unterschiedliche Themen zu einem in sich geschlossenen Ganzen und schafft atmosphärische Dichte. Von einigen Filmmusiken – etwa zu *Dick Tracy* (1991) – abgesehen, schreibt Sondheim nahezu ausschließlich für die Bühne. Die Palette der Sujets des unterhaltenden Musiktheaters hat er immens erweitert und dabei die Grenzen zwischen Unterhaltungstheater und E-Musik gesprengt.

Für das Zwei-Personen-Musical *Marry Me a Little* (1980) über zwei aneinander vorbeilebende Singles in New York fanden unveröffentlichte Sondheim-Songs Verwendung – Aufführung des Landestheaters Mecklenburg in Neustrelitz 1997.

1957 – 1978

Passion: Der Offizier Giorgio zwischen den beiden Frauen Fosca und Clara. – Szenenfoto der Broadwayproduktion.

Sängerin, Schauspielerin, Tänzerin und charismatische Bühnenpersönlichkeit: **Liza Minelli** in *The Act* von **John Kander** und **Fred Ebb.**

Der Musicaldarsteller ist der Mehrkämpfer unter den Akteuren. Er sollte jedoch nicht nur ein ausdrucksstarker Sänger, Tänzer und Schauspieler sein, sondern in den Übergängen und Verschmelzungen von einer Disziplin zur anderen überzeugen und in der Rolle bleiben. Singen und Tanzen sind in der Regel ein gesteigerter theatralischer Ausdruck einer Figur, eines Gefühls, einer Situation. Zudem wird von ihm Persönlichkeit, die sich in Bühnenpräsenz, stimmlichem, körperlichem und spielerischem Ausdruck offenbart, verlangt. Mehr noch als ein Darsteller des Sprechtheaters ist der singende und tanzende Schauspieler dabei an äußerliche und technische Vorgaben wie Rhythmus, Timing, Orchesterbegleitung und Choreographie gebunden, die zu seinem inneren Erleben und dem kreativen Prozeß des Spielens oft in Kontrast stehen. Während er eine emotional aufgeladene Szene zu spielen hat, muß er gleichzeitig auf einen Musikeinsatz, einen Lichtwechsel, seine Intonation, das Spiel seines Partners

und eine vom Choreographen vorgegebene Schrittfolge achten. Beim präzisen Befolgen der einstudierten Abläufe soll der Musicaldarsteller zugleich eine emotionale und persönliche Interpretation seiner Rolle bieten, sich zugleich unter Kontrolle haben und trotzdem Gefühle glaubhaft machen.

Im Zentrum des Theaters hat seit den Ursprüngen der Mensch gestanden. Der große britische Regisseur Peter Brook definierte: »Ich kann jeden leeren Raum nehmen und ihn eine nackte Bühne nennen. Ein Mann geht durch den Raum, während ihm ein anderer zusieht; das ist alles, was zur Theaterhandlung notwendig ist.« Dennoch hat es in der Geschichte immer wieder Bestrebungen gegeben, den Menschen mit seinen Unzulänglichkeiten von der Bühne zu verbannen. E.G. Craig schwebte Anfang des 20. Jh. eine »Übermarionette« vor, die den lebendigen Darsteller ersetzen sollte. In modernen Musicalproduktionen droht diese Idee beinahe Wirklichkeit zu werden, verschwindet der Mensch doch bisweilen hinter sensationellen Spezialeffekten und aufwendiger Licht- und Bühnengestaltung. Andrew Lloyd Webbers Musicals wie *Cats* oder *Starlight Express* kamen ohne Stars aus, wenngleich höchste körperliche Anforderungen an die Darsteller gestellt wurden. Doch auch der erfolgreiche Brite wandte sich nach diesen Werken über Katzen und Eisenbahnen wieder Stoffen zu, in deren Mittelpunkt wirkliche Menschen standen.

Nur ganz wenigen Stars wie Liza Minelli oder Ethel Merman war es vergönnt, daß ihnen Stücke auf den Leib geschrieben wurden. Ansonsten steht der Darsteller in der Hierarchie des Musicaltheaters oft auf einer unteren Stufe: Auf inhaltliche und konzeptionelle Entscheidungen hat er so gut wie nie Einfluß. Seine Verantwortung beschränkt sich auf die Gestaltung der eigenen Rolle. In Zeiten, wo Großproduktionen weltweit in identischen Inszenierungen präsentiert werden, bleibt ihm jedoch selbst die Möglichkeit, zu einer eigenen, persönlichen Rolleninterpretation zu finden, bisweilen verwehrt. Gefragt sind Darsteller, die nicht nur die gesanglichen, tänzerischen und spielerischen Erfordernisse der Rolle erfüllen, sondern auch rein äußerlich dem Typus der Urproduktion gleichen.

Understudies, die die Rolle einstudiert haben, um im Notfall für die verhinderte Erstbesetzung einzuspringen, und Zweitbesetzungen sind notwendig, da kaum ein Darsteller in der Lage wäre, über

Fame spielt in der New Yorker La Guardia High School, in der die Schüler als Tänzer, Musiker oder Schauspieler ausgebildet werden. Probenfoto.

Wochen, Monate oder gar Jahre jede Woche acht Vorstellungen gesanglich und körperlich durchzustehen. Die Belastungen für Stimme und Körper sind enorm. Daß selbst die größten amerikanischen Stars individuelle Stärken und Schwächen haben, mag den Musicalnachwuchs beruhigen: So urteilte eine Filmgesellschaft, die den am Broadway zu Erfolg gelangten Fred Astaire unter Vertrag nehmen wollte, über ihren zukünftigen Star harsch, er sei ein mäßiger Schauspieler, verfüge über keine besondere Stimme, habe einen zu großen Kopf für seinen schmächtigen Körperbau und neige zu Haarausfall. Der Vermerk endet immerhin mit der lakonischen Bemerkung: »Kann tanzen.« Daß Fred Astaire zu einem der größten Musicaldarsteller aller Zeiten wurde, zeigt letztendlich, wie wichtig Persönlichkeit in diesem Beruf ist.

Musicaldarstellerausbildung an der Berliner Hochschule der Künste.

1979 Iran: Schah gestürzt
1979 Margaret Thatcher brit. Regierungschefin
1980 John Lennon wird in New York ermordet
1980 Beatrix I. wird Königin der Niederlande
1981–1989 Ronald Reagan US-Präsident
1982 Falklandkrieg
1983 Helmut Kohl wird Bundeskanzler
1985 Gorbatschow wird Generalsekretär der KPdSU
1986 Philippinen: Sturz von Präsident Marcos
1989 Peking: Massaker auf dem Platz des Himmlischen Friedens
1989 Berliner Mauer fällt
1989 Sturz Ceaucescus
1990 Deutsche Einheit
1991 Slowenien und Kroatien unabhängig
1991 Südafrika: Ende der Apartheid
1991 Auflösung der UdSSR
1993 Bill Clinton wird Präsident der USA
1996 15 Millionen Menschen sind politisch verfolgt

1978 – heute

Musicals für den Weltmarkt

1982 erlebte Andrew Lloyd Webber zum ersten Mal, daß gleichzeitig jeweils drei seiner Musicals am Broadway und im Londoner West End zu sehen waren. Das hatte es seit den Zeiten von Rodgers und Hammerstein nicht mehr gegeben. Doch diesmal beherrschte ein Europäer das amerikanische Unterhaltungstheater. Über den persönlichen Triumph Webbers hinaus war dies der Auftakt einer Entwicklung, an der auch der englische Produzent Cameron Mackintosh maßgeblichen Anteil hatte.

Musicals waren in den USA immer Produkte kommerzieller Interessen gewesen. Amerikanischen Produzenten galt jedoch allein der Broadway als Maß aller Dinge. Über diesen Tellerrand blickten sie höchst selten: Europäischen Theaterunternehmern erteilte man gern gegen gutes Geld die Aufführungsrechte an New Yorker Erfolgsproduktionen, ließ sie dann aber gewähren. Cameron Mackintosh hatte die Idee, seine Londoner Erfolgsproduktionen weltweit zu vermarkten und entweder selbst oder durch Lizenznehmer in absolut identisch inszenierten, orchestrierten und ausgestatteten Aufführungen auf die Bühne zu bringen. Abweichende künstlerische Interpretationen der Werke sind nicht nicht unerwünscht, sondern urheberrechtlich sogar untersagt. In Deutschland bewarben sich zahlreiche Städte als Standort für die auf lange Laufzeiten angelegten Großproduktionen, die zu nicht unerheblichen Wirtschaftsfaktoren für Kommunen und Regionen wurden: So baute die Stadt Bochum mit einem Zuschuß des Landes Nordrhein-Westfalen für 24 Millionen Mark eine Spielstätte, die seit 1988 an den Betreiber der deutschsprachigen Version von Webbers *Starlight Express* vermietet ist.

Den angeblich so geschäftstüchtigen Amerikanern machten die Briten in Sachen Marketing und Merchandising seit den achtziger Jahren einiges vor. Broadwayproduktionen hatten sich bis dahin kaum gegen Verrisse der allmächtigen New Yorker Kritiker behaupten können. Webbers Werke erwiesen sich dank aggressiver Werbestrategien, vorab veröffentlichter Tonträger und dem aus London vorauseilenden Ruf von Kassenschlagern gegen negative Rezensionen nahezu immun.

Das europäische Musikdrama mit durchkomponierter Partitur, für das Webber und Rice mit *Evita* das Modell geschaffen hatten, droht dem amerikanischen *Book Musical*, dessen Inhalte auch in Dialogen und Schauspielszenen verhandelt werden, den Rang abzulaufen. Mit Produktionen wie Webbers *Starlight Express* oder *Miss Saigon* der Franzosen Schönberg und Boublil feiert auch ein Subgenre Wiederauferstehung, das Ende des 19. Jh. populär war: die Extravaganza, gewaltige Spektakel, die auf aufwendige Ausstattung und atemberaubende Spezialeffekte setzen. Die Ästhetik dieser Aufführungen erinnert an opulente Kinomelodramen –

nicht zufällig basieren viele dieser Großproduktionen auf Filmen und großen Opern. Das bei *Jesus Christ Superstar* eher zufällig entdeckte Prinzip, zunächst mit einer Plattenaufnahme für Aufsehen zu sorgen und dann die theatralische Umsetzung anzugehen, trug der Tatsache Rechnung, daß mit den Plattenverkäufen von Musicals seit den fünfziger Jahren oft größere Einnahmen erzielt wurden als an der Theaterkasse. Andrew Lloyd Webber war nach langer Zeit der erste Musicalkomponist, der mit seinen Songs vordere Plazierungen in den Hitparaden vorweisen konnte: *Evita* ging der von Julie Covington gesungene Welterfolg *Don't Cry For Me, Argentina* voraus;

Im Gefolge der Andrew-Lloyd-Webber-Musicals setzten sich auch die von **Cameron Mackintosh** produzierten Musikdramen der Franzosen **Schönberg** und **Boublil** weltweit durch. – Plakat von *Les Misérables*.

1978 – heute

Der erfolgreichste Theaterproduzent **Cameron Mackintosh** (*1947) hat seine Karriere als Bühnenarbeiter begonnen. Bereits 1969 trat er erstmals als Produzent auf. Von anfänglichen Mißerfolgen ließ er sich nicht aufhalten. Unter seinen mehr als 300 Produktionen waren Webbers *Cats* und *The Phantom of the Opera* sowie Schönberg und Boublils *Miss Saigon* und *Les Misérables* die erfolgreichsten.

Cats beinhaltete mit *Memory* einen vergleichbaren Ohrwurm wie *The Phantom of the Opera* mit *Think of Me* oder *Aspects of Love* mit *Love Changes Everything*. Während Webber Popmusik und Musical zumindest zeitweilig wieder vereinte, eroberte Cameron Mackintosh einen mittlerweile weltweiten Musicalmarkt, den Broadway eingeschlossen. New Yorker Musikjournalisten staunten Ende der achtziger Jahre über eine »britische Invasion«, und der *Newsweek*-Kritiker Jack Kroll konstatierte, daß »das englische Musical in der Welt des Theaters den Ton angibt«.

Britisches Musical

Andrew Lloyd Webber ist beileibe nicht der erste englische Komponist, der im amerikanischen unterhaltenden Musiktheater reüssierte. Seit den Zeiten von Gilbert und Sullivan bestand zwischen dem New Yorker Broadway und dem Londoner West End ein reger Austausch, der durch das Fehlen der Sprachbarriere erleichtert wurde. Auch wenn das Musical eine originär amerikanische Theaterform ist, hat es in Großbritannien eine Entwicklung des unterhaltenden Musiktheaters gegeben, die zahlreiche Parallelen aufweist. Der Einfluß englischer Balladenopern wie Gays und Pepuschs *Beggar's Opera* oder der Operetten von Gilbert und Sullivan bei der Entstehung des Musicals ist nicht zu unterschätzen. Das kommerzielle amerikanische Theatersystem hat sich nach englischem Vorbild entwickelt. Die Tradition der britischen Music Hall ist der des Vaudevilles vergleichbar, und was der Broadway für New York, ist das West End für London. Statt der »Tony« genannten Antoinette-Perry-Awards werden in England »Larrys« vergeben, die ihren Namen dem großen britischen Mimen Sir Laurence Olivier verdanken.

Der Schauspieler, Regisseur, Autor, Dandy und Entertainer Noel Coward trat gelegentlich auch als Komponist hervor. Der Verfasser geistreicher

Boulevardkomödien und Bonmots war wie Oscar Wilde ein Meister der Selbstinszenierung; seine geschliffenen Songtexte ließen ihn zu einem britischen Pendant Cole Porters werden. Seine Operette *Bitter-Sweet*, die dem Publikum 1929 wie vom Titel versprochen eine bitter-süße Liebesgeschichte bescherte, war Cowards größter Erfolg auf beiden Seiten des Atlantiks.

Mit Noel Gays *Me and My Girl* gelang 1985 die Wiederbelebung eines typischen britischen Musicals der dreißiger Jahre. Der Sohn des Komponisten rekonstruierte das 1937 uraufgeführte Werk seines Vaters mühevoll dank eines fragmentarischen Bühnenmanuskripts und eines auf Wachsplatten erhaltenen Rundfunkmitschnitts der BBC. Mit teilweise neuen Texten des Humoristen Stephen Fry avancierte *Me and My Girl* zum Sensationserfolg und machte in der Saison 1986/87 selbst Webbers *Starlight Express* und Schönbergs *Les Misérables* am Broadway Konkurrenz. Die Gesellschaftskomödie schildert den Aufstieg des typischen Cockneys Bill Snibson, dessen adlige Herkunft zufällig entdeckt wird. Neugierig bemüht er sich, den gesellschaftlichen Gepflogenheiten seiner neuen Klasse zu entsprechen, ohne die ihm eigene direkte und aufrichtige Art zu verlieren. Trotz aller Bemühungen seiner neuen Verwandtschaft, ihm zu einer standesgemäßen Partie zu verhelfen, bleibt Bill seiner aus kleinbürgerlichem Milieu stammenden Freundin treu, zumal diese sich – *Pygmalion* läßt grüßen – zu einer feinen Lady gewandelt hat. Gemeinsam bringen sie der noblen Gesellschaft den volkstümlichen Tanz *Lambeth Walk* bei.

Me and My Girl etablierte sich nach dem erfolgreichen Revival in New York und London auf den Spielplänen der Unterhaltungstheater. In Berlin nahm sich das Metropol-Theater der schwungvollen Komödie an.

Vom West End zum Broadway

In den fünfziger und frühen sechziger Jahren schwappte eine Welle britischer Musicals vom West End zum Broadway

1978 – heute

149

hinüber. Sandy Wilson schrieb Musik, Buch und Songtexte zu *The Boy Friend* (1954), mit dem er Stil und Sujets der *Musical Comedies* der zwanziger Jahre parodierte. In dem Internat an der französischen Riviera, in das sie ihre wohlhabende Familie verfrachtet hat, träumt Polly von einem Boy Friend, der auch vor den Augen ihres sittenstrengen Vaters Gnade fände. Der Traum wird wahr in Gestalt des Botenjungen Tony, der sich erfreulicherweise als Sohn eines britischen Adligen entpuppt. Die Polly-Darstellerin der New Yorker Aufführung Julie Andrews heimste viel Beifall ein und wurde daraufhin für die Titelrolle in Loewe und Lerners *My Fair Lady* engagiert.

Wilsons *The Boy Friend* wurde von **Ken Russell** mit dem Fotomodell **Twiggy** in der Hauptrolle verfilmt.

1964 versuchte Wilson mit einer Fortsetzung an seinen großen Erfolg anzuknüpfen und ließ in *Divorce Me, Darling!* die um zehn Jahre älteren Protagonisten erneut aufeinandertreffen. 1962 gelang dem allegorischen Musical *Stop the World, I Want to Get Off* von Anthony Newley und Leslie Bricusse der Sprung über den Atlantik. Das von einem Chor nach antikem Vorbild kommentierte Werk schildert mit Mitteln des Kabaretts und Clownstheaters das Leben des kleinbürgerlichen Jedermanns Littlechap, der von seinem Ehrgeiz getrieben zum Wirtschaftsboß und Parlamentarier aufsteigt, am Ende jedoch erkennen muß, daß sein Streben nach Erfolg ihn zum einsamen Menschen gemacht hat. Mit einem Produktionsetat von 2000 Pfund wurde *Stop the World ...* auch in New York zu einem Sensationserfolg. Im Zuge der britischen Musicals, die sich um 1960 am Broadway durchsetzen konnten, gelangte auch das 1956 in Paris uraufgeführte französische Musical *Irma la Douce* in die Neue Welt. Die von Alexandre Breffort geschriebene Komödie mit der Musik Marguerite Monnots nahm den gleichen Weg via London wie knapp dreißig Jahre später Schönbergs und Boublils *Les Misérables*: Der Regisseur Peter Brook hatte *Irma la Douce* in Paris gesehen und eine von ihm inszenierte Aufführung im Londoner West End durchgesetzt. Brook, einer der bedeutendsten Regisseure des Welttheaters, war als Leiter der Royal Shakespeare Company ein Vorgänger von Trevor Nunn, der Mitte der achtziger Jahre *Les Misérables* inszenierte. Das Beispiel Brooks und Nunns zeigt, daß in England der Tradition Shakespeares gemäß die in Deutschland bisweilen geradezu ideologisch betriebene Trennung von ernstem und unterhaltendem Theater unbekannt ist.

Lionel Bart

Lionel Barts *Oliver!* bescherte 1960 dem britischen Musical seinen lange Zeit größten Erfolg. Sein Cockney-Musical *Fings Ain't Wot They Used T'Be*, das den Fall eines einst mächtigen Londoner Gangsterbosses schilderte, hatte bereits auf sein außergewöhnliches Talent hingedeutet. Mit der stilvollen Adaption von Charles Dickens' sozialkritischem Roman *Oliver Twist* gelang ihm der große Wurf. Bart selbst schrieb das Buch und die Songtexte. Seine einfallsreiche Musik greift Einflüsse altenglischer Volkslieder, Choräle, Hymnen und Tänze auf. Die Ballade *As Long As He Needs Me*, mit der die Nancy ihre Abhängigkeit von dem brutalen Gauner Bill Sikes eingesteht, gehört zu den populärsten Kompositionen Barts. Der große erzählerische Atem und die vielschichtige musikalische Gestaltung von *Oliver!* weisen ihn als Vorläufer von Schönberg und Boublil aus. Sein nächstes, ähnlich opulentes Werk *Blitz!* ist von Barts Kindheitserinnerungen an die Zeit der deutschen Luftangriffe auf London geprägt. Der

Irma La Douce handelt von einer Nutte mit Herz, die sich in den mittellosen Studenten Nestor verliebt. Aus Eifersucht auf ihre Freier wird Nestor als englischer Lord verkleidet zu ihrem einzigen Kunden. Sein strapaziöses Doppelleben wird zusätzlich erschwert, da er das Geld verdienen muß, mit dem er Irma bezahlt und von dem sie beide leben. Als er daher den Lord verschwinden läßt, wird er des Mordes bezichtigt und auf die Teufelsinseln verbannt. Die Sehnsucht nach Irma und die Nachricht, daß sie von ihm schwanger ist, treibt ihn zur Flucht nach Paris, wo sich alles aufklärt und zum Guten wendet – Irma und Nestor in einer Aufführung der Württembergischen Landesbühne Esslingen.

Oliver! beginnt in einem Waisenhaus, wo der kleine Oliver Twist die geizigen Betreiber um mehr Essen bittet: *Food, Glorious Food* – Szenenfoto aus einem Broadway-Revival.

Oliver! – Oliver gerät an den pittoresken Hehler Fagin, der ihn wie andere Jungen seines Alters als Taschendieb beschäftigt (Szene der Verfilmung von 1968). Bereits bei seinem ersten Diebeszug wird Oliver erwischt, doch sein designiertes Opfer, der reiche Mr. Brownlow, nimmt ihn bei sich auf, weil Oliver ihn an seinen verschollenen Neffen erinnert. Fagin und der skrupellose Gauner Bill Sikes befürchten, daß der Junge ihr Diebesversteck verraten könne und lassen ihn von Bills Geliebter Nancy entführen. Von Schuldgefühlen geplagt will Nancy das Kind Mr. Brownlow wieder zurückgeben; der jähzornige Sikes bringt sie dafür um. Er selbst kommt bei einer wilden Verfolgungsjagd durch die Slums des East End ums Leben. Oliver erweist sich tatsächlich als Brownlows verschollener Großneffe.

Im West End schien sich *Blood Brothers* zunächst nicht gegen die mit spektakuläreren Mitteln aufwartende Konkurrenz durchsetzen zu können, doch das Stück erlangte Kultstatus und rührt auch noch 1997 ein vorwiegend junges Publikum zu Tränen. (Programmheft-Cover)

Geschichte um die jüdische Familie Blitztein ließ er mit dem in Liverpool spielenden Musikdrama *Maggie May* ein außergewöhnliches Stück folgen. Im Mittelpunkt der verblüffend realistischen Darstellung des Hafenmilieus steht die hartgesottene Prostituierte Maggie und ihre Jugendliebe Casey, der beim Versuch, eine Waffensendung für ein südamerikanisches Militärregime zu vereiteln, ums Leben kommt. *Maggie May* offenbarte ein im Musical der sechziger Jahre ungewohntes soziales Bewußtsein. Musikalisch ließ sich Bart von nordenglischen Volksliedern, irischen Balladen, Liverpooler Beatklängen und Shanties anregen.

Blutsbrüder

Eine der längsten Laufzeiten im West End verzeichnete *Blood Brothers* (1983) von Willy Russell, der ansonsten als Autor von Komödien wie *Educating Rita* oder *Stags and Hens* hervorgetreten ist. Der ehemalige Friseur Russell ist Autodidakt wie Bart, und wie dessen *Maggie May* sind seine Stücke geprägt von der proletarischen Lebenswelt Liverpools. Die musikalische Tragödie *Blood Brothers* erzählt von der arbeitslosen und alleinerziehenden Mutter Mrs. Johnstone, die anläßlich einer erneuten Schwangerschaft – diesmal mit Zwillingen – auf den Vorschlag der wohlhabenden Mrs. Lyons eingeht, ihr eines der Kinder zu überlassen. Der Pakt der beiden Mütter sieht vor, daß sich die getrennten Zwillinge nie sehen dürfen. Doch trotz ihrer unterschiedlichen Klassenzugehörigkeit lernen sich die Achtjährigen kennen und werden, ohne von ihrer Verwandtschaft zu wissen, »Bluts-

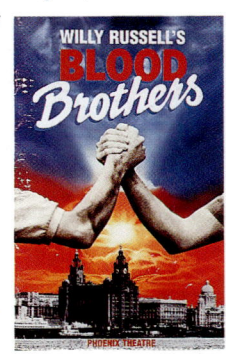

brüder«. Der Zeit der Kinderspiele mit ihrer gemeinsamen Freundin Linda folgt die Pubertät: Beide verlieben sich in Linda, die sich für den proletarischen Mickey entscheidet. Während Eddie die Universität besucht, verliert Mickey seine Arbeit in der Fabrik und gerät auf die schiefe Bahn. Durch eine Gefängnisstrafe gebrochen, mutmaßt er, daß Linda ihn mit Eddie betrügt. Es kommt zur tödlichen Konfrontation der beiden Brüder. Wie ein Moritatensänger kommentiert ein Erzähler das tragische Geschehen. Jenseits von Sozialkitsch und Sentimentalität berührt die herzergreifende und humorvolle Darstellung

Blood Brothers – hier in einer Aufführung des Kleist-Theaters Frankfurt/Oder – erfreut sich auch an deutschen Stadttheatern großer Beliebtheit.

der Nöte und kleinen Freuden von Mrs. Johnstones Familie, der unschuldigen und rauhen Kinderspiele, der ersten Liebe und der Zwänge des Erwachsenwerdens. Trotz klarer sozialer Stellungnahme wirkt *Blood Brothers* nie belehrend. Die Auftragsarbeit für ein Liverpooler Jugendtheater war ursprünglich als Schauspiel gedacht, doch der Beatles-Fan Russell erfüllte sich den Traum, ein Musical zu schreiben und selbst zu vertonen.

Das Erfolgsmodell *Evita*

Mit *Evita* schufen Webber und Rice 1978 das Modell für die europäischen Erfolgsmusicals der achtziger und neunziger Jahre. Sie konzipierten ihr Werk über Aufstieg und Krebstod der argentinischen First Lady *Evita* als durchkomponierte Popoper. Nachdem eine Single-Auskopplung mit dem Titel *Don't Cry For Me, Argentina* im Herbst 1976 die Hitparaden angeführt hatte und das gleichermaßen erfolgreiche Doppelalbum gefolgt war, wandten sich Webber und Rice an den Broadwayregisseur Harold Prince, der mit *Cabaret* seine Sensibilität für politische und historische Sujets unter Beweis gestellt hatte. Da Prince noch

1978 – heute

anderweitigen Verpflichtungen nachkommen mußte, fand die West End-Premiere von *Evita* erst am 21. Juni 1978 statt. In New York war das Werk ab September 1979 zu sehen. *Evita* ist weniger eine getreue Biographie als eine Reflektion über die Erotik und Faszination der Macht. Wie der Film *Citizen Kane* beginnt das Musiktheaterstück mit dem Tod der zentralen Figur, und wie Orson Welles' Meisterwerk handelt das Stück von dem posthumen, zum Scheitern verurteilten

Evita, in der New Yorker Produktion von **Patti LuPone** gespielt. Die ärmlichen Verhältnissen entstammende spätere First Lady Argentiniens entflieht gerade 15jährig ihrem tristen Dasein und folgt dem Tangosänger Magaldi in die verlockende Großstadt Buenos Aires. Dort steigt sie durch Affären mit immer einflußreicheren Männern zur Radiomoderatorin, Filmdarstellerin und schließlich zur Geliebten des Offiziers Perón auf, der als Mitglied einer Junta die Macht im Staate ergreift. Evita veranlaßt Perón, sie zu heiraten, die Alleinherrschaft anzustreben und sich als Interessensvertreter der Arbeiterschaft zu profilieren. Sie selbst erlangt immer mehr Macht, gewinnt aber durch soziale Einrichtungen die Zuneigung des Volkes. Unheilbar an Krebs erkrankt tritt sie mit einer letzten bewegenden Ansprache von allen Ämtern zurück und verstirbt 33jährig.

Versuch, den wahren Menschen hinter der Ikone aufzuspüren. Tim Rice' Libretto charakterisiert die charismatische Persönlichkeit in all ihren widersprüchlichen Facetten, als kleines, mageres Mädchen, als glamouröse und strahlende Schönheit, als gierige und eiskalte Machtpolitikerin, als volkstümliche und sozial engagierte Landesmutter, als Heilige und Hure. Ihre pathetischen Ansprachen sind nicht vollkommen verlogen, sondern Ausdruck einer bei aller Raffinesse schlichten Denkweise. Eva Peróns Karriere läßt Rice mit einem ahistorischen Kunstgriff von dem in Wirklichkeit eine Dekade später aktiven Revolutionär Che Guevara kommentieren, der sarkastisch zu dem um Evitas Person betriebenen Kult anmerkt: »Oh, what a circus, oh, what a show!« Doch bei aller Verachtung und Ablehnung des faschistoiden Herrschaftssystems kann er eine gewisse Bewunderung für »die größte Aufsteigerin in der Gesellschaft seit Aschenputtel«

nicht verleugnen. Rice' elegante und zynische Texte geben den Ton vor, dem Webbers zwischen Rock, latein-amerikanischen Rhythmen und argentinischen Tangoklängen changierende Musik folgt. Trotz überwiegend positiver Resonanz warfen einige Londoner Kritiker den Autoren die Glorifizierung Evitas vor; genausogut könne man ein Musical »Adolf Hitler Superstar« realisieren.

Madonna in **Alan Parkers** *Evita*-Verfilmung, die nach jahrelangem Tauziehen 1996 entstand. Für die Titelrolle wurden außer Madonna Namen wie Barbra Streisand, Liza Minelli, Elaine Page, Bette Midler, Meryl Streep oder Diane Keaton ins Spiel gebracht. Der Film brachte das Erfolgsduo **Webber** und **Rice** noch einmal zusammen: Für ihren neuen Song *You Must Love Me* erhielten sie 1997 einen Oscar.

Am Broadway reagierte die Presse auf Webbers Musik und Rice' Libretto eher ablehnend. Doch das Publikum ließ sich dadurch nicht vom Theaterbesuch abhalten, und in einer überraschenden Kehrtwendung verlieh die New Yorker Kritikergilde *Evita* in der Spielzeit 1979/80 den Drama Critics Circle Award als bestem Musical der Spielzeit.

Die Rückkehr der Extravaganza

Webbers Welterfolge

Evita blieb das letzte gemeinsame Musical von Webber und Rice. 1986 komponierten sie zum Geburtstag von Prinz Edward einen elf Songs umfassenden Zyklus mit dem Titel *Cricket*. Rice' Hoffnung, darüber zu einer erneuten Zusammenarbeit

zu finden, zerschlug sich jedoch, als Webber Melodien von *Cricket* für *Aspects of Love* (1989) verwandte. Während Rice mit *Blondel* (1983, Musik: Stephen Oliver) die alte Idee eines Musicals über Richard Löwenherz wieder aufgriff und mit den ABBA-Musikern Benny Andersson und Björn Ulvaeus nach bewährtem Muster

Tim Rice' Libretto zu *Chess* wurde von **Benny Andersson** und **Björn Ulvaeus**, den männlichen Mitgliedern der schwedischen Popgruppe **ABBA,** vertont. Die Handlung rankt sich um das Schachduell zwischen einem Amerikaner und einem Russen. Dem vom Weltmeisterschaftskampf 1972 zwischen Bobby Fischer und Boris Spasski inspirierten, nach bewährtem Strickmuster durchkomponierten Musical ging mit *One Night in Bangkok* ein Hitparadenerfolg voraus.

1978 – heute

Die Katzen der Hamburger Aufführung von *Cats* schnurren seit 1986 ununterbrochen.

Originalfigurinen zu *Cats*:

Die verarmte Diva Grizabella, (oben) ...

der Rocker Rum Tum Tugger (Mitte) ...

und der legendäre Old Deuteronomy (unten).

im Plattenstudio das Musical *Chess* entwickelte, komponierte Webber eine Reihe von Liedern zu Gedichten aus T.S. Eliots *Old Possum's Book of Practical Cats*, die dieser für seine Patenkinder verfaßt hatte. Wie Eliot war Webber ein Katzenfreund, und so wie der Literaturnobelpreisträger zunächst an keine Veröffentlichung seiner Verse gedacht hatte, kam auch der Komponist erst später auf die Idee, aus den Songs ein abendfüllendes Musical zu machen. Für *Cats* tat sich Webber 1981 erstmals mit dem etwa gleichaltrigen West End-Produzenten Cameron Mackintosh, dem Regisseur der Royal Shakespeare Company Trevor Nunn und dessen Bühnenbildner John Napier zusammen. Da ein Schwerpunkt von *Cats* auf dem Tanz lag, kam der Arbeit der Choreographin Gillian Lynne und ihren singenden und tanzenden Katzen-Darstellern große Bedeutung zu. Schauplatz des phantasievollen, erneut durchkomponierten Werkes ist eine nächtliche Müllhalde, auf der sich die Katzen zum alljährlichen Jellicle-Ball treffen. Im Mittelpunkt steht die Frage, welcher von ihnen der weise und sagenumwobene Kater Old Deuteronomy ein zweites Leben schenken wird. Die gemütvolle Hauskatze Gumbie Cat macht sich ebenso Hoffnungen wie der Rock'n' Roll-Kater Rum Tum Tugger, der magische Mr. Mistoffolees oder der alte Theaterkater Gus. Doch nachdem Old

Deuteronomy eine Entführung durch den mysteriösen und verbrecherischen Kater Macavity
überstanden hat, fällt seine Wahl auf die ehemals
glamouröse Diva Grizabella, die in Erinnerungen
an bessere Zeiten schwelgt.

Grizabella gehört der populärste Song von
Cats, der erst im Verlauf der Proben entstand: Auf
Drängen des Regisseurs komponierte Webber
jene eingängige Melodie, die unter dem Titel
Memory weltbekannt wurde. Da alle in Frage
kommenden Texte Eliots bereits Verwendung gefunden hatten, bat Webber Tim Rice, einen Songtext zu verfassen. Zur gleichen Zeit schrieb Nunn
ein paar Verse, die er als künstlerisch Verantwort-
licher der Arbeit Rice' vorzog. Seine nicht ganz
uneigennützige Entscheidung trug ihm Tantiemen
in beträchtlicher Höhe ein. *Cats* ist das finanziell
einträglichste Musical aller Zeiten. Seit seiner
Londoner Premiere am 11. Mai 1981 läuft das
Stück non-stop im West End; am Broadway über-
bot die 1982 herausgebrachte Produktion im
Juni 1997 den bisherigen Laufzeitrekord von
A Chorus Line.

Statt auf Stars setzt *Cats* auf Webbers Musik
und den von Nunn und Napier phantasievoll
entfachten Theaterzauber. Der Schluß der New
Yorker Aufführung, als Grizabella und Old
Deuteronomy in einem übergroßen Reifen zum
von 4000 Glühbirnen illuminierten Katzenhimmel
heraufschwebten, gab nur einen Vorgeschmack
auf die Schauwerte, mit denen Webbers nächste
Show aufwartete. Der 1984 in London erstaufge-
führte *Starlight Express* bringt die Ära der Extravaganza zurück: Im Mittelpunkt von John Napiers
Bühnenbild steht eine stählerne Eisenbahnbrücke,
von der aus Rollschuhtrassen quer durch das Publikum und bis hinauf zu den Rängen führen. Während in London und New York Theater aufwendig
umgebaut wurden, entstand in Bochum eigens für
Starlight Express für 24 Millionen Mark eine

Starlight Express stellt den
Traum eines kleinen Jungen
dar, in dem die technisch
veraltete Dampflok Rusty sich
bei einem Wettrennen gegen
die angeberische Diesellok
Greaseball und die moderne
E-Lok Electra durchsetzt. Im
Gegensatz dazu verdankt die
Show *Starlight Express* ihr
Zustandekommen hyper-
modernster Bühnentechnik.

1978 – heute

157

Die hydraulisch gesteuerte, neun Tonnen schwere Stahlbrücke der deutschen Produktion von *Starlight Express*.

The Phantom of the Opera (1986) spielt im Jahre 1861 und handelt von einem mysteriösen Maskierten, der in den Katakomben der Pariser Oper lebt. Um den Aufstieg der von ihm geliebten Sängerin Christine Daaé und die Aufführung seiner Oper *Don Juans Triumph* zu erzwingen, läßt das Phantom riesige Kronleuchter herunterstürzen. Die von ihm entführte Christine bekommt als einzige sein entstelltes Gesicht zu sehen. In einem großen Finale gelingt es ihr, dem Übeltäter zu entkommen und die von ihm beabsichtige Sprengung der Oper zu vereiteln – Szenenfoto der Aufführung im niederländischen Scheveningen.

1988 eröffnete Spielstätte. Die Produktion selbst kostete weitere 12 Millionen Mark. Der Regisseur Trevor Nunn erklärte in einem Interview mit dem *Wall Street Journal*, die Show basiere »auf derselben unausgesprochenen Grundbedingung wie Disneyland: ›Hier ist mein Geld, jetzt schlag mir ein Erlebnis um die Ohren.‹«

Als Webber für sein kommendes Projekt *The Phantom of The Opera* über die alte Pariser Oper recherchierte, erfuhr er zu seiner großen Freude, daß dort bereits 1849 in Giacomo Meyerbeers *Le Prophète* Sänger auf Rollschuhen agiert hatten und schon damals aufwendige Spezialeffekte wie Vulkanausbrüche mit echtem Feuer gang und gebe waren. Das riesige Pariser Opernhaus mit seinen kilometerlangen unterirdischen Gängen und einem 370 Kubikmeter Wasser fassenden künstlichen See in seinen Katakomben ist Schauplatz von Gaston Leroux' 1911 erschienenem Schauerroman *Das Phantom der Oper*, der als Vorlage zahlreicher Verfilmungen diente. Webber und Cameron Mackintosh überlegten, eine

Musiktheateradaption von Leroux' Buch, für die Ken Hill 1976 klassische Opern- und Operettenarien von Offenbach, Gounod, Verdi, Bizet und Mozart bearbeitet hatte, im West End herauszubringen. Von dem Sujet begeistert, zog es Webber vor, eine eigene Partitur zu komponieren. Bis zu *The Phantom of the Opera* hatte der erfolgreiche Theaterkomponist Andrew Lloyd Webber nur einmal gezielt für die Bühne komponiert, und *Jeeves* war ein Flop gewesen. Alle anderen Werke waren ursprünglich als Oratorium, Konzeptalbum oder Songzyklus konzipiert gewesen. Für *The Phantom of the*

Opera versuchte Webber den großen Alan Jay Lerner als Librettisten zu gewinnen, doch dieser erlag 1986 einem Krebsleiden. Also schrieb Webber das Buch zusammen mit Richard Stilgoe, der bereits an *Cats* und *Starlight Express* mitgearbeitet hatte. Regie führte wie bei *Evita* Harold Prince. Auch *The Phantom of the Opera* verzichtet nicht auf Spezialeffekte wie einen herabstürzenden Kronleuchter oder die Bootsfahrt über den unterirdischen See und auf eine beeindruckende Ausstattung. Webbers Musik schließt neben *Think of Me* weitere bekanntgewordene Melodien wie *Wishing You Were Somehow Here Again* und *Music of the Night* ein. Die auch vom Sujet bedingte Annäherung an Klangwelt und Ästhetik der großen romantischen Oper ist unverkennbar. Webbers klassische Schulung hatte bereits in seinem *Requiem*, das er nach *Starlight Express* komponiert hatte, ihren Ausdruck gefunden, bei dessen Uraufführung 1985 in New York Lorin Maazel dirigierte und Placido Domingo die Tenorpartie sang.

Sunset Boulevard (1993) orientiert sich dagegen eher an Hollywoods Melodramen der vierziger und fünfziger Jahre. Dementsprechend lag dem Musical ein Meisterwerk dieses Genres zugrunde, das ein desillusioniertes Bild der Traumfabrik zeichnete. Wie Billy Wilders gleichnamiger Film handelt das musikalische Drama *Sunset Boulevard* vom zum Scheitern verurteilten Comebackversuch des längst vergessenen Stummfilmstars Norma Desmond. Der zynische und erfolglose Drehbuchautor Joe Gillis, der ihr dabei helfen soll, nistet sich bei der exzentrischen Diva ein und läßt sich von ihr aushalten. Norma

Andrew Lloyd Webber (*1948) schrieb die Partie der Sängerin Christine Daaé seiner damaligen Frau **Sarah Brightman** auf den Leib.

Aspects of Love (1989) gehört zu Webbers weniger bekannten Werken. Nach seinen aufwendigen und spektakulären Produktionen schwebte ihm ein intimes Kammerspiel vor. Der 17jährige Alex verliebt sich in die Schauspielerin Rose, die jedoch eine Beziehung mit Alex' libertinösen Onkel George eingeht. Sowohl George als auch Rose haben eine Affäre mit der Bildhaue-

rin Giulietta. Jahre später verliebt Georges mittlerweile vierzehn Jahre alte Tochter Jenny sich in Alex, der aber mit Giulietta zusammenfindet. Mit seinen vorwiegend von sexuellen Interessen motivierten Figuren ist *Aspects of Love* alles andere als ein »Musical für Kinder«. **Webbers** Partitur ist eine seiner reichsten und beinhaltet den Hit *Love Changes Everything* – Webber hatte die Dresdener Staatsoperette für die deutsche Erstaufführung im Mai 1997 (Szenenfoto) nicht wie bei seinen Werken üblich auf eine vorgegebene Inszenierung und Ausstattung verpflichtet.

1978 – heute

159

verfügt über Joe wie über ihren zum Dienstboten degradierten Ex-Regisseur und Ex-Ehemann Max von Mayerling. Als Joe sich weigert, ihr Liebhaber zu werden, und ihr beibringen will, daß sie nie wieder auf die Leinwand zurückkehren wird, kommt es zur Katastrophe. Für *Sunset Boulevard* konnte Webber neben Don Black den renommierten britischen Dramatiker Christopher Hampton als Autoren gewinnen. Webbers Musik zitiert Swingklänge der vierziger Jahre und die romantischen Filmpartituren Max Steiners oder Miklos

Roszas aus der großen Zeit Hollywoods. Die Besetzung der weiblichen Hauptrolle mit Glenn Close erwies sich sowohl in Los Angeles und am Broadway als Glücksgriff. Allerdings zeigte sich nach ihrem Weggang, daß das Publi-

Uwe Kröger und **Daniela Ziegler** in der deutschsprachigen Aufführung von *Sunset Boulevard* im hessischen Niedernhausen. Statt wie bisher die Aufführungsrechte einem Lizenznehmer zu erteilen, trat **Webbers** Vermarktungsgesellschaft *The Really Useful Group* erstmalig selbst als Produzent in Deutschland auf.

kumsinteresse ohne einen zugkräftigen Star stark nachließ. Im Frühjahr 1997 wurde *Sunset Boulevard* sowohl am Broadway als auch im West End abgesetzt. Vier Jahre Laufzeit in London, nach Webbers selbstgeschaffenen Maßstäben enttäuschend, wären allerdings anderen Komponisten als Triumphzug erschienen.

Schönberg und Boublil

Die Werke des französischen Komponisten-Autoren-Gespanns Claude-Michel Schönberg und Alain Boublil eroberten mit opernhaften, durchkomponierten Partituren, historischen Stoffen und imponierenden Schauwerten ebenfalls den internationalen Markt. Als ein Bekannter ihm die Schallplattenaufnahme eines französischen Musicals gab, reagierte Cameron Mackintosh äußerst skeptisch: Französisches Musical schien ihm ein Widerspruch in sich zu sein. Doch die

Musik von *Les Misérables* begeisterte Mackintosh auf Anhieb, und er beschloß, das 1980 im Pariser Sportpalast uraufgeführte Werk des Komponisten Claude-Michel Schönberg und des Texters Alain Boublil im West End zu produzieren. Durch eine Aufführung von Lionel Barts Dickens-Adaption *Oliver!* ermutigt, verarbeiteten Schönberg und Boublil Victor Hugos gewaltigen Roman zu einem monumentalen Musiktheaterstück. Daß ihnen vor historischen Stoffen epischen Ausmaßes nicht bange war, hatten Schönberg und Boublil bereits 1973 mit ihrem Erstling *La Révolution Française* bewiesen, der nichts Geringeres als eben die große Französische Revolution von 1789 darstellte. Der Komponist Schönberg hatte die Rolle des später guillotinierten Königs Ludwig XVI. übernommen. Nach dem Vorbild von Webbers und Rice' *Jesus Christ Superstar* entstand *La Révolution Française* zunächst im Plattenstudio. Den Welterfolg von *Les Misérables* begründete die 1985 zustandegekommene Londoner Aufführung. Als Co-Produzent fungierte die von Trevor Nunn künstlerisch geleitete Royal Shakespeare Company. Das Werk wurde in 14 Sprachen und 19 Ländern in

Nunns Inszenierung und Napiers Ausstattung aufgeführt. *Les Misérables* beeindruckt durch Schönbergs kraftvolle Musik, die das Werk zusammenhält, vorantreibt und die zwangsläufige Raffung des voluminösen Romans kompensiert. Im Gegensatz zu einigen durchkomponierten

Victor Hugo (1802–1885) übte in seinem zur Weltliteratur gehörenden Roman *Les Misérables* (*Die Elenden*) scharfe Kritik an den sozialen Verhältnissen im Frankreich seiner Zeit. Ein weiterer Roman Hugos, *Notre Dame de Paris*, gab die Vorlage zu dem Disney-Zeichentrickfilm-Musical *The Hunchback of Notre-Dame* mit der Musik von **Alan Menken**, dessen Bühnenfassung sicherlich nicht lange auf sich warten lassen wird.

Les Misérables (Szenenfoto der Duisburger Aufführung) spielt vor dem Hintergrund der Pariser Julirevolution von 1830 und den Arbeiteraufständen der Jahre 1832–34. Im Mittelpunkt der weitverzweigten Handlung steht der entlassene Sträfling Valjean, der nach neunzehn Jahren Haft wegen eines gestohlenen Laibs Brot unter falschem Namen zum sozial engagierten Fabrikbesitzer aufsteigt. Von dem pflichtbesessenen Polizeiinspektor Javert wegen nicht erfüllter Bewährungsauflagen verfolgt, gerät Valjean mit seiner Ziehtochter Cosette in die Wirren der Pariser Barrikadenkämpfe. Dem von Cosette geliebten revolutionären Studenten Marius rettet Valjean ohne dessen Wissen das Leben, doch Marius verachtet den ehemaligen Sträfling. Erst kurz vor Valjeans Tod kommt es zur Versöhnung: Valjean stirbt in der Hoffnung auf bessere Zeiten und in der Gewißheit, daß Cosette und Marius glücklich werden.

Kim und Chris in der Stuttgarter Aufführung von *Miss Saigon*. Das im Dezember 1994 eröffnete Theater ist Teil eines Gebäudekomplexes, der neben der eigens für die Show erbauten Spielstätte ein Hotel, Saunabäder, eine Einkaufsmeile und zahlreiche gastronomische Einrichtungen umfaßt.

Musicals, die bisweilen mit einfallslosen Rezitativen oder Akkordfolgen die Strecken zwischen den ausgesungenen Liedern überbrücken, schafft Schönberg dank melodischer Vielfalt und immer wiederkehrender Leitmotive atmosphärische Dichte. Seine Stärke sind vor allem gefühlvolle Balladen wie *On My Own* oder der Abgesang auf die gescheiterte Revolution *Empty Chairs and Empty Tables*.

Im Gegensatz zu *Les Misérables* fand 1989 die Uraufführung von *Miss Saigon* gleich in englischer Sprache und im Londoner West End statt. Auch die tragische Liebesgeschichte zwischen einem Amerikaner und einer Vietnamesin vor dem Hintergrund des Indochinakriegs kann mit einer Reihe von eingängigen Melodien wie *I Still Believe* oder *Why God Why?* aufwarten. Boublil und Schönberg gelang der Balanceakt zwischen Melodram und historischem Epos, Rockrhythmen und Opernschmelz, anrührendem Kammerspiel und großem Bildertheater, Sentiment und Spezialeffekte wie einem in Originalgröße nachgebautem landenden Hubschrauber, mit dem die letzten Amerikaner Saigon verlassen. Nicholas Hytners Inszenierung und Schönbergs Musik zwingen die weitläufige, von zahlreichen Ortswechseln und Zeitsprüngen geprägte Handlung zusammen und schlagen das Publikum emotional in ihren Bann. Die Geschichte wird in ständigem Wechsel zwischen arienähnlichen Songs und Duetten, ausgesungenen und rezitativ interpretierten Texten sowie an Filmmusik erinnernden instrumentalen Passagen erzählt. Dem asiatischen Schauplatz entspricht der Komponist durch Verwendung einiger vietnamesischer Instrumente wie dem Bassoon oder verschiedener Flöten, ohne jedoch in folkloristisches Klangkolorit zu verfallen.

Auch Schönbergs und Boublils viertes Musical *Martin Guerre* (1996) kontrastiert das Streben nach persönlichem Glück mit dem großen Weltgeschehen. Statt von einer scheiternden Revolution oder dem Vietnamkrieg wird die Liebesgeschichte zwischen Bertrande de Rols und Arnaud du Thil von den Glaubenskriegen im Frankreich des 16. Jh. überschattet. Zugunsten einer noch geschlosseneren musikalischen Umsetzung verzichtete Schönberg auf einprägsame Songs, die den Partituren von *Les Misérables* und *Miss Saigon* Glanzlichter aufgesetzt hatten.

In ihrer Ernsthaftigkeit und dem Mut zum Pathos stehen die Musikdramen von Webber oder Schönberg und Boublil in der Tradition der großen romantischen Oper, des Filmmelodrams und der ernsten, dramatischen Werke von Rodgers und Hammerstein. Die Entfernung zum Jazz und Humor des frühen amerikanischen Musicals à la Gershwin oder Porter könnte kaum größer sein. Komische Momente entstehen nur durch skurrile Figuren wie dem schmuddeligen Wirtspaar Thénardier in *Les Misérables*. Die Notwendigkeit langer Laufzeiten zur Deckung der erheblichen Kosten solch aufwendiger Produktionen erklärt die Wahl zeitloser, klassischer Sujets und den Verzicht auf Gegenwartsstoffe und aktuelle Geschehnisse.

Musical in Deutschland

Ein deutsches Pendant zu den französischen Erfolgsstücken von Schönberg und Boublil hat es bisher nicht gegeben. In den zwanziger Jahren, als das amerikanische Musical an Kontur gewann, existierten allerdings auch in Deutschland alle Voraussetzungen für ein blühendes unterhaltendes Musiktheater. In Berlin buhlten zahlreiche private Theaterunternehmen um die Gunst des Publikums. Variétés und Revuen erfreuten sich großer Beliebtheit. Zwei äußerst unterschiedliche Werke, die zu Welterfolgen wurden, sind Beleg für eine deutsche Unterhaltungstheaterkultur, die vielleicht eine ähnliche Entwicklung wie in den USA hätte

Der Dorfnarr in der Londoner Produktion von **Schönbergs** und **Boublils** *Martin Guerre*. Grundlage des Musikdramas ist eine wahre Geschichte, die sich Mitte des 16. Jh. in dem abgelegenen Pyrenäendorf Artigat zugetragen hat: Vor einem Gericht in Toulouse erklärte die Bäuerin Bertrande de Rols, daß der Mann, mit dem sie drei Jahre zusammenlebte, nicht ihr Ehemann Martin Guerre sei, sondern ein Schwindler namens Arnaud du Thil. Der Beklagte wiederum beharrte darauf, Martin Guerre zu sein, und behauptete, Bertrande würde von ihrem habgierigen Onkel zu ihrer Aussage gezwungen, da dieser es auf ein Stück Land abgesehen hätte. Das Gericht neigte bereits dazu, dem Angeklagten Glauben zu schenken, als der echte Martin Guerre auftauchte. Arnaud du Thil wurde verurteilt und hingerichtet. Schon der Richter des historischen Prozesses Coras veröffentlichte ein Buch über die Geschehnissen; der deutsche Philosoph Leibniz sah sich zu einer Abhandlung über Individualität veranlaßt, und zahlreiche Romane, Opern und Verfilmungen mit Gérard Départdieu oder Richard Gere (*Sommersby*) griffen den Stoff auf.

1978 – heute

Die Dreigroschenoper von **Kurt Weill** und **Bertolt Brecht** entstand bezeichnenderweise nicht in einem staatlich subventionierten Hause, sondern war die Eröffnungsproduktion von Ernst Josef Aufrichts Berliner Privattheater am Schiffbauerdamm, der späteren Spielstätte von Brechts Berliner Ensemble. – Szenenfoto der 1931 entstandenen Verfilmung mit Weills Frau **Lotte Lenya** als Jenny.

Das Plakat der Uraufführung des erfolgreichsten deutschen Musicals *Im weißen Rößl*.

nehmen können. Dem Komponisten Kurt Weill und Bertolt Brecht, der sich wie kein anderer Dramatiker der Tradition eines aufklärerischen Theaters verpflichtet fühlte, glückte mit ihrer Bearbeitung von John Gays *Beggar's Opera* 1928 ein Sensationserfolg. Wie die frühen Operetten Offenbachs verbanden Weill und Brecht scharfzüngige Zeitkritik mit populären Musikformen. Binnen kurzem stand ihre *Dreigroschenoper* auf den Spielplänen zahlreicher deutscher Stadttheater. Songs wie *Die Ballade von Mackie Messer* oder das Lied der *Seeräuberjenny* gingen um die Welt. 1933 gelangte das Werk an den Broadway, doch erst Marc Blitzsteins Neufassung von 1954, der eine konzertante, von Leonard Bernstein dirigierte Aufführung vorangegangen war, verschaffte der *Threepenny Opera* im Mutterland des Musicals den Durchbruch. 1977 bejubelte das Broadwaypublikum Brechts und Weills Nachfolgewerk *Happy End*, das zwanzig Jahre vor Frank Loessers *Guys and Dolls* die Zocker und Heilsarmeemädchen aus Damon Runyons Kurzgeschichten auf die Bühne gestellt hatte.

Eine ähnliche Erfolgsstory erlebte das Singspiel *Im weißen Rößl*. Der Choreograph, Revueregisseur und Produzent Erik Charell, der das 3000 Zuschauer fassende Große Schauspielhaus in Berlin betrieb, war auf das Altberliner Lustspiel gleichen Namens aufmerksam geworden. Er beauftragte den Komponisten Ralph Benatzky mit dem Schreiben von Songs. Zu dessen Ärger setzte Charell jedoch auch andere Komponisten wie Robert Stolz (*Die ganze Welt ist himmelblau*), Bruno Granichstaedten (*Zuschaun kann i net*) und Robert Gilbert (*Was kann der Sigismund dafür, daß er so schön ist?*) auf den Stoff an. »Klotzen statt kleckern« hieß die Devise von Charells Produktion. Das gesamte Theaterpersonal war in alpenländischer Tracht gekleidet, der Wolfgangsee wurde durch ein echtes, auf der Bühne installiertes Gewässer wiedergegeben, und blitzschnell aufblasbare Bäume beschleunigten die Szenenwechsel. Im Gegensatz zu heimatseligen Operetten der Zeit servierte Charells Inszenierung Alpenglühen und Sommerfrischenidylle mit einem gehörigen Schuß Ironie, wozu auch Gilberts Liedtexte

beitrugen. Wie heutige Musicalgroßproduktionen wurde das *Weiße Rößl* weltweit vermarktet und unter dem Titel *The White Horse Inn* zunächst im Londoner West End (inszeniert von Charell), dann 1936 auch in New York mit Erfolg aufgeführt.

Wie so vielem bereitete die Nazibarbarei auch dieser aufblühenden Kultur ein Ende. Zwar spielten die Unterhaltungsbühnen nach 1933 weiter, doch der Verlust der in die Emigration getriebenen jüdischen Musiker, Darsteller und Autoren war nicht zu kompensieren. Kurt Weill stieg zu einem der bedeutendsten amerikanischen Musicalkomponisten auf, während Robert Stolz oder Erik Charell sich im Exil schwerer taten.

Warten auf das deutsche Musical

Eine nach dem Zweiten Weltkrieg versuchte Wiederbelebung dieser Tradition in beiden deutschen Staaten kam über zaghafte Ansätze nicht hinaus. Die deutsche Sprache wird in diesem Zusammenhang schnell als der größte Hemmschuh genannt. In der Tat ist das Englische eher geeignet, Emotionen und Stimmungen in knappen, fast lautmalerischen, assoziativ gereihten Worten wiederzugeben, während das Deutsche oft nach ganzen, gebauten Sätzen verlangt. Doch nach Günter Neumanns *Kiss Me, Kate*-Übersetzung und spätestens seit Michael Kunzes zahlreichen Übertragungen zeitgenössischer Musicals – darunter

Das als Kitschoperette in Verruf geratene *Im weißen Rößl* wurde 1994 durch eine pfiffige und hochgelobte Aufführung der Berliner *Bar jeder Vernunft* mit Erfolg rehabilitiert.

Im Gegensatz zum englischen oder französischen Theater, deren Vaterfiguren Shakespeare und Molière in der Tradition des Volkstheaters und des kommerziellen Showgeschäftes standen, wird im deutschen Theater zwischen gesellschaftlich relevanter Kunst und bloßer Unterhaltung unterschieden. Das Musical – wie schon die Operette – konnte nur in einem kommerziell orientierten Theatersystem wie dem anglo-amerikanischen entstehen – die deutschen öffentlich geförderten Stadt- und Staatstheater mit ihrer aufklärerischen Tradition haben andere Theaterformen entwickelt. Daß das unterhaltende Musiktheater auch unzweifelhaft Kunstwerke hervorbrachte, ändert wenig am Hautgout einer minderwertigen Theaterform, der dem Musical in Deutschland immer noch anhaftet.

1978 – heute

Elisabeth von **Michael Kunze** und **Sylvester Levay** ist eine der wenigen Produktionen aus dem deutschen Sprachraum, die im Ausland nachgespielt wurden. Mit *Ich gehör nur mir* gelang den beiden Autoren ein ausgesprochener Ohrwurm – Produktion der Vereinigten Bühnen Wien.

Gaudí, ein Popmusical mit der Musik des schottischen Komponisten **Eric Woolfson**, war 1993 zunächst als Produktion des Aachener Stadttheaters uraufgeführt worden. Anschließend wurde das Werk privatwirtschaftlich vermarktet und ist seit Ende 1996 in einer eigens errichteten Spielstätte in Köln zu sehen. *Gaudí* befaßt sich unter Bezugnahme auf den katalanischen Architekten Antoni Gaudí mit dem Verhältnis von Kunst und Kommerz: für ein Musical ein naheliegendes Thema.

Werke Webbers – zieht dieses Argument nicht mehr. Die Gründe sind eher in den unterschiedlichen Theatersystemen zu suchen. Wenngleich immer häufiger auch deutsche Stadttheater sich an die Entwicklung neuer Musicals wagen, sind die Rahmenbedingungen dieser Produktionen vollkommen andere als in den USA oder Großbritannien. Ein Stück, das am Broadway herauskommt, ist seit den ersten öffentlichen Aufführungen in der Provinz weiterentwickelt, umbesetzt, mit neuen Musiknummern und Dialogen ausgestattet und bisweilen komplett überarbeitet worden. In Deutschland kommt bei der Premiere – erstaunlicherweise auch bei großen kommerziellen Produktionen – immer die erste und vor Publikum unerprobte Fassung auf die Bühne, die häufig dann auch die letzte ist.

Erfolgsmusicals made in Germany

Seit der Erstaufführung von *Cats* 1986 in Hamburg hält die Musicalbegeisterung in Deutschland an und führt dazu, daß sich auch hierzulande allmählich wieder so etwas wie eine Musicalkultur entfalten kann. Drei Amerikaner verschafften 1990 in Hamburg dem Thalia-Theater einen künstlerischen Triumph und den deutschen Stadttheatern einen Musical-Dauerbrenner. Der Intendant der Hamburger Bühne Jürgen Flimm engagierte für eine Produktion den Theatermacher und Künstler Robert Wilson, den Songschreiber Tom Waits und den Beat-Poeten William S. Burroughs. Der Stoff ist jedoch urdeutsch: Wie der legendären Extravaganza *The Black Crook* liegen dem Namensvetter *The Black Rider* Freischütz-Motive zugrunde. Der Schreiber Wilhelm muß mit einem Probeschuß beweisen, daß er der Försterstochter Käthchen würdig ist. Er geht einen Pakt mit dem Teufel ein, der ihm zwölf magische Kugeln gießt. Wilhelm schießt wie der Teufel, doch seine letzte Kugel trifft Käthchen tödlich. Burroughs fragmentarische, nur teilweise ins Deutsche übertragene Texte (»it's easy said und schwer getan«) erlaubten eine freie, assoziative Umsetzung des Sujets. Tom Waits rauhe und romantische Musik ist eine Mixtur aus Kurt-Weill-Anklängen, irischen Balladen, Vaudevillesongs, Jazzelementen und psychedelischer Zirkusmusik. Das Wagnis glückte: Frenetischer Premierenapplaus und umjubelte Gastspiele auch in New York waren die Folge. Mit *Alice* nach Lewis Carrolls Erzählung *Alice im Wunderland* konnte das Trio Wilson-Waits-Burroughs an den Erfolg anknüpfen, zu dem die Trilogie abschließenden *Time Rocker* schrieb Lou Reed die Musik.

Das bedeutendste deutsche Musical seit der *Dreigroschenoper* ist *Linie 1*. Der Autor Volker Ludwig hatte den Musikern des von ihm geleiteten Berliner Grips-Theaters nach einem reinen Sprechtheaterstück versprochen, ein Musical zu schreiben. So entstand zunächst eine Reihe von Songtexten zu Szenen und Typen, die Birger Heymann und die Musiker der Band *No Ticket* vertonten. Als Vehikel für diese einzelnen Nummern verfiel Ludwig auf die Berliner U-Bahnlinie 1, die vom wohlsituierten Westend über den berüchtigten Bahnhof Zoo mitten ins vor dem

The Black Rider: Der Regisseur und Bühnenbildner **Robert Wilson** schuf strenge, scherenschnittartige Bilder, die an expressionistische deutsche Stummfilme wie Murnaus *Nosferatu* oder Wienes *Caligari* erinnern. – Thalia-Theater Hamburg.

Mauerfall buntschillernde Kreuzberg führte. Als roter Faden wurde die Geschichte eines Mädchens eingeflochten, das mit dem Zug aus Westdeutschland kommt, um einen Berliner Musiker zu suchen, in den es sich verliebt hat. *Linie 1* hatte wie *Cats* im April 1986 Premiere und steht seither auf dem Spielplan des Grips-Theaters in Berlin. Die Melange aus deftigem

Volker Ludwigs *Linie 1* feierte wie *Cats* im April 1986 seine Premiere, erlebt 1997/98 seine zwölfte Spielzeit und läuft weiterhin vor vollem Haus.

1978 – heute

Das amerikanische *Book Musical* geriet in den achtziger Jahren gegenüber den englischen Großproduktionen mehr und mehr ins Hintertreffen. So hätte der amerikanische Komponist **Maury Yeston** 1985 beinahe sein *Phantom of the Opera* aufgegeben, als er erfuhr, daß **Andrew Lloyd Webber** ebenfalls an einer Adaption von Gaston Leroux' Roman arbeitete. Doch 1991 gelangte Yestons Version im texanischen Houston zur Uraufführung. Im Gegensatz zu Webbers Werk ist Yestons *Phantom* keine Popoper, sondern ein Musical in der klassischen Broadwaytradition.

Duke Ellingtons Melodien erklangen 1981 in der Revue *Sophisticated Ladies*.

Realismus und utopischer Hoffnung, kabarettistischem Spott und sympathisierenden Menschenbildern folgt dem klassischen Muster des Musicals und ist doch unverkennbar deutsch. Aus einem Theater heraus, das sein Publikum und die eigene Tradition genau kennt, entstand eine von Lokalkolorit geprägte kritische Liebeserklärung an Berlin. Doch *Linie 1* ist zugleich ein universelles Werk, das auch in New York und Karl-Marx-Stadt, Titisee und Indien und in Orten ohne U-Bahn die Zuschauer begeisterte. Der Kritiker der britischen Tageszeitung *The Guardian* fragte anläßlich eines Gastspiels bedauernd: »Warum gibt es so etwas nicht in London?«

Das amerikanische *Book Musical*

Nostalgie und Nabelschau

In Ermangelung genügend neuer, broadwaytauglicher Stücke nahm die Tendenz zu Wiederaufführungen seit den siebziger Jahren drastisch zu: Erfuhren in der Glanzzeit der New Yorker Theatermeile nur absolute Meisterwerke die Ehre eines Revivals, kamen in den letzten Jahren auch unbedeutendere Musicals neu heraus. Der Broadway pflegt seine Traditionen. Dazu gehören auch nostalgische Revuen, die der Musik einzelner, meist schwarzer Komponisten oder einer Ära gewidmet sind. So wurde der Pianist und Komponist Fats Waller 1978 mit *Ain't Misbehavin* gewürdigt. Gershwins frühe Musicals wurden für *My One and Only* (1983) und

Crazy For You (1992) neu bearbeitet und kündeten ebenso von einer glorreichen Vergangenheit wie die Tanzshows *Dancin'* (1978) von Bob Fosse und Jerome Robbins' *Broadway* (1989), mit denen die beiden legendären Choreographen ihrem Metier ein Denkmal setzten.

Künstler und Krisen

Aber auch zahlreiche neue Musicals reflektierten das eigene Tun und befaßten sich mit verschiedenen Aspekten des Showgeschäfts. Cy Colemans turbulente Beziehungskomödie *On the 20th Century* (1978) spielt in einem Zug auf der Fahrt von Chicago nach New York und handelt von dem Versuch eines Theaterproduzenten, seinen weiblichen Star – zugleich seine Ex-Frau – mit allen Mitteln zurückzugewinnen. *Barnum* (1980) ist die Biographie des Schaustellers Phineas Taylor Barnum (1810–1891), der als »Prince of Humbug« mit einem Kuriositätenkabinett begann und am Ende in seinem Drei-Manegen-Zirkus die »größte Show der Welt« präsentierte.

Ann Reinking in Bob Fosses Tanzshow *Dancin'*.

Mit *City of Angels* gelang Coleman 1989 eine liebevolle Hommage an Hollywoods »Schwarze Serie« und an Schriftsteller wie Raymond Chandler oder Dashiell Hammett. Schauplatz der Handlung ist die »Stadt der Engel« Los Angeles, wo sich in den vierziger Jahren zu literarischem Ruhm gelangte Autoren wie Chandler, Hammett, Scott Fitzgerald oder William Faulkner als Lohnschreiber für die Filmindustrie verdingten. David Zippel schrieb elegante und süffisante Songtexte, während Colemans Musik den Swing der vierziger Jahre evoziert. Nach der Theaterwelt, dem Zirkusgeschäft und der Traumfabrik Hollywood widmete sich Coleman 1991 mit den Songtextern Betty Comden und Adolph Green in *Will Rogers Follies* den legendären Revuen Florenz Ziegfelds. Im Mittelpunkt steht der Cowboy-Darsteller und Komiker Will Rogers, der in zahlreichen Produktionen Ziegfelds in den zwanziger Jahren auftrat. Bei einigen New Yorker Kritikern, die für amerikanische Musicals eintraten, und bei der Vergabe der Tony Awards stach *Will Rogers Follies* die Konkurrenz von *Miss Saigon*

Daß **Cy Colemans** *City of Angels* auch in Deutschland zu sehen war, ist ein Verdienst des Heilbronner Theaters, das sich bereits mit deutschen Erstaufführungen von Sondheims *Into the Woods* und *Assassins* sowie Willy Russells *Blood Brothers* profiliert hat.

1978 – heute

aus. In der Publikumsgunst setzte sich allerdings das Musikdrama von Schönberg und Boublil gegen das amerikanische *Book Musical* durch.

Wie *City of Angels* zeigt Maury Yestons *Nine* einen Filmschaffenden in einer kreativen und emotionalen Krise; wie Cy Colemans früheres Werk *Sweet Charity* basiert *Nine* auf einem Film Federico Fellinis. Der Filmregisseur Guido hat eine Woche vor Drehbeginn noch keine Ahnung, ob er einen Italowestern, ein biblisches Epos oder einen nüchternen Dokumentarfilm drehen soll. Zudem packt ihn die Midlife Crisis. Hatte er in der gesungenen Ouvertüre noch das Orchester der Frauen seines Lebens dirigiert, geraten ihm die Dinge zunehmend außer Kontrolle. Seine Frau Luisa scheint nicht mehr gewillt, seine Affären verständnisvoll zu tolerieren; die fordernde Geliebte Carla bringt ihn mit erotisierenden Anrufen um die Ruhe. Den Star seiner früheren Filme Claudia hält er plötzlich für die große, unerfüllte Liebe seines Lebens, seine Produzentin drängt ihn zu Entscheidungen,

Nine (1982): **Anita Morris'** verführerischer *Call from the Vatican* war den Verantwortlichen für die Fernsehübertragung der Tony-Awards-Verleihung zu heiß. Kurzfristig wurde der Telefonsexsong aus dem Programm gestrichen.

und eine gefürchtete französische Filmkritikerin sagt ihm ihre nicht gerade schmeichelhafte Meinung. Die Handlung folgt den Phantasien und dem »stream of consciousness« des Protagonisten. In einer Vision sieht er sich wieder als Kind, erscheinen ihm seine Mutter sowie die Prostituierte, von der er das Geheimnis der Liebe zu erfahren suchte. Von Claudia zu einem Casanova-Film inspiriert, stürzt er sich in die Arbeit und zerstört all seine Beziehungen. Erst nachdem er Tabula rasa gemacht hat, erkennt er, daß Luisa seine wahre Liebe ist. Yestons Musik spannt einen Bogen von jazzigen Show-songs über operettenhafte Arien zu barocken Chorsätzen, zitiert französische Music-Hall-Atmo-sphäre und Nino Rotas Fellini-Filmmusiken. Die Idee des Regisseur und Choreographen Tommy Tune, außer Raul Julia als Guido das Stück nur mit Frauen zu besetzen, eine konsequent in schwarz und weiß gehaltene stilisierte Ausstattung und Yestons originelle Musik ließen *Nine* zu einem außergewöhnlichen Theaterereignis werden.

Soul und Country

Wie bereits *Chorus Line* entstand auch Michael Bennetts Produktion *Dreamgirls* 1981 als »Work in Progess«. In Anlehnung an die Geschichte der *Supremes* verfolgt *Dreamgirls* die Karriere eines weiblichen Soultrios vom Apollo Theater in Har-lem bis nach Las Vegas. Michael Bennetts Insze-nierung hielt das Geschehen in ständiger Bewe-gung und reduzierte die Dialogszenen zugunsten musikalischer und tänzerischer Darstellung. Statt wie bis dahin noch weitgehend üblich die einzel-nen Szenen durch Blacks zu trennen, kreierte der Regisseur und Choreograph mit Lichtüberblen-dungen und harten Schnitten einen flüssigen, fil-mischen Stil, der Schule machen sollte. Während

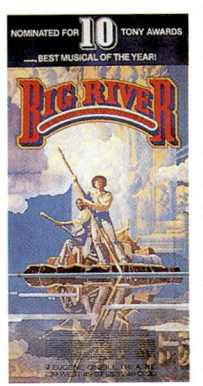

Henry Kriegers Musik den Soul der Plattenfirma Tamla Motown auf die Musicalbüh-ne brachte, gelangten 1985 die Country- und Western-Klänge des Folksängers und Songschreibers Roger Miller an den Broadway. Das Pro-duzentenehepaar Rocco und Heidi Landsmann überzeug-ten Miller, der nach eigenen Bekunden bis dahin nur ein

Maury Yestons *Grand Hotel* (1985) war die Bearbeitung eines älteren Musicals von **Robert Wright** und **George Forrest.** Die Adaption des Gesellschaftsromans *Men-schen im Hotel* von Vicki Baum führt die alternde Prima-ballerina Grushinskaja, den verarmten Baron von Gaigern, der sich auf Hotel-diebstähle verlegt hat, den todkranken Buchhalter Kringe-lein, die ehrgeizige, von Hollywood träumende Steno-typistin Flämmchen und den vor dem Bankrott stehenden Generaldirektor Preysing zusammen. In einer Inszenie-rung des Berliner Theater des Westens spielte der Star zahl-reicher Musicalfilme **Leslie Caron** die Grushinskaja.

Big River mit **Roger Millers** frischer, zwischen Country & Western, Blues und Gospel changierender Musik wurde zum Überraschungserfolg der Spielzeit.

1978 – heute

Die Parallelen zwischen der Handlung von *Dreamgirls* und der wahren Geschichte der *Supremes* sorgten für Zündstoff und Kontroversen. Die schwergewichtige Leadsängerin Effie Melody White wird auf Geheiß des Managers durch eine andere Interpretin, die mehr dem gewünschten glamourösen Erscheinungsbild entspricht, ersetzt. In Abweichung zum realen Vorbild Florence Ballard, die verarmt 32jährig starb, schlägt Effie sich allein durch und stellt zehn Jahre später bei einem gemeinsamen Abschiedskonzert fest, daß ihr Leben glücklicher verläuft als das ihrer ehemaligen Kolleginnen.

einziges Musical gesehen hatte, die Songs zu der *Huckleberry-Finn*-Adaption *Big River* zu schreiben. William Hauptmanns Libretto hält sich eng an Twains Romanvorlage und übernimmt so weit wie möglich dessen subjektive Erzählperspektive. Schon Kurt Weill hatte kurz vor seinem Tod 1950 noch fünf Songs für eine geplante Volksoper nach Mark Twains Roman komponiert.

Rent

Seit seiner Broadwaypremiere am 29. April 1996 weist Jonathan Larsons *Rent* eine 102prozentige Auslastung auf. Sechs bis zwölf Stunden Wartezeit an der Abendkasse für zurückgehaltene Tickets der Monate im voraus ausverkauften Show sind die Regel. Der 99 Plätze fassende New Yorker Theater Workshop, wo *Rent* ursprünglich off Broadway gespielt wurde, war stets aus allen Nähten geplatzt, nachdem Mundpropaganda und erste euphorische Kritiken von der »heißesten Show der Stadt« und einem neuen *Hair* geschwärmt hatten. *Rent* wurde als Wiederauferstehung des amerikanischen Musicals begrüßt, mit Tony Awards überschüttet und dem Pulitzer-Preis für das beste Drama ausgezeichnet. Diese Ehrungen und den Triumph seines Portraits über eine verlorene Generation erlebte der Komponist und Autor Jonathan Larson nicht mehr. Wenige Tage bevor sein Erstlingswerk erstmals vor Publikum gespielt wurde, verstarb Larson plötzlich und unerwartet. *Rent* folgt scheinbar dem Strickmuster der europäischen Erfolgsproduktionen: Durch eine E-Gitarre begleitete Rezitative verbinden die vitalen Rocksongs, Duette und Ensemblenummern; zudem ist *Rent* eine moderne Version von Puccinis Oper *La Bohème*. Dabei handelt es sich jedoch um ein authentisches Portrait urbanen Lebens am Ende des 20. Jh. Larson, der während der Arbeit an seinem Projekt als Kellner seinen Lebensunterhalt verdiente, kannte die Szene, die er beschrieb. Seine Bohèmiens sind um Erfolg und ihre Existenz ringende Performancekünstler, Filmemacher, Rockmusiker, Transvestiten im New Yorker East Village. Mimi droht nicht an Lungenentzündung, sondern an den Folgen von AIDS zu sterben. Die Ballade *One Song Glory* ist Ausdruck der Hoffnung des Gitarristen Roger, einen Hit zu schreiben, bevor er stirbt – eine makabre Parallele zu Larsons eigenem Schicksal. Doch der bedrückenden Angst vor AIDS, Armut,

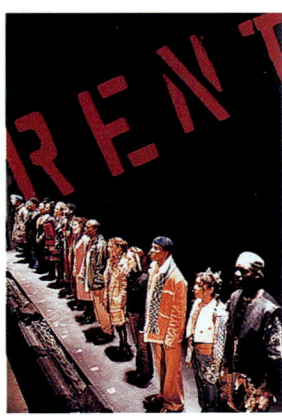

Hunger, Drogensucht und Obdachlosigkeit setzen *Rent* und seine Figuren trotzigen, nahezu wahnwitzigen Optimismus und Mut zum Gefühl entgegen. So stirbt Mimi auch nicht am Ende, sondern erlebt in der Liebe zu Roger einen neuen Hoffnungsschimmer. Larsons Musik ist eine Mischung aus kraftvollem Hardrock und ruhigen Balladen, Soul und Salsa, Gospel und Reggae.

1997

Trotz rapide steigender Kartenpreise prosperiert der Broadway in den neunziger Jahren. Der Zuschauerzuspruch und damit der Umsatz steigen von Jahr zu Jahr. Neben *Rent* rentieren sich auch die meisten anderen Produktionen: Im Mai 1997 liefen 22 Musicals am Broadway – so viele wie selten zuvor. Die rasante Stepshow *Bring In 'Da Noise, Bring in 'Da Funk*, in der die Geschichte der Schwarzen in Amerika von der Verschleppung aus Afrika bis zum Rap der neunziger Jahre erzählt und getanzt wird, begeistert 1997 all-

Jonathan Larsons *Rent* zeigt, was ein Musical Ende des 20. Jh. bieten kann: Realität, Leben, Energie, Authentizität, Begeisterung und echtes Gefühl.

The Mystery of Edwin Drood: **Rupert Holmes** schrieb Musik, Buch und Songtexte zu dem auf **Charles Dickens'** gleichnamigen Romanfragment basierenden Musical. Der Romancier war verstorben, bevor er sein Werk vollenden und das Geheimnis um die verschwundene, wahrscheinlich ermordete Titelfigur auflösen konnte. Die wie eine britische Music-Hall-Show des 19. Jh. aufgezogene Musicalversion endet mit einer Befragung des Publikums nach dem mutmaßlichen Mörder: Je nachdem, wie die Zuschauer entschieden, spielte das Ensemble einen anderen Schluß. – Aufführung des Stadttheaters Pforzheim.

1978 – heute

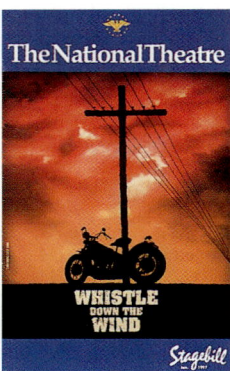

Die Programme der Try-Outs von *Whistle Down the Wind* verkündeten noch hoffnungsfroh, daß **Andrew Lloyd Webbers** neuestes Musical in der Inszenierung von Harold Prince Anfang 1997 am Broadway herauskommen würde. Die in einer ländlichen Kleinstadt Louisianas im Jahre 1959 angesiedelte Geschichte handelt von einem jungen Mädchen, das einen Fremden, der sich in der Scheune ihrer Familie verbirgt, für Jesus hält.

abendlich mit artistischen Choreographien das Publikum. Ihr Star Savion Glover wird von der Kritik als »neuer Fred Astaire« gefeiert.

Während die britischen Produktionen *The Phantom of the Opera* und *Miss Saigon* weiterhin vor vollen Häusern laufen und *Cats* im Sommer 1997 den Laufzeitrekord von *A Chorus Line* brach, vermeldete die Presse, daß Andrew Lloyd Webbers Erfolgsserie abzureißen drohe: *Sunset Boulevard* wurde sowohl im West End als auch am Broadway früher als geplant abgesetzt. Die für April 1997 angekündigte Broadwaypremiere von Webbers neuestem Musical *Whistle Down the Wind* wurde nach verheerenden Kritiken zu den Voraufführungen zunächst auf Juni 1997 und schließlich auf unbestimmte Zeit verschoben. Dafür schickten sich im April 1997 neue *Book Musicals* von Maury Yeston, Cy Coleman und Kander und Ebb an, den europäischen Importen Konkurrenz zu machen. Während Yestons kostspielige Produktion *Titanic* den Untergang des Luxusliners als Ausgangspunkt für einen Gesellschaftsquerschnitt nimmt und dieses auf fast filmische Weise umsetzt, begibt sich Colemans *The Life* auf die Spuren von Loessers *Guys and Dolls* und portraitiert liebevoll die Welt der Nutten und Zuhälter um den New Yorker Times Square der späten siebziger Jahre. John Kander und Fred Ebb zeichnen nach ihren Welterfolgen *Cabaret* und *Chicago* erneut das Bild einer vergangenen Epoche. Im Mittelpunkt von *Steel Pier* steht ein Tanzmarathon in einem Ballhaus in Atlantic City, die Handlung spielt im Amerika der großen Depression. Im Frühjahr 1997 gelangte sieben Jahre nach der Uraufführung am Houstoner Alley Theatre eine auf landesweiten Tourneen weiterentwickelte Fassung von Frank Wildhorns und Leslie Bricusses *Jekyll and Hyde* an den Broadway. Von wenigen Momenten abgesehen ist die Adaption von Robert Louis Stevensons Roman ein durchgesungenes Musikdrama nach europäischem Vorbild. Die forcierte Rockoper über die Experimente des umgänglichen Dr. Jekyll, dessen dunkle Seite in dem Triebtäter Hyde Gestalt annimmt, wartet mit Songs wie der düster-faustischen Ballade *I Need to Know*, der jubilierenden Hymne *This Is the Moment* oder dem rhythmisch-folkloristischem *Bring On the Men* auf. Weitere Extravaganza mit Wildhorns Musik sind bereits als Konzeptalben eingespielt oder angekündigt, darunter ein Musikdrama über den Sezessionskrieg *The Civil War: An American Musical* und mit *Svengali* eine weitere Adaption eines viktorianischen Romanklassikers.

Maury Yestons *Titanic* war der große Sieger bei der Tony-Award-Verleihung 1997.

Rent hat bewiesen, daß das Musical auch kurz vor der Jahrtausendwende vitale, berührende und lebensnahe Unterhaltung und Kunst zu bieten vermag. Nie war die Vielfalt an Themen und Formen so groß, nie die Palette an musikalischen Sprachen so breit gefächert wie jetzt. Welche Prognosen sich bewahrheiten, ob das amerikanische Musical auf Dauer doch wie die Operette in Konventionen und Klischees erstarrt oder eine neue Renaissance erlebt, ob Andrew Lloyd Webbers Erfolgsserie zu Ende geht, ob in Deutschland aus dem seit fünfzehn Jahren anhaltenden Musical-Boom eine eigenständige Kultur des unterhaltenden Musiktheaters erwächst, wird die Zeit zeigen.

Jekyll and Hyde (CD-Cover): Nach europäischem Vorbild hatten der junge amerikanische Komponist **Frank Wildhorn** und sein erfahrener britischer Autor **Leslie Bricusse** im Aufnahmestudio über 60 Songs eingespielt, die als Grundlage des Bühnenwerks dienten.

1978 – heute

175

Glossar

Glossar

Akt: Handlungsabschnitt von Werken des Sprech- und Musiktheaters. Die meisten Musicals bestehen – wie schon Mozarts *Zauberflöte* – aus zwei Akten, zwischen denen eine Pause liegt. Im Gegensatz zum klassischen Drama und der Oper ist diese Unterteilung rein pragmatischer Natur und keinerlei dramaturgischen Konzepten unterworfen.

Angels (auch *Backers*): Geldgeber für privatwirtschaftliche Theaterproduktionen am New Yorker Broadway oder im Londoner West End.

Arrangement: Einrichtung eines Musikstücks für eine bestimmte instrumentale und gesangliche Besetzung.

Audition: das Vorsprechen, -singen und -tanzen von Musicaldarstellern, die sich um eine Rolle oder einen Part im Ensemble bewerben. Auditions werden vom Produzenten ausgeschrieben; in der Regel entscheiden musikalischer Leiter, Regisseur und Choreograph, oft auch Komponist und Autor über das Engagement der Darsteller. Eine Audition steht im Zentrum des Musicals *A Chorus Line*.

Backers: *siehe Angels*

Ballade: Lied in meist einfacher Form, mit dem eine Geschichte erzählt wird.

Balladenoper: parodistisch-heiteres Singspiel mit volkstümlichen Liedern, im 18. Jh. in England entstanden; erstes und bekanntestes Werk: *The Beggar's Opera* von Gay und Pepusch.

Book Musicals: klassisches amerikanisches Musical mit gesprochenen Dialogen, in die Handlung integrierten Gesangs- und Tanznummern und einer seriösen Handlung.

Can-Can: nach 1830 in Paris populärer Gesellschafts- und Bühnentanz im schnellen Zweivierteltakt mit erotischem Ausdruck.

Choreographie: festgelegte Abfolge von Schritten, Figuren, Bewegungen und Bewegungsabläufen eines Bühnentanzes.

Chorus: das Tanz- und Gesangsensemble einer Musicalproduktion, dessen Mitglieder keine Soloparts oder Dialoge haben.

Dance Capitain: Mitarbeiter des Choreographen, der mit den Solisten und dem Chorus die Schrittfolgen und Bewegungsabläufe der Tanznummern einstudiert.

Duett: Musikstück für zwei Singstimmen.

Encore: Zugabe, die bei anhaltendem Applaus nach einer beliebten Musiknummer gegeben wird und meist aus einer weiteren Strophe und dem Refrain des betreffenden Songs besteht.

Folk Opera: eine volkstümliche Form des Musiktheaters, die mit Elementen der klassischen Oper (Orche-ster, klassisch geschulte Stimmen), breitgefächertes Publikum ansprechen und sowohl künstlerisch als auch kommerziell reüssieren möchte. Angeregt von Georges Bizets *Carmen* löste George Gershwins *Porgy and Bess* in den USA eine von Kurt Weill (*Street Scene*), Frank Loesser (*The Most Happy Fella*) und Leonard Bernstein (*Candide*) angeführte Bewegung aus, das Musical in eine »amerikanische Volksoper« zu überführen.

Jazz Dance: wie die Jazzmusik aus der afro-amerikanischen Kultur entstandene Tanzform. Im Gegensatz zur Ganzkörpertechnik des klassischen europäischen Balletts ist der Jazz Dance von der Polyzentrik, geprägt: Jedes Körperglied bewegt sich isoliert und unabhängig von anderen Körperteilen. Das Bewegungszentrum ist das Becken.

Korrepetitor: der Korrepetitor studiert mit den Sängern deren Songs und Partien ein und begleitet am Klavier die szenischen Proben zu einer Musiktheateraufführung.

Leitmotiv: musikalisches Thema, das sich durch ein Musiktheaterstück hindurchzieht und wie ein Leitgedanke immer wiederkehrt.

Libretto: das Textbuch zu einem Werk des Musiktheaters, das sowohl Dialoge als auch Gesangstexte beinhaltet.

Glossar und Ausbildungsstätten

Modern Dance: in Opposition zum klassischen Ballett in den USA entstandene Bühnentanzkonzeption. Den Höhepunkt erlebte der Modern Dance in den späten 20er und den 30er Jahren; als bedeutendste Repräsentantin gilt Martha Graham. Gegen die streng formalen Regeln des Balletts setzten die Vertreter des Modern Dance eine freie und subjektive Bewegung mit dramatischem Ausdruck.

Musical: adjektivische Verkürzung des ursprgl. Begriffs *musical comedy*, später auch *musical play* oder *musical drama*. In den USA unter Einbeziehung amerikanischer populärer Musik entstandene Form des unterhaltenden Musiktheaters, in der Gesang, Schauspiel und meist auch Tanz verschmolzen werden.

Operette (frz.: »kleine Oper«): Der europäischen Tradition entstammendes musikalisches Bühnenstück mit Wechsel von gesprochenem Dialog, Instrumental- und Gesangsnummern, Chören und Balletteinlagen, eingängiger Melodik und leicht nachvollziehbarer Handlung.

Partitur: die Aufzeichnung eines Musikstücks mit allen Gesangs- und Instrumentalstimmen.

Preview: öffentliche Voraufführung eines Theaterstücks vor der offiziellen Premiere, aber bereits in dem Theater, wo das Stück laufen soll.

Rezitativ: von Instrumenten begleiteter Sprechgesang, dessen Tonfall und Rhythmus der natürlichen Sprachmelodie angenähert sind. In Opern und gelegentlich auch in Musicals (Beispiel: *Rent*) verbinden Rezitative die ausgesungenen Musiknummern.

Showstopper: beliebte Musiknummer, die das Publikum veranlaßt, so heftig zu applaudieren, daß die Aufführung gestoppt wird und möglicherweise erst nach einer Zugabe, einem *Encore*, weitergehen kann.

Steptanz: *siehe Tap Dance*

Synkopen: Betonung eines an sich unbetonten Taktwertes.

Tap Dance (auch *Step* genannt): ein akustischer Tanz, in dem mittels Metallplatten an den Schuhen sog. »Taps« – Klänge und Rhythmen – erzeugt werden. Ursprünge sind im irischen Jig, im englischen Clog Dance (Holzschuhtanz), aber auch in afrikanischen Klopftänzen zu finden, die von verschleppten Sklaven nach Amerika gebracht wurden. Im Gegensatz zu den europäischen Formen waren die afrikanischen *Tap Dances* stark synkopiert. Bereits 1848 begeisterte der schwarze Steptänzer Master Juba in London das Publikum, darunter auch Queen Victoria. Zu den bedeutendsten Steptänzern des 20. Jh. zählen Bill »Bojangles«

Robinson und Fred Astaire, der als einer der ersten Weißen den *Tap Dance* übernahm.

Timbre: die Klangfarbe einer Gesangsstimme (oder auch eines Musikinstruments).

Try-Outs: Testvorstellungen eines neuen Musicals, das je nach Publikumsreaktionen bei den *Try-Outs* noch erheblich überarbeitet werden kann. Die *Try-Outs* für Broadwayproduktionen finden in der Provinz statt, womit alle amerikanischen Großstädte außer New York gemeint sind.

West End: der Londoner Theaterdistrikt, um den Piccadilly Circus und den Trafalgar Square im Zentrum Londons gelegen und dem New Yorker Broadway vergleichbar.

Ausbildungsstätten

Staatliche Schulen für Musicaldarsteller

Berlin

Hochschule der Künste Berlin
FB Darstellende Kunst
Studiengang Musical/Show
Sekretariat
Erich-Weinert-Str. 103
10409 Berlin
Tel. (030) 421 16 24
Fax (030) 421 16 25

Ausbildungsstätten und Diskographie

Essen
Folkwang-Hochschule Essen
Fachbereich 3
Studiengang Musical
Klemensborn 39
(Abtei Werden)
456239 Essen
Tel. (0201) 4903-0

Leipzig
Hochschule für Musik und
Theater »Felix Mendelssohn
Bartholdy«
Fachrichtung Musical
Grassistr. 8
04107 Leipzig
Tel. (0341) 2144-55
Fax (0341) 2144-642

München
Bayrische Theaterakademie
im Prinzregententheater
Studiengang Musical
Prinzregentenplatz 12
81675 München
Tel. (089) 21 85-02
Fax (089) 21 85-28 13

Private Schulen
(Auswahl)

Frankfurt/M.
Stage & Musical School
Bleichstr. 55-57
60313 Frankfurt/M.
Tel. (069) 208 31

Hamburg
Stage School of Music,
Dance and Drama
Poolstr. 21
20355 Hamburg
Tel. (040) 354 354
Fax (040) 343 967

Wien
Vienna Musical School
Myrthengasse 4
A – 1070 Wien
Tel./Fax 0043/1/5243630

Ausgewählte Diskographie
(nach Komponisten geordnet)

OBC = Original Broadway
  Cast (Erstaufführung)
OLC = Original London Cast
  (Erstaufführung)
L = Londoner Aufführung
NY = New Yorker Aufführung
dtsch. = deutschsprachige
  Aufnahme
Film = Film-Soundtrack
S = Studioproduktion
K = konzertante Fassung

Alle Angaben beziehen sich
auf Compact Discs

Richard Adler/Jerry Ross
Damn Yankees (OBC) RCA
  Victor 3948-2-RG
The Pajama Game (OBC)
  Columbia CK 32606
B. Andersson/B. Ulvaeus
Chess (S) RCA PD 70500
  (2)
Harold Arlen
House of Flowers (OBC)
  Sony Music Special Pro-
  ducts A-2320
Jamaica (OBC) RCA
  68041
St. Louis Woman (OBC)
  EMI 764662
The Wizard of Oz (Film)
  CBS Special Products
  45356
Lionel Bart
Blitz! (OLC) EMI CDP 7-
  97470-2
Oliver! (OLC) Deram 820
  590-2
Ralph Benatzky (u. a.)
  Im weißen Rößl (dt.)
  EMI 7692172
Irving Berlin
  Annie Get Your Gun!
  (OBC) MCA 10047
  Call Me Madam (1995)

Koch DRG 94761
Louisiana Purchase (USA
  1996) Koch DRG 94766
Leonard Bernstein
  Candide (K 1989)
  Deutsche Grammophon
  429734-2
  On the Town (K 1993)
  Deutsche Grammophon
  437516-2
  West Side Story (OBC)
  Columbia 9CK-32603
  Wonderful Town (OBC)
  MCA 10050
Marc Blitzstein
  The Cradle Will Rock
  (L 1985) Colosseum TER
  1105
Jerry Bock
  Fiddler on the Roof (OBC)
  RCA RD-87060 QA
  Fiorello! (OBC) Capitol
  92052
  She Loves Me (OBC)
  Polydor 831 968-2
Leslie Bricusse/A. Newley
  *Stop the World – I Want
  to Get Off* (S 1997)
  Colosseum TER 34.1226
Nacio Herb Brown u.a.
  Singin' in the Rain (Film)
  CBS CDCBS-70282
  Singin' in the Rain
  (L 1984) Colosseum
  34.5453
George M. Cohan
  George M! (OBC)
  Columbia CK-3200
Cy Coleman
  Barnum (OBC)
  Columbia CK-36576
  City of Angels (OBC)
  Columbia CK 46067
  I Love my Wife (OBC)
  DRG CDRG 6109
  The Life (S) RCA
  09026680012
  Little Me (OBC) RCA
  Victor 09026-61482-2
  Seesaw (OBC) DRG

Diskographie

CDRG-6108
Sweet Charity (OBC)
Columbia CK-2900
The Will Rogers Follies
(OBC) Columbia CK-
48606

Noel Coward
Bitter Sweet (L 1988)
TER CD 2-1160
Sail Away (OBC)
Capitol 64759

Noel Gay
Me and My Girl (L 1985)
Manhattan Records CDP
7-46393-2

George Gershwin
Crazy For You (OBC)
Broadway Angel CDC
7546182
Girl Crazy (S) Elektra
Nonesuch 9-79250-2
*Let 'Em Eat Cake + Of
Thee I Sing* (S)
CBS M2K 42522
My One and Only (OBC
1983) Atlantic 801110-2
Porgy and Bess (USA
1996) Dorian 90223
Porgy and Bess (Louis
Armstrong/Ella Fitzgerald)
Verve 810 040-2
Strike Up the Band (S)
Elektra Nonesuch 7559-
79273-2

Clark Gesner
*You're a Good Man,
Charlie Brown* (OBC)
Polydor 820 262-2

Dan Goggin
Nunsense (OBC) DRG
Records CDSBL 12589

Marvin Hamlisch
A Chorus Line (OBC)
Columbia CK-33581
A Chorus Line (Film) Casa-
blanca/Polygram 826
655-2Q
The Goodbye Girl (OBC)
IRS 6376102
They're Playing Our Song

(OBC) Polygram 826
240-2

Jerry Herman
La Cage Aux Folles
(OBC) RCA BD-84824
La Cage Aux Folles (dt.)
Polydor 829646-2
Hello, Dolly! (OBC) RCA
Victor 3814-2-RG
Mack and Mabel (K) First
Night Records Cast CD 13
Mame (OBC) Columbia
CK-3000
Milk and Honey (OBC)
RCA 61997

Birger Heymann (u.a.)
Linie 1 (dtsch. O-Version)
Polydor 831 219-2

Rupert Holmes
*The Mystery of Edwin
Drood* (OBC) PolyGram
VSD-5597

Jim Jacobs/Warren Casey
Grease (OBC) Polydor
827 548-2
Grease (Film) Polydor
817 988-2

John Kander
Cabaret (Film) MCA 250
428-2
Cabaret (OBC) Columbia
CK-3040 oder CBS CD-
70273
Chicago (NY 1996) RCA
09026-68727-2
Kiss of the Spiderwoman
(OBC) IMS 314526526
The Rink (OBC) Polydor
823 125-2
Woman of the Year (OBC)
Bay Cities BCD-3008
Zorba (NY 1983) RCA
RCD1-4732

Jerome Kern
Music in the Air (L 1951)
AEI CD 026
Roberta (S) Sony Musical
Special Products A-7030
Show Boat (S) EMI CDS 7
49108-2

Very Good Eddie (NY)
DRG CDRG 6100

Henry Krieger
Dreamgirls (OBC) Geffen
Records 2007-2

Sylvester Levay
Elisabeth (dt. O-Version,
Wien) Polydor 513 792-
2

Burton Lane
Finian's Rainbow (OBC)
Columbia 4062
*On a Clear Day You Can
See Forever* (OBC) RCA
60820

Jonathan Larson
Rent (OBC) Dreamworks
DRD 50003

Mitch Leigh
Man of La Mancha
(OBC) MCA MCAD-1672

Frank Loesser
Guys and Dolls (OBC)
MCA Classics MCAD-
10301
*How to Succeed in Busin-
ess Without Really Trying*
(OBC) RCA 60352-2-RG
The Most Happy Fella
(OBC) Sony Broadway
S2K-48010
Where's Charley? (OLC)
Capitol 65071

Frederick Loewe
Brigadoon (L 1988) First
Night FNC CD 16
Camelot (OBC) Columbia
CK-32602
Gigi (Film) CBS CD-70277
My Fair Lady (OBC)
Columbia 5090
My Fair Lady (dt.)
Philips 8212 651-2
Paint Your Wagon (OBC)
RCA Victor 60243

Galt MacDermot
Dude (OBC) Original
Cast 9499
Hair (OBC) RCA Victor
BD-89667

Diskographie

Hair (dt.) Polydor 833 103-2

Henry Mancini
Victor Victoria (OBC) Philips 446919

Alan Menken
The Beauty and the Beast (OBC) PolyGram 523597
Little Shop of Horrors (S) Geffen 924 125-2

Roger Miller
Big River (OBC) MCAD 6147

Richard O'Brien
The Rocky Horror Show (Film) Ode ODE CD-1032

Cole Porter
Anything Goes (L 1989) First Night FNC 018
Can-Can (OBC) Capitol 92064
High Society (L) EMI CDP 7 46777-2 (CD-SCX 6707)
Kiss Me, Kate (S 1996) Rough Trade 93902122
Kiss Me, Kate (dt., 1989) Cora 1020
Out of this World (K 1995) DRG Records 94764
Silk Stockings (OBC) RCA Victor 1102-2-RG

Richard Rodgers
Allegro (OBC) RCA 52758
Babes in Arms (S) New World Records NW 386-2
The Boys from Syracuse (NY 1963) EMI 764695
Carousel (NY 1994) EMI 55519924
Flower Drum Song (OBC) Columbia CK-2009
I Remember Mama (S) Colosseum TER 1102
The King and I (OBC) MCA 10049
Me and Juliet (OBC) RCA 61480
No Strings (OBC) EMI

764694
Oklahoma! (OBC) MCA 10046
On Your Toes (NY 1954) MCA 11575
Pal Joey (NY 1995) DRG 94763
Pipe Dream (OBC) RCA 61481
The Sound of Music (OBC) CBS CDCBS-70212
South Pacific (OBC) Columbia CK-32604

Sigmund Romberg
The Student Prince in Heidelberg (S) &TER 34.1172

Harold Rome
Destry Rides Again (L 1982) Colosseum CDTER 1034
Fanny (OBC) RCA 09026680742
Pins and Needles (S 1962) Columbia 57380
Wish You Were Here (OBC) RCA 09026683262

Willy Russell
Blood Brothers (L) Legacy Records LLMCD-3007

Harvey Schmidt
The Fantasticks (OBC) Polydor 821 943-2
I Do! I Do! (OBC) RCA Victor 1128-2-RC
110 in the Shade (OBC) RCA Victor 1085-2-RG

Claude-Michel Schönberg
Martin Guerre (OLC) Polydor 537 263
Les Misérables (frz. O-Version) First Night Records Encore CD 6
Les Misérables (OLC) First Night Records Encore CD 1
Miss Saigon (OLC) Geffen 7599-24271-2
La Révolution Française (frz.) Vogue VG 651 600146

Stephen Schwartz
Godspell (OBC) Arista 8304
Pippin (OBC) Motown MCD 06186 MD

Stephen Sondheim
Anyone Can Whistle (1995) Sony SMIS 67224
Assassins (OBC) RCA Victor 60737-2-RC
Company (L 1996) Colosseum CastCD-57
Follies (OBC) EMI 764 666
A Funny Thing Happened on the Way to the Forum (OBC) Bay Cities BCD-3002
Into the Woods (OBC) RCA Victor RD-86796 QA
A Little Night Music (OBC) Columbia CK-32265
Marry Me a Little (OBC) RCA Victor 7142-2-RC
Merrily We Roll Along (OBC) RCA RCD1-5840
Pacific Overtures (OBC) RCA RCD1 4407
Passion (OBC) EMI 55525123
Sunday in the Park with George (OBC) RCA RCD1-5042
Sweeney Todd (OBC) RCA Red Seal 3379-2-RC

Charles Strouse
Annie (F) Columbia CK-38000
Bye Bye Birdie (OBC) Columbia 2025
The Golden Boy (OBC) EMI 766024

Jule Styne
Do Re Mi (OBC) RCA 61994
Funny Girl (OBC) Capitol CDP 7 46634 2
Gentlemen Prefer Blondes (NY 1995) Koch DRG

Diskographie und Bibliographie

94762
Gypsy (OBC) Columbia
CK-32607
High Button Shoes (OBC)
RCA CAD1-457
Peter Pan (OBC, weitere
Songs von Mark Charlap)
RCA Victor GD-83762-QH

Arthur Sullivan
HMS Pinafore (1987) Bel-
laphon Show CD 22
The Mikado (1986) Bella-
phon Show CD 5
The Pirates of Penzance
(S) Bellaphon Show CD 10
The Yeoman of the Guard
(S) Telarc 80404

Pete Townsend
Quadrophenia (S) Poly-
Gram 531 971
Tommy (S, The Who 1969)
Polydor 800 077-2
Tommy (OBC 1993) RCA
0902661874

Tom Waits
The Black Rider (S, Tom
Waits) Ariola 2116822

Harry Warren
42nd Street (OBC) RCA
BD-83891

Andrew Lloyd Webber
Aspects of Love (OLC)
Polydor 841 126-2
By Jeeves (L 1996) Poly-
dor 533 187-2
Cats (OLC) Polydor 817
810-2
Cats (dt./Wien) Polydor
817 365-2
Evita (OLC) MCA 250
578-2
Evita (Film) Warner Bros.
9362-46450
Jesus Christ Superstar (S)
MCA DMCX-501
Joseph and the Amazing
Technicolor Dreamcoat (L
1991) Polydor 511 130-2
The Phantom of the Opera
(OLC) Polydor 831 273-2

The Phantom of the Opera
(dt., HH) Polydor 847
514-2
Song and Dance (OLC)
Polydor 843617-2
Starlight Express (OLC)
Polydor 821 597-2
Starlight Express (dt.) CBS
462585
Sunset Boulevard (OBC)
Polydor 527 241-2
Sunset Boulevard (dt.)
Polydor 531 178-2

Kurt Weill
Die Dreigroschenoper
(dt.) Polymedia 847 515
The Threepenny Opera (L
1995) Colosseum CDTER
1227
Happy End (dt. O-Text)
Capriccio 60015-1
Johnny Johnson (S) Poly-
dor 831 384-2
Lady in the Dark (S) Sony
Classical MHK 62869
Lost in the Stars (OBC)
MCA Classics MCAD-
10302
One Touch of Venus
(OBC) MCA Classics
MCAD-11354
Street Scene (English
National Opera 1989)
TER Classics CD 1185-2

Frank Wildhorn
Jekyll & Hyde (S) TIS
82723
The Scarlet Pimpernel (S)
EMI 7543972

Meredith Willson
The Music Man (OBC)
Capitol CDP 7 46633 2
The Unsinkable Molly Bro-
wn (OBC) Capitol 92054

Sandy Wilson
The Boy Friend (L 1984)
TER CD 1095

Eric Woolfson
Gaudi (1995) WEA
063102892

Maury Yeston
Grand Hotel (OBC) BMG
0902 661 3276 5
Nine (OBC) CBS CK-
38325
The Phantom of the Opera
(S) Ariola 2661660

Vincent Youmans
Hit the Deck (Film) EMI
MGM 15
No, No, Nanette (NY
1971) IRS 3056302

Bibliographie

ZEITSCHRIFTEN UND PERIODIKA
Das Musical/Musicals,
München: zweimonatlich,
seit 1986
Theater heute, Seelze:
monatlich, seit 1960
Variety, New York:
wöchentlich

LEXIKA UND NACH-SCHLAGEWERKE
Günter Bartosch: Das
große Heyne Musical-
lexikon, München 1994
Ken Bloom: American Song:
The Complete Musical
Theatre Companion
1900-1984, New York
1985
Kurt Gänzl: The Encyclope-
dia of the Musical Thea-
tre, Oxford 1994
Stanley Green: Broadway
Musicals, Show by Show,
London 1987
Stephan Pflicht: Musical-
Führer, München 1991
James M. Salem: A Guide
to Critical Reviews,
Washington DC 1988

Bibliographie

David Sheward: It's a Hit! – the Backstage Book of Longest-Running Broadway Shows 1884-1994, New York 1994

Hubert Wildbihler: Musicals! Musicals! – Ein internationaler Führer zu 850 Musicals und 3000 Tonträgern, Passau 1992

ders.: Musical Know-How: Das Handbuch und Kontaktforum der Musicalszene, Passau 1995

Hubert Wildbihler/ Gerhard Tischler: Internationale Musical-Bibliographie, Landshut 1981

GESAMTDARSTELLUNGEN

Glenn M. Corey (Hrsg.): Musical Theatre in America, Westport (Conn.) 1984

Martin Gottfried: Broadway Musicals, New York 1993

Stanley Green: The World of Musical Comedy, South Brunswick 1976

Thomas S. Hischak: Word Crazy: Broadway Lyricists from Cohan to Sondheim, New York 1991

Alan Jay Lerner: The Musical Theatre: A Celebration, New York 1986

Gerald Martin: American Operetta: From HMS Pinafore to Sweeney Todd, New York 1981

Siegfried Schmidt-Joos: Das Musical, München 1965

Joachim Sonderhoff/Peter Weck: Musical, Braunschweig 1986

Stephen Suskin: Opening Night on Broadway (Kritikensammlung), New York 1990

Joseph P. Swain: The Broadway Musical: A Critical and Musical Survey, New York 1991

ALTE UND NEUE WELT

Leslie Bailey: The Gilbert and Sullivan Book, London 1952

George M. Cohan: Twenty Years on Broadway, New York 1925

Marjorie Farnsworth: The Ziegfeld Follies: A History in Text and Pictures, New York 1956

Bernard Grun: Kulturgeschichte der Operette, München 1961

Bernard Hewitt: Theatre USA 1668-1957, New York 1957

Volker Klotz: Operette, München/Zürich 1991

Siegfried Kracauer: Pariser Leben (Jacques Offenbach und das Paris seiner Zeit), Frankfurt/M. 1976

Louis Kronenberger/Max Goberman (Hrsg.): John Gay – The Beggar's Opera, New York 1962

Jacques Offenbach: Reisenotizen eines Musikers, in: R. Scharnke: Offenbach in Amerika, Berlin 1957

Deane L. Root: American Popular Stage Music (1860-1880), Ann Arbor (Mich.) 1981

Bernard Sobel: A Pictoral History of Vaudeville, New York 1961

Robert C. Toll: The Entertainment Machine, Oxford (u.a.) 1982

Carl Wittke: Tambo and Bones, A History of the American Minstrel Stage, Durham/N.C. 1930

Dieter Zöchling: Die Chronik der Oper, Gütersloh/ München 1996

DER BROADWAY

Marty Bell: Broadway Stories: A Backstage Journey trough Musical Theatre, New York 1993

Lehman Engel: Planing and Producing the Musical Show, New York 1966

Howard Greenberger: The Off-Broadway Experience, Eaglewood Cliffs/N.J. 1971

Ken Mandelbaum: Not Since Carrie: 40 Years of Broadway Flops, New York 1991

Henry Marx: Die Broadway-Story, Düsseldorf/ Wien 1986

The Shubert Archive (Hrsg.): The Shuberts of Broadway, New York 1990

THE JAZZ AGE

D. Ewen: The Story of Jerome Kern, New York 1953

Miles Kreuger: Show Boat: The Story of a Classical Musical, New York 1977

Wolfram Schwinger: Gershwin, Mainz 1989

P. G. Wodehouse/Guy Bolton: Bring on the Girls, Life in Musical Comedy, New York 1953

DAS FILMMUSICAL

Joseph Andrew Casper: Vincente Minelli and the Musical Film, South Brunswick u.a. 1977

Jane Feuer: The Hollywood Musical, Bloomington 1982

Stanley Green: Encyclopedia of the Musical Film, New York 1981

Bibliographie und Personenregister

Ted Sennett: Hollywood Musicals, New York 1981

NEUE THEMEN, NEUE TÖNE

Stanley Green: Ring Bells! Sing Songs! Broadway Musicals of the 30's, New York 1971

Robert Kimball (Hrsg.): Cole, New York 1971

Richard Rodgers: The Rodgers and Hart Sound Book, New York 1951

Jürgen Schebera: Kurt Weill, Leipzig 1980

Charles Schwartz: Cole Porter, New York 1977

DIE KLASSISCHEN MUSICALS

Laurence Berggren: As Thousands Cheer – the Life of Irving Berlin, London 1990

Leonard Bernstein: Freude an der Musik, München 1963

Michael Friedland: Irving Berlin, New York 1974

Stanley Green: Rodgers and Hammerstein, New York 1980

Gene Lees: Inventing Champagne: The Worlds of Lerner and Loewe, New York 1990

Wolfgang Jansen: My Fair Lady – die deutsche Erstaufführung 1961..., Berlin 1992

Ethan Morddens: Rodgers & Hammerstein, New York 1993

Richard Rodgers/Oscar Hammerstein: Six Plays (Oklahoma!, Carousel, Allegro, South Pacific, The King and I, Me and Juliet), New York 1959

Max Wilk: OK!: the Story of Oklahoma!, New York 1993

DER MUSICALDARSTELLER

Götz Hellriegel: Traum Tänzer, Berlin 1994

Dennis MacGovern: Sing Out, Louise!, New York 1993

Michael Shurtleff: Audition, New York 1978

MUSICAL IM ROCKZEITALTER

Stephen Banfield: Sondheim's Broadway Musicals, Ann Arbor/Mich. 1993

Edward Behr/Mark Steyn: The Story of Miss Saigon, London/New York 1991

Donald C. Farber: The Amazing Story of The Fantasticks, Secaucus/N.J. 1991

Harald Fischer: Deutsche Musicals, Berlin 1996

Martin Gottfried: Sondheim, New York 1993

Barbara L. Horn: The Age of Hair, New York 1991

Wolfgang Jansen (Hrsg.): Musical kontrovers: Der 1. Deutsche Musical-Kongreß, Berlin 1994

Simone Kaczerowski: Musicals in Deutschland, Bottrop 1995

Ken Mandelbaum: A Chorus Line and the Musicals of Michael Bennett, New York 1989

Derek Parker: The Story and the Song: A Survey of English Musical Play

Michael Walsh: Andrew Lloyd Webber, Rastatt 1992

Personenregister

Abbott, George 113
Adams, Lee 118
Adler, Richard 96
Alejchem, Sholem 171
Allen, Woody 138
Allers, Franz 103
Ameche, Don 94
Anderson, Maxwell 71
Andersson, Benny 155
Andrews, Julie 100, 102, 150
Apolinar, Danny 126
Arlen, Harold 50
Armstrong, Louis 116
Aronson, Boris 118
Astaire, Adele 45
Astaire, Fred 45, 56, 103, 145, 160
Atkinson, Brooks 83
Attenborough, Richard 62, 132
Aufricht, Ernst Josef 164
Ayckbourne, Alan 136

Bacall, Lauren 119
Bach, Johann Sebastian 43
Bacharach, Burt 112, 120, 130
Bailey, Pearl 116
Baker, Josephine 41
Balanchine, George 70, 78, 101
Ballard, Florence 172
Barnes, Clive 139
Barnum, Phineas Taylor 169
Barras, Charles M. 23
Bart, Lionel **151,** 161
Bayer Sager, Carol 132
Beatles, The 111, 125
Beckett, Samuel 125
Beiderbecke, Bix 98
Belafonte, Harry 86
Benatzky, Ralph 164
Bennett, Michael 113, 130, 171
Bergman, Ingmar 139
Berkeley, Busby 61
Berlin, Irving **31, 89,** 111, 139

Personenregister

Bernstein, Leonard 103, **106,** 110, 137, 164
Berry, Chuck 111
Bissell, Richard 98
Bizet, Georges 12, 69, 86, 158
Black, Don 160
Blake, Eubie 41
Blitzstein, Marc 68, 164
Bock, Jerry 117, 129
Bolger, Ray 78, 94
Bolton, Guy 52, 74
Booth, Edwin 22
Booth, John Wilkes 20, 141
Boublil, Alain 147, 151, **160,** 170
Brecht, Bertolt 10, 70, 94, 164
Breffort, Alexandre 151
Brice, Fanny 29, 96
Bricusse, Leslie 150, 174
Brightman, Sarah 159
Britten, Benjamin 143
Broeck, Brom 70
Brook, Peter 144, 151
Brougham, John 23
Brown, Ann 69
Brynner, Yul 89
Bubbles, John W. 69
Burroughs, William S. 166
Burrows, Abe 95
Burton, Richard 103
Busoni, Ferrucio 70, 101
Butler, Frank E. 91

Caccini, Giulio 11
Caesar, Irving 48
Caesar, Sid 121
Cagney, James 29
Calloway, Cab 115
Capote, Truman 82
Carmichael, Hoagy 59
Caron, Leslie 171
Carroll, Lewis 167
Casey, Warren 127
Cervantes, Miquel de 119
Chagall, Marc 118
Champion, Gower 113
Chandler, Raymond 169
Channing, Carol 97, 116

Charell, Eric 164
Charisse, Cyd 102
Chevalier, Maurice 77, 121
Clair, René 58
Close, Glenn 160
Cody, William F. *(Buffalo Bill)* 91
Cohan, George M. **27,** 66
Coleman, Cy 112, **120,** 169, 174
Colette 102
Collins, Judy 139
Comden, Betty 98, 107, 167
Copland, Aron 143
Coppola, Francis Ford 103
Corman, Roger 128
Covington, Julie 147
Coward, Noel 148
Craig, Edward Gordon 144
Crosby, Bing 61, 94
Cryer, Gretchen 132

Dandridge, Dorothy 86
Dante, Nicholas 130
Davies, Marion 57
Davis jr., Sammy 119
de Mille, Agnes 85, 102
Deneuve, Catherine 63
Dennis, Robert 125
Dépardieu, Gérard 163
Dickens, Charles 151, 173
Disney, Walt 52
Domingo, Placido 159
Donen, Stanley 59, 62
Donizetti, Gaetano 12
Dorléac, Françoise 63
Dorsey, Jimmy 46
D'Oyly Carte, Richard 14
Dreyfus, Max 43
Duncan, Todd 69, 73
Durante, Jimmy 78
Durbin, Deanna 61

Ebb, Fred **122,** 123, 129, 144, 174
Edens, Roger 60
Edward, Prinz 155
Eisenstaedt; Alfred 107
Eliot, T. S. 156
Ellington, Duke 168

Emmett, Dan 25
Englander, Ludwig 17
Everly Brothers 133

Faulkner, William 169
Fellini, Federico 121, 170
Ferber, Edna 51
Fields, Herbert 77
Fields, Lew 50
Fierstein, Harvey 117
Fischer, Bobby 155
Fitzgerald, Scott F. 40, 49, 169
Flimm, Jürgen 166
Ford, Nancy 132
Forrest, George 171
Fosse, Bob 96, 113, 121, 123
Foster, Stephen 26
Freed, Arthur 61
Friml, Rudolf 17
Fritsch, Willy 58
Fry, Stephen 149
Furth, George 138, 140

Garbo, Greta 94
Garland, Judy 61, 62
Gasser, Gaby 132
Gaudí, Antoni 166
Gay, John 10, 148, 164
Gay, Noel 149
Gelbart, Larry 137
Genet, Jean 39
Gere, Richard 163
Gershwin, George 33, **43,** 56, 65, **68,** 76, 139, 168
Gershwin, Ira 44, 65, 72
Ghandi, Mahatma 66
Gilbert, Robert 164
Gilbert, William S. 14, 148
Giraudoux, Jean 116
Glover, Savion 174
Gluck, Chr. Willibald 13
Goggin, Dan 128
Goodman, Benny 46, 98
Gounod, Charles 158
Grable, Betty 76
Granichstaedten, Bruno 164
Graupner, Joh. Gottlieb 25
Grayson, Kathryn 92

Personenregister

Green, Adolph 98, 107, 169
Grimm, Brüder 141
Grosz, George 122
Guevara, ›Che‹ Ernesto 154

Händel, Georg Fried. 10, 11
Hagen, Jean 58
Haley, Bill 133
Haley, Jacques 57
Hamlisch, Marvin 130, 131, 132
Hammerstein II, Oscar 53, 55, 81, **83**, 111, 137
Hammett, Dashiell 169
Hampton, Christopher 160
Harnick, Sheldon 89, 117
Harrison, Rex 100
Hart, Lorenz 29, **50**, 59, 66, 76, **77, 84**, 113, 142
Hart, Moss 71, 103
Hart, Teddy 79
Harvey, Lilian 58
Hauptman, William 172
Havoc, June 99
Haworth, Jill 121
Hayworth, Rita 81
Heine, Heinrich 50
Hellman, Lilian 108
Hepburn, Audrey 101
Herbert, Victor 17, 18, 27
Herman, Jerry 111, **115**, 129
Hester, Hal 126
Heymann, Birger 167
Heymann, W. Richard 58
Heyward, DuBose 68
Hill, Ken 158
Hinckley, John 141
Hindemith, Paul 119
Hitchcock, Alfred 38
Hitler, Adolf 67, 155
Hollaender, Friedrich 94
Holliday, Judy 97
Holloway, Stanley 101
Holly, Buddy 111
Holm, Celeste 94
Holm, Hanya 103
Holmes, Rupert 173
Homer 82
Hopper, Edward 40
Hoschna, Karl 17

Houdini, Harry 22
Hughes, Langston 72
Hugo, Victor 161
Huston, Walter 71
Hytner, Nicholas 87, 162

Irving, Washington 71
Isherwood, Christopher 121

Jacobs, Jim 127
Jolson, Al 43, 57
Jones, Tom 114
Joseph II von Österreich 12
Jürgens, Udo 15
Juhnke, Harald 132
Julia, Raul 170
Jung, Cusch 17

Kander, John 112, 122, 123, 129, 144, 174
Kaufman, George S. 47, 65, 95
Kaye, Danny 71
Keaton, Buster 22, 57
Keaton, Diane 155
Keel, Howard 92
Kelly, Gene 80
Kennedy, John F. 111
Kerker, Gustav 17
Kern, Jerome 37, 51, **52**, 111
Kert, Larry 104
Kiley, Richard 120
Kirkwood, James 130
Kleban, Ed 131
Klugman, Jack 98
Knef, Hildegard 94
Kollo, Walter 18
Krieger, Henry 171
Kröger, Uwe 160
Kroll, Jack 148
Krupa, Gene 46
Kunze, Michael 165
Kushner, Tony 38

La Guardia, Fiorello 117
Lahr, Bert 76
Landsmann, Heidi 171
Landsmann, Rocco 171
Lane, Burton 103

Lansbury, Angela 116
Lapine, James 142
Larson, Jonathan 125, **172**
Latouche, John 83, 108
Laurents, Arthur 103
Lawrence, Carol 104
Lee, Gypsy Rose 22, **98**
Legrand, Michel 63
Léhar, Franz 14, 101
Leigh, Mitch 119, 120, 129
Lennon, John 125, 134
Lenya, Lotte 122, 164
Leonowens, A. Hariette 38
Lerner, Alan Jay 89, **99**, 150, 159
Leroux, Gaston 9, 158, 168
Levay, Sylvester 166
Lewis, Jerry 97
Lewis, Jerry Lee 110
Lincoln, Abraham 20, 26
Little Richard 110
Loesser, Frank **94**, 111, 164
Löwe, Edmund 101
Loewe, Frederick **99**, 111, 150
Loos, Anita 98
Lubitsch, Ernst 94
Ludwig XIV. 8
Ludwig XVI. 161
Ludwig, Volker 167
Lüders, Gustav 17
Lully, Jean-Baptiste 8
LuPone, Patti 154
Lynne, Gillian 156

Maazel, Lorin 159
MacDermot, Galt **124**
MacDonald, Jeanette 60
MacDonald, Sona 97
Mackintosh, Cameron 146, 147, 148, 156, 160
MacLaine, Shirley 93, 113
Madonna 155
Mamoulian, Rouben 69, 77
Marie-Antoinette 65
Martin, Barney 129
Martin, Mary 88, 115
Marx Brothers 42
Masteroff, Joe 122
McCarthy, Joseph 62

185

Personenregister

McCartney, Paul 111
Menken, Alan 128, 161
Merman, Ethel 47, 90, 98, 99, 145
Merrick, David 114
Meyerbeer, Giacomo 158
Midler, Betty 155
Miller, Arthur 34
Miller, Glenn 48
Miller, Roger 171
Minelli, Liza 121, 122, 144, 155
Minelli, Vincente 62
Molière 8
Molnar, Ferenc 86
Mongkut von Siam 88
Monnot, Marguerite 151
Monroe, Marilyn 97
Monteverdi, Claudio 10
Moross, Jerome 83
Morris, Anita 170
Morton, Jelly Roll 30
Mozart, Wolfg. Amadeus 11
Murnau, Friedr. Wilh. 167

Napier, John 156, 157
Nash, N. Richard 114
Neher, Caspar 68
Nelson, Eddy 60
Nestroy, Joh. N. 14, 116
Neumann, Günter 93, 165
Newley, Anthony 150
Newton-John, Olivia 127
Nichols, Red 46
Normand, Mabel 117
Nunn, Trevor 151, 156, 161

Oakley, Annie 91
O'Brien, Richard 127
Odets, Clifford 119
Offenbach, Jacques 12, 93, 158
O'Horgan, Tom 125, 129, 135
Oliver, Stephen 155
Olivier, Sir Laurence 148
O'Neill, Eugene 29, 40, 82
Orbach, Jerry 114
Oswald, Lee Harvey 141
Ovid 100

Page, Elaine 155
Pagnol, Marcel 67
Papp, Joseph 124, 130
Parker, Alan 136, 155
Pascal, Gabriel 100
Pastor, Tony 21
Pepusch, Johann Chr. 10, 148
Peri, Iacopo 9
Perón, Eva 136, 154
Plautus, Titus Maccius 137
Porter, Cole 14, 64, **74, 91,** 111, 139, 142, 149
Presley, Elvis 110
Preston, Robert 115
Prince, Harold 113, 122, 137, 138, 153
Prokofjew, Sergej 133, 143
Pryce, Jonathan 36
Puccini, Giacomo 87, 105, 133
Puig, Manuel 123
Purcell, Henry 10

Quinn, Anthony 122

Rado, James 124
Ragni, Gerome 124
Ravel, Maurice 143
Reed, Lou 167
Reinking, Ann 169
Reynolds, Debbie 58
Rice, Elmer 72
Rice, Tim 127, **133,** 153, **155,** 157
Rice, Tom 25
Richter, Ilja 137
Rieffenstahl, Leni 61
Rinuccini, Ottavio 9
Rivera, Chita 123
Robbins, Jerome 99, **103,** 107, 113, 137
Robeson, Paul 141
Rockefeller, John D. 66
Rodgers, Mary 37
Rodgers, Richard 29, **50,** 56, 76, **77, 83,** 111, 146
Rogers, Ginger 46, 56
Rogers, Will 169
Romberg, Sigmund **18,** 53
Rome, Harold 67

Roosevelt, Franklin D. 27
Ross, Jerry 96
Rossini, Gioacchino 12
Rosza, Miklos 160
Rostand, Edmond 114
Rota, Nino 171
Rousseau, Jean-Jacques 12
Runyon, Damon 94, 164
Russell, Ken 150
Russell, Willy 152
Ryskind, Morrie 65

Savo, Jimmy 79
Scarlatti, Alessandro 96
Schickele, Peter 125
Schikaneder, Emanuel 11
Schmidt, Harvey 114, 129
Schönberg, Claude-Michel 147, 151, **160,** 170
Schubert, Franz 32
Schwartz, Stephen 126
Scola, Ettore 142
Segal, Vivienne 80
Sennett, Mack 117
Seurat, Georges 141
Shakespeare, William 8, 22, 79, 82, 103, 126
Shaw, George Bernard 15, 100
Shepard, Sam 125
Shevelove, Burt 137
Shirelles 128
Shubert, J. J. 18, 37
Simon, Neil **120,** 132
Simon, Paul 111
Sinatra, Frank 34, 93, 120, 139
Sitting Bull 91
Smith, Oliver 103, 115
Sondheim, Stephen 9, 29, 112, 129, 130, **137,** 142
Sousa, John Philip 50
Spasski, Boris 155
Spawick, Bella und Sam 91
Stankovski, Ernst 123
Stein, Joseph 123
Steiner, Max 160
Stilgoe, Richard 159
Stolz, Robert 164
Strasberg, Lee 71

Personen- und Stückeregister

Strauß, Johann 14, 101
Strauß, Oscar 15
Strawinsky, Igor 47
Streisand, Barbra 29, 30, 97, 139, 155
Streep, Meryl 155
Strouse, Charles 111, **118**
Stuyvesant, Pieter 71
Styne, Jule 29, **97,** 137
Sullivan, Arthur S. 14, 148
Supremes 172
Swanson, Gloria 138

Teagarden, Jack 46
Tebelak, John-Michael 126
Thomas, Brandon 94
Thompson, Lydia 22, 30
Townsend, Pete 126
Trapp, M. Auguste von 89
Travolta, John 127
Truman, Harry S. 90
Tune, Tommy 170
Tunick, Jonathan 143
Twain, Mark 73, 171
Twiggy 150
Tynan, Kenneth 125

Ulvaeus, Björn 155

Verdi, Giuseppe 69, 158
Verne, Jules 91
Voltaire 82, 108

Waits, Tom 166
Walden, Stanley 125
Waller, Fats 168
Walsh, Michael 136
Walter, Bruno 106
Walters, Ethel 66
Warren, Harry 59
Wasserman, Dale 119
Watkins, Maurine 123
Webber, Andrew Lloyd 9, 127, 130, **133,** 146, **155,** 166, 174, 175
Weill, Kurt 64, **70,** 76, 94, 122, 164, 172
Welles, Orson 25, 67, 154
Who, The 126
Wiene, Robert 167

Wilde, Oscar 149
Wilder, Billy 112, 159
Wilder, Thornton 116
Wildhorn, Frank 174
Willson, Meredith 109, 112
Wilson, Brian 111
Wilson, Robert 166
Wilson, Sandy 41, 150
Winter, Judy 123
Wodehouse, P. G. 52, 55, 136
Woolfson, Eric 166
Wright, Frank Lloyd 40
Wright, Robert 171

Yeston, Maury 168, 170, 174
Youmans, Vincent 33, **47,** 138

Zadek, Peter 109
Ziegfeld, Florenz 56, 169
Ziegler, Daniela 160
Zippel, David 169

Stückeregister

Bei Musiktheaterwerken ist der Komponist angegeben.

The Act (Kander/Ebb) 145
Ah, Wilderness! 29
Ain't Misbehavin' (Waller) 170
Alcove (Offenbach) 13
Alice (Waits/Wilson/Burroughs) 167
America's Sweetheart (Rodgers/Hart) 77
The American Idea (Cohan) 28
Amphitryon 93
Animal Crackers (Kalmar/Ruby) 44
Annie (Strouse) 119
Annie Get Your Gun! (Berlin) 32, 56, **89**
Anyone Can Whistle (Sondheim) 137

Anything Goes (Porter) 74, 75
Applause (Strouse) 119
Around the World in 80 Days (Porter) 91
As Thousands Cheer (Berlin) 66
Aspects of Love (Webber) 148, 155, **159**
Assassins (Sondheim) 141

Babes in Arms (Rodgers/Hart) 78
Il Barbiere di Siviglia (Rossini) 12
Barnum (Coleman) 169
The Beauty and the Beast (Menken) 128
Beggar's Holiday (Ellington) 10
The Beggar's Opera (Gay/Pepusch) **10,** 148, 164
Die beiden Blinden (Offenbach) 13
Die beiden edlen Veroneser 9
Bells Are Ringing (Styne) 97
La Biche du Bois 23
Big River (Miller) 171, 172
Bitter Sweet (Coward) 149
The Black Crook (div.) **23,** 166
The Black Rider (Waits/Wilson/Burroughs) 166
Blitz! (Bart) 151
Blondel (Oliver/Rice) 155
Blood Brothers (Russell) 152
Blossom Time (Romberg) 18
La Bohème (Puccini) 172
The Boy Friend (Wilson) 41, **150**
The Boys from Syracuse (Rodgers/Hart) 79
Brigadoon (Loewe/Lerner) 102
Bring In 'Da Noise, Bring In 'Da Funk (div.) 73
Bye, Bye, Birdie (Strouse) 111
By Jeeves (Webber) 136
By Jupiter (Rodgers/Hart) 81

Stückregister

Cabaret (Kander/Ebb) 62, 112, **121,** 153, 174

La Cage Aux Folles (Herman) 117

Camelot (Loewe/Lerner) 102

Can-Can (Porter) 93

Candide (Bernstein) 37, 108, 109

Carmen (Bizet) 12, 30, 69, 86

Carmen Jones (Bizet/Hammerstein) 86

Carousel (Rodgers/Hammerstein) 86

Cats (Webber) 148, **156, 166**

Charleys Tante 94

Chess (Andersson/Ulvaeus/Rice) 155

Chicago (Kander/Ebb) 130, **123,** 174

The Chocolate Soldier (O. Strauß) 15

A Chorus Line (Hamlisch) 36, 120, **130,** 157, 171, 174

City of Angels (Coleman) 169

The Civil War: An American Musical (Wildhorn) 175

Company (Sondheim) 140

A Connecticut Yankee (Rodgers/Hart) 51, 77, 81

The Cradle Will Rock (Blitzstein) 67

Crazy For You (Gershwin) 47

Cricket (Webber/Rice) 155

Cyrano de Bergerac 114

Damn Yankees (Adler/Ross) 96, 97

Dancin' (div.) 168

The Day Before Spring (Loewe/Lerner) 101

A Day Well Spent 116

Dear World (Herman) 116

Der Widerspenstigen Zähmung 91

Le Devin du Village (Rousseau) 12

Divorce Me, Darling (Wilson) 150

Do Re Mi (Styne) 98

Dreamgirls (Krieger) 171

Die Dreigroschenoper (Weill) 70, 122, **164**

Das Dreimäderlhaus 16

Dubarry Was a Lady (Porter) 76, 99

Educating Rita 152

Einen Jux will er sich machen 116

Elisabeth (Kunze/Levay) 166

Die Entführung aus dem Serail (Mozart) 12

Evangeline (E. Rice) 27

Evita (Webber/Rice) 136, 147, **153**

Fade In, Fade Out (Styne) 98

Fame (Bühnenversion - Margoshes) 62, 145

Fancy Free (Bernstein) 107

Fanny (Rome) 67

The Fantasticks (Schmidt/Jones) 114

Faust 23

Fiddler on the Roof (Bock/Harnick) 112, **117,** 123

Finian's Rainbow (Lane) 103

Fings Ain't Wot They Used T'Be (Bart) 151

Fiorello! (Bock/Harnick) 117

Flora (div.) 11

Flora, the Red Menace (Kander/Ebb) 122

Flower Drum Song (Rodgers/Hammerstein) 88

Follies (Sondheim) 29, 30, **139**

42nd Street (Warren) 36, 60

Der Freischütz (Weber) 23

A Funny Thing Happened on the Way to the Forum (Sondheim) 137

Funny Girl (Styne) 97

Garrick Gaieties (Rodgers/Hart) 51

Gentlemen Prefer Blondes (Styne) 37, 92, **97,** 116

George M! (Cohan) 29

George White's Scandals (div.) 44

Gigi (Loewe/Lerner) 102

Girl Crazy (Gershwin) 46

Godspell (Schwartz) 126

The Golden Apple (Moross) 83

Golden Boy (Strouse) 112, **118**

The Goodbye Girl (Hamlisch) 120

The Governor's Son (Cohan) 27

Grand Hotel (Yeston/Wright/Forrest) 171

Grease (Jacobs/Casey) 127

Green Grow the Lilacs 81

Guys and Dolls (Loesser) **94,** 174

Gypsy (Styne) **98,** 137

Hair (MacDermot) **124,** 129, 135, 172

Hamlet 22

Happy End (Weill) 70, 164

The Happy Time (Kander/Ebb) 123

Helden (Jürgens) 15

Hello, Dolly! (Herman) 111, 115

High Button Shoes (Styne) 98

High Society (Porter) 94, 60

Hit the Deck (Youmans) 48

HMS Pinafore (Gilbert/Sullivan) 15

Hoffmanns Erzählungen (Offenbach) 13

How to Succeed in Business Without Really Trying (Loesser) 96, 111

I'd Rather Be Right (Rodgers/Hart) 29, 79

I'm Getting My Act Together and Taking it on the Road (Cryer/Ford) 132

Stückregister

I Love My Wife (Coleman) 121

I Remember Mama (Rodgers) 89

Im weißen Rößl (Benatzky u. a.) 164

Into the Woods (Sondheim) 141

Irma la Douce (Monnot) 151

Die Irre von Chaillot 116

Jeeves (Webber) 136, 158

Jekyll & Hyde (Wildhorn) 174

Jelly's Last Jam (Morton) 30

Jesus Christ Superstar (Webber/Rice) 127, 133, **134,** 161

Johnny Johnson (Weill) 71

Joseph and the Amazing Technicolor Dreamcoat (Webber/Rice) 133

Jumbo (Rodgers/Hart) 78

The King and I (Rodgers/ Hammerstein) 36, 83, 88

Kiss Me, Kate (Porter) 77, **91**

Kiss of the Spiderwoman (Kander/Ebb) 123

Knickerbocker Holiday (Weill) 71

Die Komödie der Irrungen 79

Lady, Be Good! (Gershwin) **44,** 80

Lady in the Dark (Weill) 71, 77

Die Lästigen 8

Let 'Em Eat Cake (Gershwin) 65

The Life (Coleman) 172

Liliom 86

The Likes of Us (Webber/ Rice) 133

Linie 1 (Ludwig/Heymann) 167

Little Johnny Jones (Cohan) 28

Little Me (Coleman) 120

A Little Night Music (Sondheim) 139

Little Shop of Horrors (Menken) 128

Lost in the Stars (Weill) 73

Love Life (Weill) 73

Die lustige Witwe (Léhar) 14, 101

Mack and Mabel (Herman) 116

Maggie May (Bart) 152

Mame (Herman) 116

Man of La Mancha (Leigh) 112, **119**

Marius 67

Marry me a Little (Sondheim) 143

Martin Guerre (Schönberg) 162

The Matchmaker 116

Maytime (Romberg) 18

Me and Juliet (Rodgers/ Hammerstein) 88

Me and My Girl (N. Gay) 49

The Merchant of Yonkers 116

Merrily We Roll Along (Sondheim) 140

Milk and Honey (Herman) 115

Minnie's Boys (Grossman) 42

Les Misèrables (Schönberg) 151, 160, **161**

Miss Saigon (Schönberg) 147, **162,** 169

Mr. President (Berlin) 111

The Most Happy Fella (Loesser) 95, 96

The Music Man (Willson) 109

My Fair Lady (Loewe/Lerner) 50, 95, **99,** 109, 150

My One and Only (Gershwin) 47, 168

The Mystery of Edwin Drood (Holmes) 173

Die Neger 39

Nine (Yeston) 170

No, No, Nanette (Youmans) 48, 138

No Strings (Rodgers) 89

Nunsense (Goggin) 128

Of Thee I Sing (Gershwin) 65

Oh, Boy! (Kern) 52

Oh, Calcutta! (Dennis/ Schickele/Walden) 125

Oh, Lady! Lady!! (Kern) 52

Oklahoma! (Rodgers/ Hammerstein) 81, **83,** 108

Oliver! (Bart) 151, 161

On a Clear Day You Can See Forever (Lane) 103

Once Upon a Mattress (M. Rodgers) 37

110 in the Shade (Schmidt/ Jones) 114

One Touch of Venus (Weill) 72

On the Town (Bernstein) 106, 107

On Your Toes (Rodgers/ Hart) 78

Orfeo (Monteverdi) 8

Orpheus in der Unterwelt (Offenbach) 13, 93

Orpheus und Eurydike (Gluck) 13

Out of this World (Porter) 14, 93

Pacific Overtures (Sondheim) 140

Paint Your Wagon (Loewe/ Lerner) 102

The Pajama Game (Adler/ Ross) 96, 98

Pal Joey (Rodgers/Hart) 79

Paris (Porter) 75

Pariser Leben (Offenbach) 14

The Passing Show (div.) 30

Passion (Sondheim) **142**

Peggy Ann (Rodgers/Hart) 77

The Phantom of the Opera (div., arr. Hill) 158

Stückregister und Bildnachweis

The Phantom of the Opera (Webber) 148, **158,** 174
The Phantom of the Opera (Yeston) 168
Pins and Needles (Rome) 67
Pipe Dream (Rodgers/ Hammerstein) 88
Pippin (Schwartz) 126
The Pirates from Penzance (Gilbert/Sullivan) 15
Pocahontas 23
Polly (Gay/Pepusch) 11
Poor Little Ritz Girl (div.) 51
Porgy and Bess (Gershwin) 44, 56, **68**
Promises, Promises (Bacharach) 120, 130
Le Prophète (Meyerbeer) 158
Pygmalion 100, 139

Rainbow (Youmans) 49
The Rainmaker 114
Rent (Larson) 125, **172,** 175
Requiem (Webber) 159
La Révolution francaise (Schönberg) 161
Rice's Summer Nights (div.) 30
Roberta (Kern) 56
The Rocky Horror Show (O'Brien) 127
Les Romantiques 114
Romeo und Julia 103
The Rothschilds (Bock/ Harnick) 118

Sally (Kern) 52
Say, Darling (Styne) 98
See America First (Porter) 75
Seven Lively Arts (Porter) 91
She Loves Me (Bock/Harnick) 117
Show Boat (Kern) 37, 51, **53**
Shuffle Along (Blake) 41
Die sieben Todsünden (Weill) 71
Silk Stockings (Porter) 94
Sinbad (div.) 44

Singin' in the Rain (Brown u. a.) 58
Ein Sommernachtstraum 8
Sophisticated Ladies (Ellington) 168
The Sound of Music (Rodgers/ Hammerstein) 88, **89**
South Pacific (Rodgers/ Hammerstein) 87
Stags and Hens 152
Starlight Express (Webber) 147, **157**
Steel Pier (Kander/Ebb) 124, 174
Stop the World, I Want to Get Off (Newley/ Bricusse) 150
Street Scene (Weill) 72
Strike Up the Band (Gershwin) 65
The Student Prince in Heidelberg (Romberg) 18
Sunday in the Park with George (Sondheim) 9, 140, 141
Sunny (Kern) 52
Sunset Boulevard (Webber) **159,** 174
Svengali (Wildhorn) 175
Sweeney Todd (Sondheim) 140
Sweet Charity (Coleman) 113, 120

They're Playing Our Song (Hamlisch) 120, 132
This Is the Army (Berlin) 32, 66
Time Rocker (Reed/Wilson/ Burroughs) 167
Titanic (Yeston) 174
Tommy (Townsend) 125
Torch Song Trilogy 117
Trial by Jury (Gilbert/ Sullivan) 15
Trouble in Tahiti (Bernstein) 108
Two Gentlemen of Verona (MacDermot) 126
Two in the Aisle (Styne) 98

Up in Central Park (Romberg) 18

Very Good Eddie (Kern) 50, 54

Was ihr wollt 126
Watch Your Step (Berlin) 31
West Side Story (Bernstein) 83, **103,** 137
What's Up? (Loewe/Lerner) 101
Where's Charley? (Loesser) 94
Whistle Down the Wind (Webber) 174
Wie einst im Mai (Kollo) 18
The Will Rogers Follies (Coleman) 169
Woman of the Year (Kander/Ebb) 123
Wonderful Town (Bernstein) 106, 108

Yip, Yip, Yaphank! (Berlin) 66
Your Own Thing (Hester/ Apolinar) 128

Die Zauberflöte (Mozart) 11
Zaubernacht (Weill) 70
The Ziegfeld Follies of ... (div.) 30
Zorba (Kander/Ebb) 123

Bildnachweis

Joseph Abeles Collection 38, 89 m, 89 u, 96, 98, 100, 101 u, 104 o, 105 u, 109 o, 111, 112, 115, 116 u, 117 u, 119 o, 120, 129 u, 130
Rolf Arnold 127 u
Art & Photo, Berlin 17
Art Institute of Chicago 141 o

Bildnachweis

C. Barda 158 u
Hermann u. Clärchen Baus,
  Köln 67 o
Brown Bros. 45 o
Buhs/Remmler, Berlin 132
Wolfgang Boksch Concerts,
  Berlin 47 u, 131 u, 145 o
A. Crickway, London 75
B. Cloet / Niederlande 155 u
Chappell/Intersong 43, 50
Matthias Creutziger, Mutter-
  stadt 151 o
Cologne Musicals GmbH 166 u
Columbia Pictures 29 o, 81,
  152 o
Eileen Darby 104 u
Deutsches Institut für Filmkunde,
  Frankfurt/Main 92 o
Dominic Photography 151 u
DRG Records, Inc. 52
Bob Golby 87 o, 88 u, 95
Craig Hartley 168 o
Sabine Haymann, Stuttgart
  173 u
Stefanie Herken, Berlin 167 u
Udo Hesse, Berlin 165
Heyde/Pausch, Berlin 45 u,
  73 u, 137 u
Historisches Museum der Stadt
  Wien 14 o
Michael Hörnschemeyer,
  Münster 140 m
Sebastian Hoppe, Berlin 153
Thomas Huther, Kassel 121 o
Archie Kent, Berlin 8 o,
  108 m, 145 u, 171
Lynne Kirwin Associates,
  London 123 u
Alan Jay Lerner 48
Michael Le Poer Trench,
  London 127 o, 163
Lorimar + ABC (TV) 121 u
Lucky Luke Licensing /
  © Morris 14 u
MCA Records, Inc. 134
Metro-Goldwyn-Meyer, Inc.
  42, 54, 56, 58, 62, 78 o,
  102, 150
Metropol-Theater, Berlin 118 u,
  149 (Foto: H. Schulze)

Joan Marcus, New York
  36, 87 u, 143 u, 173 o
Red McArthur of Galaxy 83 o
Museum of the City of New
  York 23 u, 30 o, 53 o
Terry O'Neill 1984, Woodfin
  Camp. Association 159 o
Phonogram, Paris 63 u.
Player's Cigarettes 16
Public Library, Theatre Collec-
  tion, New York   24 u, 27,
  46, 47 o, 53 u, 65 o, 66,
  67, 71 u, 73 o, 76, 78 u,
  79, 80, 85 u
C. Rosegg, New York 97 o,
  175 o
Really Useful Group Ltd. 160
  (Donald Cooper)
Kerstin Roßbander, Berlin 13 m
Royal College of Music,
  London 13 o
Royal Shakespeare Company,
  Stratford-upon-Avon, from
  the RSC Collection with the
  permission of the Governors
  of the Royal Shakespeare
  Theatre 8 u
P. Rieger 125 u
Sammlung John Kobal,
  London 57
Sammlung Wolfram Tichy 22
Andreas Schwarze 159 u
Lioba Schöneck, München
  97 u, 99 o, 106
Stagebill Inc. Washington 174
Stagebill, New York 99 u
Stedelijk Museum, Amster-
  dam 118 o
Stella Musical Managment,
  Hamburg 9 o, 147, 148,
  156, 157, 158 o, 161 u,
  162
Stella/Foto Michael Le Poer-
  Trench 133 u
Thomas Seufert, Berlin 143 o
20th Century Fox Film Corp
  59, 60, 89 o, 93 u
Theater an der Wien 123 o
Theater der Stadt Erfurt 91
  (L. Edelhoff)

Theater Heilbronn 142,
  169 u (Winfried Rabanus)
Theater Lübeck 124
Time Inc./intertopics 77
  (© 1939 by Ralph Morse),
  107 (© 1964 by Hank
  Walker), 108 u (© 1945 by
  Alfred Eisenstaedt), 116 o
  (© 1964 by Mark Kauf-
  mann), 135 (© 1971 by
  John Olson), 138 m (©
  1960 by Eliot Elisofon), ©
  Martha Swope 9 u, 29 u,
  51, 68 u, 85 o, 95 o,
  108 o, 117 o, 122 u,
  126 o+u, 129 o, 131 o,
  138 o, 139, 140 o+u,
  141u, 144, 154, 168 u,
  169 o, 170, 172 o
United Artists 28, 61, 105 o
Universal Pictures 71 o, 113,
  136 o
Vandamm 72
Vereinigte Bühnen Wien
  128 u, 166 o
© VG Bild-Kunst, Bonn 1997
  118 o, 122 o
Walt-Disney-Productions 63 o
Warner Bros, Inc. 30, 101 o,
  103, 155 o
B. Widman 78 m
Barbara Walz/Outline 137 o
WEA International Inc. 175 u
White Studio 19, 40, 49
Reg Wilson, New York 55,
  119 u
Württembergische Landes-
  bibliothek, Stuttgart 133 o

Karten und Pläne:
DuMont Buchverlag, Köln

Die Rechte für alle nicht auf-
geführten Abbildungen liegen
beim Autor, beim Verlag oder
konnten nicht ausfindig
gemacht werden.

DuMont Schnellkurse

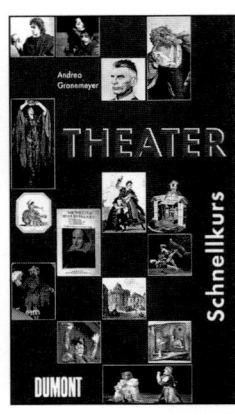

- Die Geschichte der Musik, von den Anfängen bis zur Avantgarde, vom Minnesang bis zur Minimal Music, von Schütz bis Schönberg

- Die wichtigsten Entwicklungen und Ideen

- Über Notation und Opern, europäische Traditionen, von Ereignissen und Skandalen, Musik mit Stimmen, Instrumenten und Computern

Von Johannes Rademacher. 192 Seiten mit 142 farbigen und 170 einfarbigen Abbildungen, Bibliographie, Musikerbiographien, Zeittafel, Glossar, Register (DuMont Taschenbücher, Band 501)

- Die Geschichte des Designs vom Biedermeier bis zur Postmoderne, von den Shakern bis zur ›Neuen Bescheidenheit‹

- Die wichtigsten Designer in aller Welt, von William Morris bis Philippe Starck

- Die unterschiedlichen Theorien und Stile in Wort und Bild: Jugendstil, Bauhaus, Art Déco, Funktionalismus, Postmoderne

Von Thomas Hauffe. 192 Seiten mit 212 farbigen und 155 einfarbigen Abbildungen, Bibliographie mit Zeitschriften-Auswahl, Design-Museen, Glossar, Register (DuMont Taschenbücher, Band 502)

- Die Geschichte des Theaters von den Anfängen bis heute

- Von Schauspielern und Regisseuren, Künstlern und Bohémiens, Dichtern und Bühnenbildnern, Theoretikern und Philosophen und natürlich vom Publikum

- Über Shakespeare und Lessing, Broadway und Burgtheater

Von Andrea Gronemeyer. 192 Seiten mit etwa 250 farbigen und etwa 100 einfarbigen Abbildungen, Glossar, Verzeichnis der wichtigsten Theater-Museen, Regisseure, Bühnen und Schauspielschulen, Literaturempfehlungen, Register (DuMont Taschenbücher, Band 503)